普通话训练与测试教程

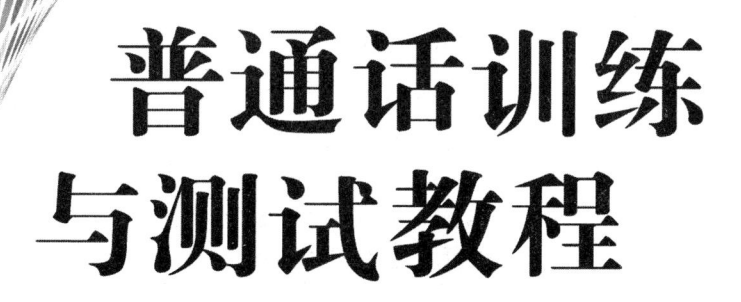

PUTONGHUA XUNLIAN YU CESHI JIAOCHENG

王思齐 ◎ 编著

图书在版编目(CIP)数据

普通话训练与测试教程 / 王思齐编著. —长春：长春出版社, 2024.6
ISBN 978-7-5445-7464-8

Ⅰ.①普… Ⅱ.①王… Ⅲ.①普通话-教材 Ⅳ.
①H102

中国国家版本馆 CIP 数据核字(2024)第 096023 号

普通话训练与测试教程

编　著　王思齐
责任编辑　孙振波
封面设计　宁荣刚

出版发行　长春出版社
总 编 室　0431-88563443
市场营销　0431-88561180
网络营销　0431-88587345
地　　址　吉林省长春市长春大街309号
邮　　编　130041
网　　址　www.cccbs.net

制　版　荣辉图文
印　刷　三河市华东印刷有限公司

开　本　710毫米×1000毫米　1/16
字　数　323千字
印　张　20
版　次　2024年6月第1版
印　次　2024年6月第1次印刷
定　价　100.00元

版权所有　盗版必究
如有图书质量问题，请联系印厂调换　联系电话:13933936006

目 录

第一章 普通话概述及普通话水平测试介绍 ········· 001

第一节 普通话概述 ········· 001
一、什么是普通话 ········· 001
二、为什么要学习普通话 ········· 007

第二节 普通话水平测试介绍 ········· 011
课后作业1 ········· 021

第二章 普通话语音系统基础训练 ········· 023

第一节 语音的基本性质 ········· 023
一、语音和语音的性质 ········· 023
二、音素、音位、普通话的元音和辅音 ········· 024

第二节 声母训练 ········· 027
一、普通话的音节 ········· 027
二、普通话的声母分析 ········· 028
三、普通话的声母单项练习 ········· 031
课后作业2：普通话声母练习——绕口令 ········· 036
四、《普通话水平测试用普通话词语表》与《普通话水平测试用朗读作品》的重点声母训练 ········· 040

五、易混淆声母综合训练 …………………………………… 052

第三节　韵母训练 ………………………………………………… 075

　　一、普通话的韵母分析 ………………………………………… 075

　　二、普通话的韵母单项练习 …………………………………… 077

　　课后作业3：普通话韵母绕口令 ……………………………… 085

　　三、《普通话水平测试用普通话词语表》与《普通话水平
　　　　测试用朗读作品》的重点韵母训练 ……………………… 090

　　四、易混淆韵母综合训练 ……………………………………… 103

第四节　声调训练 ………………………………………………… 115

　　一、普通话的声调分析 ………………………………………… 115

　　二、普通话的声调练习 ………………………………………… 117

　　课后作业4：普通话声调练习——绕口令 …………………… 118

　　三、《普通话水平测试用普通话词语表》与《普通话水平
　　　　测试用朗读作品》重点声调训练 ………………………… 119

　　四、易混淆声调综合训练 ……………………………………… 127

第三章　普通话音变训练 ………………………………………… 129

第一节　轻声训练 ………………………………………………… 129

　　一、什么是轻声 ………………………………………………… 129

　　二、轻声的规律 ………………………………………………… 131

　　三、不规律的常见轻声词 ……………………………………… 139

　　四、轻声训练 …………………………………………………… 141

第二节　儿化训练 ………………………………………………… 142

　　一、什么是儿化 ………………………………………………… 142

　　二、儿化的规律 ………………………………………………… 146

　　三、儿化训练 …………………………………………………… 148

第三节　连读变调训练 …………………………………………… 150

第四节　"啊""一""不"的音变 ……………………………… 152

一、"啊"的音变及训练 …………………………………………… 152
　　课后作业 5 ………………………………………………………… 154
二、"一""不"的音变及训练 …………………………………… 155

第四章　朗读短文训练及命题说话训练 …………………………… 158

　　第一节　朗读短文训练 ……………………………………………… 159
　　第二节　命题说话应试技巧及训练 ………………………………… 159
　　　一、话题分类与准备技巧 ………………………………………… 164
　　　二、话题提纲范例 ………………………………………………… 183

第五章　普通话水平测试用朗读作品 ……………………………… 183

　　第一节　普通话水平测试用朗读作品及补充作品 ………………… 183
　　第二节　试卷样题 …………………………………………………… 299

参考文献 ………………………………………………………………… 306

后　记 …………………………………………………………………… 309

第一章　普通话概述及普通话水平测试介绍

在这一部分你将学到：

1. 普通话的定义、性质，普通话形成的历史过程，北方话成为普通话基础方言的优势和普通话的特点，中国境内的方言分区、各大方言所辖地域及方言特点。

2. 学习普通话的原因、如何学习普通话、普通话及国家通用语言文字的相关政策，同时厘清几个关于普通话的问题。

3. "普通话水平测试"的背景、性质及发展历史，对《普通话水平测试大纲》与《普通话水平测试等级标准（试行）》的分析、学习要点及具体内容。

第一节　普通话概述

一、什么是普通话

1. 普通话的定义

普通话是以北京语音为标准音、以北方话为基础方言、以典范的现代白话文著作作为语法规范的现代汉民族共同语，同时也是中国各民族、各地区文化、经济交流的通用语言。

普通话训练与测试教程

普通话以北京语音为标准音，指普通话采用北京话的音系，词语的读音是北京语音，包括北京话的声母、韵母、声调、音节，以及变调、轻声、儿化、语调等。任何一个共同语的基础音系只能是一个地点的音系，而不可能是多个地点的混合体。不过，普通话并不完全等于北京语音，而是剔除了北京语音中的方言土语成分，如过多的儿化音，口语中较多的增音等。在普通话中，"告诉"一词中"诉"读为轻声，没北京话吞音的现象，"和"读 hé，非北京土语中的 hàn，"我们"读为 wǒ men，非 mmen。

普通话以北方话为基础方言，指普通话的词汇基础是北方话，它采用了北方地区能够通行，且早就用于书面的词汇。例如说"下车"，而非"落车"；说"水开了"，不说"水滚了"。同时普通话也适当吸收方言词、古词语，以及随着社会发展而产生的新词语，关注大众普遍认同和接受的语言变化。

普通话以典范的现代白话文著作为语法规范，指普通话的语法规范是典范的现代白话文著作的语法规则，如鲁迅、郭沫若、茅盾、老舍等经典作家的著作，报刊社论，国家法令文件。即加工、提炼过的书面语形式，但排除了《水浒传》《红楼梦》等早期白话文作品，因为其中有些与现代语法不合，此外，还排除了"不典范"的现代白话文著作和文言文等。

共同语指一个部落或民族内部大多数成员所共同掌握和使用的语言，是在一个方言基础上形成的，其形成过程与政治和经济的集中统一密切相关，是规范的、全国通用的语言。

2. 普通话的历史演变

"普通话"不普通，这里的"普通"指"规范的"。汉民族共同语，在先秦时期被称为"雅言"。《论语》："子所雅言，《诗》、《书》、执礼，皆雅言也。""雅"即"正"也，也就是说，孔子为三千弟子授课使用的是雅言，即标准语、规范语，是周朝通用的共同语，而非鲁地方言。

周秦时期已有人采集"方言"。汉代时，共同语被称为"通语"，西汉末年扬雄在其《方言》中明确提出"通语"的概念，与之类似的还有"凡语""凡通语""四方通语"等别称，与"方言"相对，指在广大地区流通的词汇。魏晋时期，南北对峙，"江东"与"河北"方言不同，北方方言以长安或洛阳方言为基础，南方方言以南京方言为基础。至唐代，北方方言

（长安或洛阳方言）再次成为通语的基础方言。

十二、十三世纪至十四世纪，白话文作品（如"禅宗语录""外交使臣笔记""诸宫调""话本"、笔记小说等）逐渐流行。它们具有共同的方言基础，即北方话。至宋代，汴洛方言成为通语的基础方言。

明清时期，汉民族共同语又被称为"官话"，即官场通用的话。其文字记载可追溯至元周德清的《中原音韵》。周德清在《中原音韵》中总结了北曲用韵，并冠之以"天下通语"之名，其语音系统与今北京话音系接近，但是也有学者认为其音系接近今河南话。明清时期虽有"官话"之名，但是并没有明确的标准。

卢戆章最早提出以南京话作为"官话"标准，后改为"京音官话"，王照主张用"京话"。

清代末年，吴汝纶最早提出"国语"这一概念，随着反对文言文、提倡白话文的"国语运动"兴起，"国语"逐渐取代"官话"，成为汉民族共同语的称呼。

1911年，清政府颁布了《统一国语办法案》，决议在京城成立"国语调查总会"，各省设立分会，调查语词、语法、音韵，同时根据调查的结果，审定国语标准，编辑国语课本、国语辞典、方言对照表等。1913年，民国政府召开"读音统一会"，经过一个多月的讨论，议定了6500多个字的读音，不过其读音标准并不明确。"读音统一会发展为包括23个省、区共约80位会员。在审定读音时，一个省区有一个表决权，'以最多数位会中审定之读音'。这样审定的'国音'注定是不可能推行的。"[①] 直至1926年，《全国国语运动大会宣言》出现，北京方言才被正式确定为国语标准。

提倡国语是出于提高国民素质、振兴国家的需要。1917年2月，国语研究会成立，发表《成立缘起》，指出："中华民国国语研究会之起源，盖由同仁等目击今日小学校学生国文科之不能应用与夫国文教师之难得、私塾教师之不晓文义，而无术以改良之也。"

新中国成立之后，国家十分重视语言文字工作，将推广普通话、制定

---

① 刘照雄.论普通话的确定和推广［M］//宋欣桥.普通话水平测试员使用手册.北京：商务印书馆，2012：64.

汉语拼音方案、简化汉字列为工作重点。"普通话"一词源自清末朱文雄，指"各省通用之话"。1955年全国文字改革会议和现代汉语规范问题学术会议召开，确定了汉民族共同语的标准，促使"普通话"正式诞生，同时还阐述了推广普通话的重要意义和"重点推行，逐步普及"的工作方针，奠定了新中国推普工作和语言文字工作的重要基础。1956年，国务院《关于推广普通话的指示》明确规定："汉语统一的基础已经存在了，这就是以北京语音为标准音，以北方话为基础方言，以典范的现代白话文著作为语法规范的普通话。"1956—1966年，全国推广普通话的工作全面展开。

1982年，《中华人民共和国宪法》第19条规定："国家推广全国通用的普通话"，推普走向法治化轨道。1986年1月，全国语言文字工作会议规定做好现代汉语规范化，以推广普及普通话为首要任务，同时调整推广普通话工作方针的内容，提出将普通话分为三级的要求和推广普通话工作的阶段性目标，提出在20世纪内，使普通话成为"四用"语，即"教学用语、工作用语、宣传用语、交际用语"。1992年，推广普通话的工作方针被调整为"大力推行，积极普及，逐步提高"。

1994年，国家语委普通话培训测试中心成立。1997年，第二次全国语言文字工作会议把"坚持普通话的法定地位，大力推广普通话"列为新时期四项语言文字工作任务的第一项。提出2010年前，使普通话在全国范围内初步普及，交际中的方言隔阂基本消除；21世纪中叶以前，使普通话在全国范围内普及，交际中没有方言隔阂。2000年，《中华人民共和国国家通用语言文字法》颁布，第一次以法律形式明确了普通话作为国家通用语言的地位，使普通话的法定地位具体化，各省随即制定地方法规和政府规章。普通话推广普及工作逐渐规范化、系统化，取得了积极的成果。《国家中长期语言文字事业改革和发展规划纲要（2012—2020年）》，又把"大力推广和普及国家通用语言文字"列为七大任务之首，同时把加快农村和民族地区国家通用语言文字的推广和普及列入工作任务。

3. 北方话成为基础方言的优势及普通话的特点

普通话以北方方言为基础方言，原因在于北方方言使用地域广大，在长江以北的广大区域通行，包括华北、东北、西北等，甚至长江以南的江苏、安徽、湖北、四川、云南、贵州等地区。北方方言使用人口最多。另外，从历史上看，北方方言的地位较高，影响较大。我国北方一直都是政治、经济、文化中心，中国历史上六大古都中的西安、洛阳、北京、开封均在北方，元明清三代皆在北京建都。而且在现代汉语方言中，北方方言音系结构最简单，便于掌握，因此普通话以北方方言为基础方言，利于推广使用。

现代汉语普通话有 21 个声母，39 个韵母，4 个声调，400 多个音节。音节界限分明，声调高低变化，语调抑扬顿挫，高音成分多，节奏感强。同时，没有复辅音，元音占主导，乐音较多，清声母较多，多为双音节词汇，且有约定俗成的轻重格式，节奏明朗。语法方面，量词丰富，以语序和虚词作为表达语法意义的主要手段。

4. 中国境内的方言分区和特点

现代汉语方言是相对于汉民族共同语而言的，是现代汉语的不同地方分支，普通话与方言的差异不仅体现在语音方面，而且词汇、语法也有所不同。

根据不同的标准，现代汉语的方言区可以分别划分为七大方言区、八大方言区，也可以划分为十大方言区。

如果划分为七大方言区，则分别为北方官话方言、吴方言、客家方言、赣方言、闽方言、湘方言、粤方言。其使用人口占全国总人口比例的顺序从高到低依次为北方官话方言、吴方言、粤方言、湘方言、闽方言、客家方言、赣方言。

北方官话方言区内还可继续划分出东北官话、北京官话、胶辽官话、冀鲁官话、中原官话、兰银官话、江淮官话、西南官话。其中东北官话、北京官话、胶辽官话、冀鲁官话、中原官话分布在河北、河南、山东、辽宁、吉林、黑龙江，还有内蒙古的部分地区。兰银官话分布在山西、陕西、甘肃等省和青海、宁夏、内蒙古的一部分地区。西南官话分布在四川、云南、贵州等省及湖北大部分、广西西北部、湖南西北部等地区。江淮官话分布在安徽、江苏长江以北地区、镇江以西九江以东的长江南岸沿江一带。

北方官话方言内部一致性比较强，其共同特点是一般没有入声，声调多数为阴平、阳平、上声、去声四类。古入声派入平、上、去三个调类。古全浊声母今读塞音、塞擦音时，变为清音，平声送气，仄声不送气。北方官话方言的内部差异主要在声调方面，中古入声字在各次方言区的今读声调不同。

吴方言分布在镇江以东、长江以南的江浙一带，包括江苏省东南部和上海市、浙江省、赣东北、闽北、安徽南部，如苏州、上海、杭州、温州等地。吴方言至今仍保留中古全浊声母。

客家方言分布在广东、广西、福建、台湾、江西、湖南、四川一带，集中在广东东部、中部，福建西部和江西南部，如梅县、新竹、高雄、惠州等地。客家话的中古全浊声母字今读塞音、塞擦音时，多数变为送气清音。

赣方言分布在江西省、湖南东部及西南部、湖北东南部、安徽南部、福建西北部，如南昌、吉安、抚州等地。赣方言的中古全浊声母字今读塞音、塞擦音时，多变为送气清音。赣方言与客方言相近，也有学者将其通称为"客赣方言"。

闽方言分布在福建、台湾、海南大部分、广东东部的雷州半岛、广西、浙江南部、安徽南部、江苏南部、江西东部一带，如厦门、泉州、漳州、莆田、福州、台北等地。闽方言又分为闽北、闽南、闽中、闽东、莆仙五个次方言。闽语的中古全浊声母字今读塞音、塞擦音时，多数变为不送气清音，少数为送气清音。

湘方言分布在湖南的湘水、资水、沅水流域以及广西的全州、兴安等地，包括长沙、衡阳等。湘语的中古全浊声母字今读塞音、塞擦音时，变为不送气清音，老湘语平声大多读为浊音，仄声读为不送气清音。

粤方言分布在广东、广西、港澳一带，以珠三角为中心，如广州、深圳、珠海等地。粤语的中古全浊声母字今读塞音、塞擦音时，大多为阳平阳上送气，阳去阳入不送气。另外，香港、澳门以及东南亚、北美等地的华侨也大多说粤语。在广东地区，分布着粤语、客家方言、潮汕话（闽南语）等方言土语。

如果按照罗常培、吕叔湘《现代汉语规范问题》（1955年）的划分标准，现代汉语方言则包括北方话、浙江话、湖南话、江西话、客家话、闽北话、闽南话、广东话。

按照《中国语言地图集》(香港朗文出版公司 1987 年出版)的划分标准,现代汉语方言可以划分为十大方言区:官话方言区、晋语区、吴语区、徽语区、赣语区、湘语区、闽语区、粤语区、平话区和客语区,即将晋语、徽语、平话独立出来。

晋语分布在山西省大部分地区、河北省张家口、河南省黄河以北地区、内蒙古自治区中部黄河以东地区等,如太原、汾阳、长治、包头、榆林、呼和浩特等地。晋语与北方官话其他方言的最大区别是有入声,且平声不分阴阳,使用人口大约为 4 570 万。

徽语分布在新安江流域一带的旧徽州府,浙江的旧严州府,以及江西的德兴、旧浮梁县等地,如绩溪、淳安等地,主要特点是中古全浊声母字今读塞音、塞擦音时,大多变为送气清音,使用人口大约为 312 万。

平话分布在广西中部,如融水、百色、阳朔等地,其特点是中古全浊声母今读塞音、塞擦音时,一般变为不送气清音,使用人口大约为 200 万。

二、为什么要学习普通话

1. 为什么要学习普通话

从国家发展层面上讲,党中央、国务院高度重视语言文字工作。大力推广普通话是推广国家通用语言文字工作的一部分,是党和国家事业发展的基础性工作,是贯彻落实国家法律法规的基本要求。推广普通话是维护国家主权统一、促进经济社会发展、增强中华民族凝聚力和文化软实力的重要内容,是国家综合实力的重要支撑。

从经济和个人发展层面上讲,语言文字事关国民素质和人的全面发展,普通话是全国各族群众沟通交流的便捷工具。中国境内除了汉语,还有藏语、蒙古语、朝鲜语、维吾尔语、壮语、侗语等少数民族语言。即使是汉语,也分为多个方言区。不同语言、方言的人沟通交流时使用普通话最为快捷。语言的统一是经济发展的前提条件,普通话是维系国家统一、民族和睦的重要手段。

普通话训练与测试教程

在全球化背景下，语言文字成为与国家安全密切相关的重要战略资源，成为综合国力和核心竞争力的重要组成部分，与国家利益和国家形象密切相关。我们国家在推广普通话方面取得了很大成就，到 2020 年，全国普通话普及率超过 80%，识字人口中使用规范汉字的比例超过 95%。2022 年，党的二十大指出，"加大国家通用语言文字推广力度"，提出多项重点任务："坚持把学校通用语言文字作为学校教育教学基本用语用字"，"培养幼儿学习使用普通话习惯"，"加强义务教育和高中阶段国家通用语言文字教育"，"提升高校学生语言文化素养和应用能力"。应文件要求，教育部、国家乡村振兴局、国家语委联合印发了《国家通用语言文字普及提升工程和推普助力乡村振兴计划实施方案》，并提出三大行动，即"聚焦重点民族地区推普攻坚行动"、"聚焦全面普及农村地区推普助力乡村振兴计划"和"聚焦巩固提高国家通用语言文字基础较好地区高质量普及行动"。"十四五"规划至 2025 年使普通话普及率达到 85%。

因此，"学好普通话，走遍全天下"并不是遥不可及的梦想，普通话是中国人在国内及境外华人地区沟通交流的重要工具。

另外，讲好普通话是一些特殊职业的要求。《国家语言文字工作委员会关于普通话水平测试管理工作的若干规定（试行）》《〈教师资格条例〉实施办法》《人事部、教育部、国家语言文字工作委员会关于开展国家公务员普通话培训的通知》《播音员主持人上岗暂行规定》等文件规定，对于普通话，国家机关工作人员应达到三级甲等以上水平，教师应达到二级以上水平，语文教师、幼儿园教师和对外汉语教师应达到二级甲等以上水平，普通话教师和语音教师应达到一级水平，播音员、节目主持人和影视话剧演员应达到一级水平，其中国家级、省级广播电台、电视台的播音员和节目主持人应达到一级甲等水平。也就是说，播音员、节目主持人的工作语言应该属于标准的普通话，教师的工作语言属于标准的或比较标准的普通话，国家公务员应该说流畅通达的普通话。

2. 如何学好普通话

第一，要提高认识，坚持练习，以考促学。学习普通话与学习英语等其他外语一样，需要多听多读多练，听音频磨耳朵，与北方方言区的人交朋友，通过日常对话在生活中进行练习。普通话水平测试可以准确测量应试人的普通话水平，以普通话水平测试为契机，熟读朗读文章，多练习会话。

第二，要了解语音学理论，注意理论和方法相结合。方言与普通话相比，最大的差异和困难还是在于语音方面，想克服发音困难，就要通过测试，了解自己的语音错误和语音缺陷，掌握普通话的语音知识、语音学基础理论和针对性的方法。例如有些方言区的人 n、l 不分，这是因为在部分方言区中，n、l 被合并为一个音位，而 n、l 在汉语普通话中属于两个音位。音位是语言中能够区别意义的最小声音单位，在语音学上，类似 n、l 不分的现象被称为音位合并。在普通话中，n、l 都是舌尖音，一个为鼻音，一个为边音，发音方法不同。又如有些方言区前后鼻音 en、eng 不分，前后鼻音 in、ing 不分，在普通话中，它们一为舌尖后鼻音尾，一为舌根鼻音尾，发音部位不同。掌握不同的发音部位和方法，可以提高学习普通话的效率。

3. 普通话、国家通用语言文字的相关政策

《中华人民共和国宪法》第十九条规定："国家推广全国通用的普通话。"普通话是我国国家通用语言，是法定的基本教育教学用语、公务用语、播音用语和公共服务用语。推广普及国家通用语言文字是我国的一项基本语言政策和语言任务。

2001 年 1 月 1 日，《中华人民共和国国家通用语言文字法》作为我国第一部语言文字方面的专项法律，规定"国家推广普通话，推行规范汉字"。关于普通话，其同时指出国家为公民学习和使用国家通用语言文字提供条件，地方各级人民政府及其有关部门应当采取措施，推广普通话。学校及其他教育机构以普通话为基本的教育教学用语，广播电台、电视台以普通话为基本的播音用语。凡以普通话为工作语言的岗位，其工作人员应当具备说普通话的能力。对外汉语教学应当教授普通话。

2022 年 1 月 1 日，教育部《普通话水平测试管理规定》规定教师、广播电台、电视台的播音员、节目主持人、影视话剧演员、国家机关工作人员、行业主管部门规定的其他人员应参加普通话水平测试。同时规定在境内学习、工作或生活 3 个月及以上的港澳台人员和外籍人员也可以参加测试。规定听障、视障等特殊人群参加测试时要对其提供服务。普通话水平等级分为三级，每级分为甲、乙两等。一级甲等须经国家测试机构认定，各地测试出一级甲等后要经过国家测试机构复核。一级乙等及以下由省级测试机构认定。普通话水平测试等级证书全国通用。

4. 不要误解普通话

（1）北京话并不等于普通话

我们在前面提到，普通话并不完全等于北京语音，而是剔除了北京语音中的方言土语成分，如过多的儿化音，口语中较多的增音等。

（2）普通话并不是"胡化语言"

有人说，粤语才是真正的普通话，这种说法并不准确。粤语保留了部分古代汉语的语音、词汇和语法特点，它的语音特点大概相当于唐代时期，但是保守中又有创新。即使我们穿越回唐代，操着一口标准粤语也没法和李白对话。

语言有自己的发展路径，汉语吸收了部分少数民族语言和方言的词汇、语法特点。例如，从粤语借来的"买单""的士"，从蒙古语借来的"站"，从吴语借来的"尴尬"。这是汉语普通话丰富而独特的风格。汉族占据中原大地，农耕文化相对周边的游牧文化更先进，北魏时期孝文帝就倡导学习汉语和汉文化，摒弃鲜卑族的生活习惯。长时间的民族交融使汉语吸收蒙古语、满语的现象是正常的，但是如果说，汉语普通话是由蒙古语、满语改头换面演变而来则实在是天方夜谭。

（3）推广普通话与保护方言、保护民族语言并不是非此即彼的关系

方言的产生有一定的历史、地域背景。正是由于方言普遍存在，因此为了适应社会发展才需要推广普通话。普通话与方言花开两朵，各表一枝。方言母语代表着我们的乡土情缘、文化根脉，而普通话是沟通交流的重要工具，两者并不矛盾。方言在同乡中、在家庭中，使用方便，利于维系感情；普通话在全国各地通行，是改革开放背景下社会经济发展的必要要求，体现了个人的语言能力和综合素质，是交际的需要。现在很多人误认为在幼儿园、中小学推广普通话影响少年儿童习得方言母语，殊不知，方言的最好学习场所是在家庭之中，在父母与子女的沟通交流之中，在学校等教育机构应使用国家通用语言。国家规定了教师的普通话水平，学习普通话

的任务应交于学校等教育机构。

我国有 56 个民族，存在 80 多种语言，30 多种文字，相应地施行多语制的社会语言规划。除汉族外，我国 55 个少数民族约占全国人口总数的 8.49%。除回族、满族、畲族基本转用汉语外，其他民族都有自己的语言。我国承认和尊重各少数民族语言，使其在本民族居住的地区通用，同时鼓励在同一个地区工作的各族干部学习彼此的语言文字。面对如此复杂的语言国情，推广普通话，掌握国家通用语言文字可以推动各族群众更好地融入现代社会，利于全国人民的团结和国家的统一，便于商品流通、人才流通和信息交流。普通话，不仅是汉民族的共同语，也是中华民族的共同语。

第二节　普通话水平测试介绍

"普通话水平测试"采用口试形式，着重测试应试人运用国家通用语言的规范、熟练程度，即运用普通话进行语言交际的水平。测试重点是测查语音，也测查词汇和语法，同时涉及语篇能力和语用能力。"普通话水平测试"服务于国家通用语言文字教育教学，测查不同群体学习者对国家通用语言文字的掌握程度和应用能力水平（考查学习效果），对国家通用语言文字教育教学的效果进行评估或检测（监测）（考查教学效果），测评服务对象覆盖国家通用语言文字推广重点群体，充分结合国家通用语言文字教育教学，以测促教、以测促学。测评具有很强的科学性、适用性、可操作性。各项测评标准及其研究理论与方法有效衔接。

1986 年，《新时期的语言文字工作》最早提出普通话水平等级问题："普通话的标准只有一个……但是考虑到不同地区、不同部门、不同行业、不同学校、不同年龄等情况，从实际出发，具体要求可以不同。我们初步设想，可以分为以下三级：第一级是会说相当标准的普通话，语音、词汇、语法很少出差错。第二级是会说比较标准的普通话，方音不太重，词汇、语法较少差错。第三级是会说一般的普通话，不同方言区的人能够听懂。"在此之前关于普通话水平测试的设想可追溯至 1982 年的北京市语言学会普通话等级标准研究小组编制的《普通话等级标准条例草案》以及 1983 年陈章太的《略论汉语口语的规范》。

《现代汉语词典》、1985年发布的《普通话异读词审音表》《普通话基础方言基本词汇集》、1987年闵家骥等编写的《汉语新词词典》、李行健主编的《新词新语词典》、于根元的《1991汉语新词语》《1992汉语新词语》也为普通话水平测试提供了学术支持。

1988年，国家语委组织成立《普通话水平测试等级标准》课题组，课题组拟定了三级六等的等级标准，并规定了相应的量化评分办法。1991年《普通话水平测试等级标准》正式通过论证，并通过国家语委普通话推广司转发各地试用。1994年10月，第一版《普通话水平测试大纲》出版。同年，国家语委、国家教委、广播电影电视部联合发布《关于开展普通话水平测试工作的决定》，普通话水平测试（PSC）正式启动。1997年，国家语委发布《普通话水平测试等级标准（试行）》。1998年，推广普通话宣传周正式开始。2003年教育部、国家语委制定第二版《普通话水平测试大纲》，并于2004年10月1日开始施行。普通话水平测试形成了国家、省、市（高校）三级培训测试机构网络。推普工作逐步制度化、规范化、科学化。

除此之外，我国还研制了一系列针对性的语言文字能力测试。例如，2007年，开始实施汉字应用水平测试（HZC）。2020年，启动学前儿童国家通用语言能力评估（TGYP）相关标准及题库研制。2021年，启动计算机合成普通话测评（JHPSC）标准研制（国家语委科研规划重点项目）和青壮年农牧民国家通用语言文字能力评估（QGYP）相关标准及题库研制。2022年，教育部、国家语委发布《中小学生普通话水平测试等级标准及测试大纲》（ZXPSC）。

《普通话水平测试大纲》与《普通话水平测试等级标准（试行）》

开展"普通话水平测试"是国家立法、执法行为，依据为《普通话水平测试大纲》（以下简称《大纲》）、《普通话水平测试规程》《普通话水平测试管理规定》《普通话水平测试等级标准（试行）》等相关文件。本节介

第一章　普通话概述及普通话水平测试介绍

绍与考生关系最密切的《普通话水平测试大纲》和《普通话水平测试等级标准（试行）》。

《普通话水平测试大纲》是国家实施普通话水平测试的依据。《普通话水平测试大纲》规定了"普通话水平测试"的名称、性质、测试方式、范围、题型、朗读时间、评分要求、分数及对应等级。

不管是"读单音节字词"还是"读多音节字词"，所读词语大部分都来源于《普通话水平测试用普通话词语表》"表一"，少部分来源于"表二"。主表《普通话水平测试用普通话词语表》收词 18 442 条，参考了《通用规范汉字表》(2013)、《汉语拼音正词法基本规则》(GB/T16159—2012)、《第一批异形词整理表》(GF 1001—2001)、《现代汉语常用词表》（第 2 版）、《现代汉语词典》（第 6、7 版）、《简化字总表》、国家语委现代汉语平衡语料库（词频统计）等。

《大纲》已经明确指出了题目范围，因此，建议考生在应试前熟悉《普通话水平测试用普通话词语表》"表一""表二"，多读、多听、多练，标注易读错的字词。根据测试经验，大部分考生在考试环境中，容易因心态紧张而语速加快，读完第一部分或第二部分用时一般不到 2 分钟，甚至 1 分 30 秒读完。语速越快，出错率越高。因此，建议考生有意识地减慢语速，提高准确率，避免因为看错而出现读音错误。

从《大纲》评分标准中可以看到，对于"读单音节字词""读多音节字词"中的"语音错误"，每个音节扣 0.1 分或 0.2 分，"语音缺陷"每个音节扣 0.05 分或 0.1 分。这里的"语音错误"[①]（Phonetic Error）指普通话水平测试中，把普通话语音系统的一个音位发为另一个音位的现象，"语音缺陷"（Phonetic Defect）指普通话水平测试中，未把普通话语音系统的一个音位发为另一个音位，但尚未达到标准音位的现象。

"语音错误"[②] 一般分为三类：1. 误读产生的读音错误，包括读错字、别字、白字以及异读词读音错误等，例如"涮"读作 shuā，"呆"读作 ái。

[①] 王晖. 普通话水平测试阐要 [M]. 北京：商务印书馆，2013：87.
[②] 宋欣桥. 普通话水平测试员实用手册（增订本）[M]. 北京：商务印书馆，2020：250—262.

2. 完全按照汉语方言读音，例如"鞋"读作 hái，"街"读作 gāi。3. 受汉语方言语音系统性的影响，在说普通话时字音遗留某类声母或某类韵母或某类声调调值的语音。又如把舌尖后音（翘舌音）zhi、chi、shi 读作舌尖前音（平舌音）z、c、s，把撮口呼韵母读作齐齿呼韵母，把三合复元音读作二合元音，把上声调值 214 读作降调，包括高降调 52、中降调 42 等，把去声调值 519（全降调）在重读音节中读作低降调 31 或 21。在变调、音变、轻重音方面，轻声音节节长等同于前一个音节或长于前一个音节的，儿化音节读得近乎两个音节，即没有儿化的，语气助词"啊"音变错误，这些情况都算作"语音错误"。

"语音缺陷"一般分为三类：1. 遗留方言的语音系统中的某类声母、韵母的读法。2. 在学习普通话语音系统的过程中，纠正发音发得不彻底，没有完全达到标准的程度。3. 由于语音教学训练不当，形成语音缺陷。例如把齐齿呼韵母前面的声母 d、t 带有颚化色彩的，发舌尖后音时，舌尖过于后卷，产生"大舌头"色彩，单韵母（高元音）i、u、ü 带有摩擦，实际已经成为或接近半元音 j、w，过分强调鼻音韵尾—n、—ng，使韵尾延长，阴平调调值读作微降调 54 的，上声为曲折调，但开头略高，相当于 31—或 41—开头。在变调、音变、轻重音方面，儿化音节卷舌色彩生硬或卷舌色彩不明显，把双音节词应读"中·重"轻重音格式的或三音节词应读"中·次轻·重"轻重音格式的，读作第一个音节尾重读音节，三个上声音节相连时，第一个音节处在被强调的逻辑重音的位置时，调值没有变为 211。这些情况都算作"语音缺陷"。

广东省"普通话水平测试"选择免测"选择判断"测试项，所以只有 4 道测试题。"命题说话"项分值由 30 分调整为 40 分。

"朗读短文"部分从《普通话水平测试用朗读作品》中选取，在规定时间内读完"//"之前的内容即可。同样，考生紧张的时候语速很快，常常 2 分钟就读完了。我们建议考生提前阅读《朗读作品》3—5 遍，减缓语速，避免因紧张、语速过快造成"停连不当""朗读不流畅"等失误而失分。

"命题说话"主要考查考生的语音标准程度、词汇语法规范程度和自然

第一章 普通话概述及普通话水平测试介绍

流畅程度,每档扣分在 0.5 分、1 分、2 分,甚至 7 分、8 分以上。难度更大,要求更高,相较"读单音节字词""读多音节字词"的 0.05 分或 0.1 分,更容易失分,所以考生一定要重点练习"命题说话"部分。

《普通话水平测试大纲》具体如下:

普通话水平测试大纲

(教育部　国家语委发教语用〔2003〕2 号文件)

根据教育部、国家语言文字工作委员会发布的《普通话水平测试管理规定》《普通话水平测试等级标准》,制定本大纲。

一、测试的名称、性质、方式

本测试定名为"普通话水平测试"(PUTONGHUA SHUIPING CESHI,缩写为 PSC)。

普通话水平测试测查应试人的普通话规范程度、熟练程度,认定其普通话水平等级,属于标准参照性考试。本大纲规定测试的内容、范围、题型及评分系统。

普通话水平测试以口试方式进行。

二、测试内容和范围

普通话水平测试的内容包括普通话语音、词汇和语法。

普通话水平测试的范围是国家测试机构编制的《普通话水平测试用普通话词语表》《普通话水平测试用普通话与方言词语对照表》《普通话水平测试用普通话与方言常见语法差异对照表》《普通话水平测试用朗读作品》《普通话水平测试用话题》。

三、试卷构成和评分

试卷包括 5 个组成部分,满分为 100 分。

(一)读单音节字词(100 个音节,不含轻声、儿化音节),限时 3.5 分钟,共 10 分。

1. 目的:测查应试人声母、韵母、声调读音的标准程度。

2. 要求:

(1) 100 个音节中,70%选自《普通话水平测试用普通话词语表》"表一"，30％选自"表二"。

（2）100个音节中，每个声母出现次数一般不少于3次，每个韵母出现次数一般不少于2次，4个声调出现次数大致均衡。

（3）音节的排列要避免同一测试要素连续出现。

3. 评分：

（1）语音错误，每个音节扣0.1分。

（2）语音缺陷，每个音节扣0.05分。

（3）超时1分钟以内，扣0.5分；超时1分钟以上（含1分钟），扣1分。

（二）读多音节词语（100个音节），限时2.5分钟，共20分。

1. 目的：测查应试人声母、韵母、声调和变调、轻声、儿化读音的标准程度。

2. 要求：

（1）词语的70％选自《普通话水平测试用普通话词语表》"表一"，30％选自"表二"。

（2）声母、韵母、声调出现的次数与读单音节字词的要求相同。

（3）上声与上声相连的词语不少于3个，上声与非上声相连的词语不少于4个，轻声不少于3个，儿化不少于4个（应为不同的儿化韵母）。

（4）词语的排列要避免同一测试要素连续出现。

3. 评分：

（1）语音错误，每个音节扣0.2分。

（2）语音缺陷，每个音节扣0.1分。

（3）超时1分钟以内，扣0.5分；超时1分钟以上（含1分钟），扣1分。

（三）选择判断，限时3分钟，共10分。

1. 词语判断（10组）

（1）目的：测查应试人掌握普通话词语的规范程度。

（2）要求：根据《普通话水平测试用普通话与方言词语对照表》，列举10组普通话与方言意义相对应但说法不同的词语，由应试人判断并读出普通话的词语。

第一章　普通话概述及普通话水平测试介绍

(3) 评分：判断错误，每组扣 0.25 分。

2. 量词、名词搭配（10 组）

(1) 目的：测查应试人掌握普通话量词和名词搭配的规范程度。

(2) 要求：根据《普通话水平测试用普通话与方言常见语法差异对照表》，列举 10 个名词和若干量词，由应试人搭配并读出符合普通话规范的 10 组名量短语。

(3) 评分：搭配错误，每组扣 0.5 分。

3. 语序或表达形式判断（5 组）

(1) 目的：测查应试人掌握普通话语法的规范程度。

(2) 要求：根据《普通话水平测试用普通话与方言常见语法差异对照表》，列举 5 组普通话和方言意义相对应，但语序或表达习惯不同的短语或短句，由应试人判断并读出符合普通话语法规范的表达形式。

(3) 评分：判断错误，每组扣 0.5 分。

选择判断合计超时 1 分钟以内，扣 0.5 分；超时 1 分钟以上（含 1 分钟），扣 1 分。答题时语音错误，每个音节扣 0.1 分，如判断错误已经扣分，不重复扣分。

（四）朗读短文（1 篇，400 个音节），限时 4 分钟，共 30 分。

1. 目的：测查应试人使用普通话朗读书面作品的水平。在测查声母、韵母、声调读音标准程度的同时，重点测查连读音变、停连、语调以及流畅程度。

2. 要求：

(1) 短文从《普通话水平测试用朗读作品》中选取。

(2) 评分以朗读作品的前 400 个音节（不含标点符号和括注的音节）为限。

3. 评分：

(1) 每错 1 个音节，扣 0.1 分；漏读或增读 1 个音节，扣 0.1 分。

(2) 声母或韵母的系统性语音缺陷，视程度扣 0.5 分、1 分。

(3) 语调偏误，视程度扣 0.5 分、1 分、2 分。

(4) 停连不当，视程度扣 0.5 分、1 分、2 分。

(5) 朗读不流畅（包括回读），视程度扣 0.5 分、1 分、2 分。

(6) 超时扣 1 分。

（五）命题说话，限时 3 分钟，共 30 分。

1. 目的：测查应试人在无文字凭借的情况下说普通话的水平，重点测查语音标准程度、词汇语法规范程度和自然流畅程度。

2. 要求：

(1) 说话话题从《普通话水平测试用话题》中选取，由应试人从给定的两个话题中选定 1 个话题，连续说一段话。

(2) 应试人单向说话。如发现应试人有明显背稿、离题、说话难以继续等表现时，主试人应及时提示或引导。

3. 评分：

(1) 语音标准程度，共 20 分。分六档：

一档：语音标准，或极少有失误。扣 0 分、0.5 分、1 分。

二档：语音错误在 10 次以下，有方音但不明显。扣 1.5 分、2 分。

三档：语音错误在 10 次以下，但方音比较明显；或语音错误在 10 次—15 次之间，有方音但不明显。扣 3 分、4 分。

四档：语音错误在 10 次—15 次之间，方音比较明显。扣 5 分、6 分。

五档：语音错误超过 15 次，方音明显。扣 7 分、8 分、9 分。

六档：语音错误多，方音重。扣 10 分、11 分、12 分。

(2) 词汇语法规范程度，共 5 分。分三档：

一档：词汇、语法规范。扣 0 分。

二档：词汇、语法偶有不规范的情况。扣 0.5 分、1 分。

三档：词汇、语法屡有不规范的情况。扣 2 分、3 分。

(3) 自然流畅程度，共 5 分。分三档：

一档：语言自然流畅。扣 0 分。

二档：语言基本流畅，口语化较差，有背稿子的表现。扣 0.5 分、1 分。

三档：语言不连贯，语调生硬。扣 2 分、3 分。

说话不足 3 分钟，酌情扣分：缺时 1 分钟以内（含 1 分钟），扣 1 分、2 分、3 分；缺时 1 分钟以上，扣 4 分、5 分、6 分；说话不满 30 秒（含 30

秒），本测试项成绩计为 0 分。

四、应试人普通话水平等级的确定

国家语言文字工作部门发布的《普通话水平测试等级标准》是确定应试人普通话水平等级的依据。测试机构根据应试人的测试成绩确定其普通话水平等级，由省、自治区、直辖市以上语言文字工作部门颁发相应的普通话水平测试等级证书。

普通话水平划分为三个级别，每个级别内划分两个等次。其中：

97 分及其以上，为一级甲等；

92 分及其以上但不足 97 分，为一级乙等；

87 分及其以上但不足 92 分，为二级甲等；

80 分及其以上但不足 87 分，为二级乙等；

70 分及其以上但不足 80 分，为三级甲等；

60 分及其以上但不足 70 分，为三级乙等。

说明：各省、自治区、直辖市语言文字工作部门可以根据测试对象或本地区的实际情况，决定是否免测"选择判断"测试项。如免测此项，"命题说话"测试项的分值由 30 分调整为 40 分。评分档次不变，具体分值调整如下：

（1）语音标准程度的分值，由 20 分调整为 25 分。

一档：扣 0 分、1 分、2 分。

二档：扣 3 分、4 分。

三档：扣 5 分、6 分。

四档：扣 7 分、8 分。

五档：扣 9 分、10 分、11 分。

六档：扣 12 分、13 分、14 分。

（2）词汇语法规范程度的分值，由 5 分调整为 10 分。

一档：扣 0 分。

二档：扣 1 分、2 分。

三档：扣 3 分、4 分。

（3）自然流畅程度，仍为 5 分，各档分值不变。

《普通话水平测试等级标准（试行）》规定等级为三级六等。其基本评价要素包括语音（声母、韵母、声调）、词汇、语法、语调和流畅程度。语音要素最为突出，语调和语法、词汇其次，表达流畅程度最次。大体表现为：一级甲等在语音上表现为极少的零星不成系统的语音缺陷和偶尔的字音错误，一级乙等稍稍多一些语音缺陷和某个语音缺陷较为集中出现，虽然有个别字音错误，总体不超过10%。一级甲等与一级乙等更多的差别体现在朗读和说话方面的语音缺陷上，而不是语法、词汇上。二级甲等与二级乙等存在更多的语音缺陷。三级的语音面貌存在更多的语音错误。

具体语音标准如下：

普通话水平测试等级标准（试行）

（国家语言文字工作委员会1997年12月5日颁布，国语〔1997〕64号）

一级

甲等　朗读和自由交谈时，语音标准，词语、语法正确无误，语调自然，表达流畅。测试总失分率在3%以内。

乙等　朗读和自由交谈时，语音标准，词语、语法正确无误，语调自然，表达流畅。偶然有字音、字调失误。测试总失分率在8%以内。

二级

甲等　朗读和自由交谈时，声韵调发音基本标准，语调自然，表达流畅。少数难点音（平翘舌音、前后鼻尾音、边鼻音等）有时出现失误。词语、语法极少有误。测试总失分率在13%以内。

乙等　朗读和自由交谈时，个别调值不准，声韵母发音有不到位现象。难点音（平翘舌音、前后鼻尾音、边鼻音、fu—hu、z—zh—j、送气不送气、i—ü不分、保留浊塞音和浊塞擦音、丢介音、复韵母单音化等）失误较多。方言语调不明显。有使用方言词、方言语法的情况。测试总失分率在20%以内。

三级

甲等　朗读和自由交谈时，声韵母发音失误较多，难点音超出常见范围，声调调值多不准。方言语调较明显。词语、语法有失误。测试总失分率在30%以内。

乙等　朗读和自由交谈时，声韵调发音失误多，方音特征突出。方言语调明显。词语、语法失误较多。外地人听其谈话有听不懂的情况。测试总失分率在40％以内。

课后作业1

测一测，看看你学习这门课之前的普通话水平。

一、读单音节字词

辈　军　右　掐　订　女　叼　浊　塌　否　缠　次　流　肾　冰
膜　昏　隋　鹤　淋　穷　紫　鳃　国　涌　硅　绐　妞　凉　尺
郑　陪　软　流　翁　挎　浊　虐　蹲　否　负　选　穷　嘴　肺
恩　燃　邹　片　石　币　龙　岸　群　草　熔　雇　砣　刺　委
踹　滑　宽　九　厅　啃　宋　秦　阿　淋　伍　破　田　染　癌
泛　枕　御　郑　钓　评　涮　捆　破　乖　娶　荫　开　撒　略
余　梦　醋　池　继　司　圈　晃　夏　镖　溺　江　灭　涌　聘
涩　广　扎

二、读多音节词语

小辫儿　发票　扭转　单价　这会儿　去路　开学
爽直　同情　地下　脸蛋儿　按压　状况　不平
思虑　录用　志气　下课　蠢笨　月球　下午
搅扰　商洽　伺候　诚恳　烟卷儿　从而　接触
拐弯　日晕　心疼　姑娘　记者　干活儿　废品
苍穹　奶水　侵略　分寸　蛋黄儿　暂时　青蛙
总得　外界　雄心　回头　琴键　挖掘　培训
尺寸　挎包　相声　风俗　快乐　求偶　条约
冰棍儿　手工业　鬼混　曾经　枉然　海市蜃楼

三、朗读短文

作品36号

乡下人家总爱在屋前搭一瓜架，或种南瓜，或种丝瓜，让那些瓜藤攀上棚架，爬上屋檐。当花儿落了的时候，藤上便结出了青的、红的瓜，它们一个个挂在房前，衬着那长长的藤，绿绿的叶。青、红的瓜，碧绿的藤和叶，构成了一道别有风趣的装饰，比那高楼门前蹲着一对石狮子或是竖着两根大旗杆，可爱多了。

有些人家，还在门前的场地上种几株花，芍药，凤仙，鸡冠花，大丽菊，它们依着时令，顺序开放，朴素中带着几分华丽，显出一派独特的农家风光。还有些人家，在屋后种几十枝竹，绿的叶，青的竿，投下一片浓浓的绿荫。几场春雨过后，到那里走走，你常常会看见许多鲜嫩的笋，成群地从土里探出头来。

鸡，乡下人家照例总要养几只的。从他们的房前屋后走过，你肯定会瞧见一只母鸡，率领一群小鸡，在竹林中觅食；或是瞧见竖着尾巴的雄鸡，在场地上大踏步地走来走去。

他们的屋后倘若有一条小河，那么在石桥旁边，在绿树荫下，你会见到一群鸭子游戏水中，不时地把头扎到水下去觅食。即使附近的石头上有妇女在捣衣，它们也从不吃惊。

若是在夏天的傍晚出去散步，你常常会瞧见乡下人家吃晚饭//的情景。他们把桌椅饭菜搬到门前，天高地阔地吃起来。天边的红霞，向晚的微风，头上飞过的归巢的鸟儿，都是他们的好友。它们和乡下人家一起，绘成了一幅自然、和谐的田园风景画。

节选自陈醉云《乡下人家》

四、命题说话（二选一）

1. 假日生活　2. 印象深刻的书籍（或报刊）

第二章　普通话语音系统基础训练

在这一部分你将学到：

1. 语音的物理属性，包括音高、音长、音强、音色，这是声音的四要素。人体发音器官，包括呼吸器官、喉头、声带、口腔、咽腔、鼻腔等，它们共同构成了语音的生理基础。

2. 普通话声母、韵母、声调的性质、特点及专门练习。

3. 《普通话水平测试大纲》词表与朗读作品中的重点声韵调练习，易混淆的声母、韵母或声调的对比练习。

第一节　语音的基本性质

一、语音和语音的性质

语言是音义结合的符号系统，语音是语言的声音，是由人类的发音器官发出来的能够代表一定社会意义的声音。研究语言声音体系的科学就是语音学。语音学可以分为生理语音学、声学语音学、感知语音学、实验语音学等几个分支。语音的性质分为物理性质、生理性质、社会性质三个方面。

声音的产生是由于物体的振动，声源的振动引起空气振动，声波传入人耳，耳朵的鼓膜也产生同样的振动，声音由此产生。语音的物理性质指由振动发音器官产生声波，经过共鸣器官扩大和美化传入人耳，包括音色

（音质）、音高、音强、音长四个方面。

音色指声音的本质和特色，它取决于音波振动的形式。音高指声音的高低，它取决于音波振动的频率。音强指声音的强弱，它取决于音波振动幅度的大小。音长指声音的长短，它取决于音波振动的时间。音色属于音质成分，音高、音强、音长属于超音质成分或非音质成分，是依附于音质的。

语音的生理性质指人类的发音器官的生理活动。发音器官包括呼吸器官、发声器官、咬字器官和共鸣器官。

呼吸器官产生发音的动力，包括肺、气管、胸腔、横膈膜等。发音的动力是呼吸时肺所产生的气流。发声器官包括喉头和声带，是发音的基本材料。咬字器官包括口腔的唇舌齿腭，通过这些部位的不同形态形成不同的语音。共鸣器官包括胸腔、喉腔、咽腔、口腔、鼻腔和鼻窦。由声带颤动而产生的声音通过咽腔、口腔、喉腔、唇腔和鼻腔等共振腔传入人的耳朵。咽腔和口腔是可变的共鸣腔，而鼻腔是固定的。

发音器官也可以分为主动发音器官与被动发音器官，主动发音器官即声带、软腭、舌根、舌面、唇等，被动发音器官即齿龈、硬腭等。主动发音器官与被动发音器官接触形成不同的声音。

语音的生理性质和物理性质属于语音的自然属性，语音的本质属性是它的社会性质。语音的社会性质指语音和语意的结合是约定俗成的，不同的语音被社会赋予了不同的价值。我们中国人将书命名为"书"，英美人将其命名为"book"，都是约定俗成的。"书"也可以叫"桌子""杯子"，名字的确定带有一定的任意性。另外，语音带有地域性、时代性和民族性的特点。语音的生理性质、社会性质与普通话的学习密切相关。

二、音素、音位、普通话的元音和辅音

音节是听觉最容易分辨的最小的语音结构单位，是一次发生的最自然的语音单位，是最小的音段，是语音的基本结构单位。对于普通话而言，一个汉字字音一般对应一个音节。

音素是从音色的角度划分的语音中最小的单位。一个普通话音节大概可以包括1—4个音素。例如"汉"hàn,包含3个音素,"语"yǔ,包含2个音素。语音有其自己的特定系统,音素之间和拼合规律存在于本系统之内。

音位是具体语言或方言中具有区别词的语音形式的最小的语音单位,是指语音的社会性质。

在南京话、湖北话、湖南话等一些方言中,n、l不分。这是因为在当地方言的音系中,n、l虽然是两个音素,但是属于一个音位,并不区别意义。而在普通话中,n、l属于发音方法不同的两个音位,区别意义。汉语普通话的塞擦音没有清浊对立,但是存在送气与不送气的对立。而英语、法语等语言存在清浊对立,送气与不送气音属于同一音位。在英语中,[t][d]读音不同,分属两个音位,而[t] [t']则属于同一音位。因此将student ['stju:dnt]读成['st'ju:dnt],英国人并不会觉得读错了,只会觉得怪怪的。

音素可以分为元音和辅音两大类。元音是气流通过声门使声带振动,发音器官的其他部位不形成任何阻碍,而辅音是气流在发音器官的某一个部位造成阻碍,只有克服这种阻碍才能发音。发元音时,发音器官各部分保持均衡紧张,发辅音时,只有声道形成阻碍的那一部分特别紧张。元音的气流较弱,辅音的气流较强。汉语拼音方案的a、e、i、o、ü代表的音属于元音,其他字母代表的音属于辅音。

元音的不同是由三种因素造成的,我们在描述元音时也可以从这三个方面入手:共鸣腔(主要是口腔)的不同形状,嘴唇撮起,圆的是圆唇元音,嘴唇展开,嘴唇不圆的是非圆唇元音;把嘴张得大些或者小些,即舌位的高低,舌位高的是高元音,舌位低的是低元音;把舌面的最高点放在舌面的前面或者放在舌面的后面,即舌位的前后,舌位前的是前元音,舌位后的是后元音。

一般元音发音时,舌肌用力比较均匀,称"舌面元音"。除"舌面元音"外,发音时舌尖用力的称"舌尖元音"。根据舌尖位置的前后,一般可以分为舌尖前元音和舌尖后元音。除了舌面元音、舌尖元音,普通话音系

普通话训练与测试教程

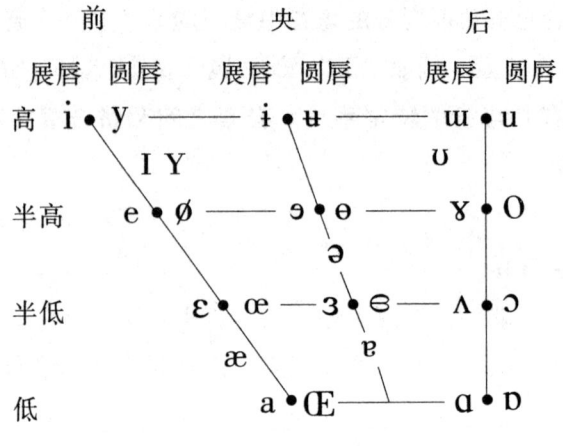

图 1 元音舌位图

中还有"卷舌元音",即发舌面元音的同时舌尖向硬腭翘起,即前面元音卷舌化。

普通话音系中共有10个单元音,其中8个为舌面元音,2个为舌尖元音。

前、高、不圆唇元音:i [i] 记忆 依稀

后、高、圆唇元音:u [u] 鼓舞 芜湖

前、高、圆唇元音:ü [y] 豫剧 序曲

后、半高、圆唇元音:o [o] 饽饽 默默

后、半高、不圆唇元音:e [ɤ] 各个 合格

央、低、不圆唇元音:a [A] 爸爸 发达

央元音:e [ə] 横的

前、半低、不圆唇元音:ê [ɛ] 诶 结节

舌尖前、不圆唇元音:i [ɿ] 自私 子嗣

舌尖后、不圆唇元音:i [ʅ] 试吃 支持

另外,还有卷舌元音:er [ər] 耳朵 然而

辅音的共同特点是气流在一定的部位受到阻碍,通过某种方式冲破阻碍而发出音来。受阻碍的部位是发音部位。形成和冲破阻碍的方式是发音方法。辅音的区别包括发音器官和被动发音器官的位置(鼻音、口音、颤音)、清和浊、送气和不送气、塞、爆和擦音等。辅音的具体分析见后文关于声母的分析。

第二节　声母训练

一、普通话的音节

汉语普通话音节分为声母、韵母和声调三部分，元音是音节的中心。声母是音节开头的辅音。韵母是音节中声母后面的部分。声调是音节中具有区别意义作用的贯穿整个音节层的声音的高低升降变化。

普通话音系具备 10 种音节结构，不计声调共 406 个音节。分为：V 型（如"啊"）、VV 型（如"娃"）、VVV 型（如"药"）、CV 型（如"爸"），CVV 型（如"道"）、CVVV 型（如"桥"）、VC 型（如"昂"）、VVC（如"阳"）、CVC 型（如"宕"）、CVVC 型（如"段"）。V 代表元音，C 代表辅音。汉语音节允许出现二合、三合复元音，但是不允许复辅音出现。个别语气词只以辅音充当音节，例如"哼"（hng）、"嗯"（n）。音节结构简单明了是汉藏语系语言的共同特点。

普通话的声母为辅音，辅音的发音由发音部位和发音方法决定。发音部位即发音时发音器官对气流形成阻碍的位置。发音方法即发音时构成阻碍和解除阻碍的方式。

普通话的韵母又可以分为韵头、韵腹和韵尾。韵头在普通话中一般只能是高元音 i、u、ü，再加上没有韵头的。以韵头为标准，可以把普通话音节分为四类，即"四呼"："开口呼"（没有韵头，韵腹不是 i、u、ü 的韵母，如［a］、［ou］、［au］），齐齿呼（韵头或韵腹是［i］的韵母，如［i］、［iu］、［iou］），合口呼（韵头或韵腹是［u］的韵母，如［u］、［ua］、［uai］）、撮口呼（韵头或韵腹是［y］的韵母，如［y］、［yn］、［yɛ］）。

普通话四呼的数量并不均衡，开口呼音节数量最多，撮口呼音节最少。舌尖元音-i 属于开口呼，只能与舌尖前声母 z、c、s 和舌尖后声母 zh、ch、sh、r 相拼。一些声母和一些韵母结合在一起构成音节，有很强的规律性。见表 1。

表1　普通话音节的声韵调组合类型表

声母	韵母							
	双唇音 b、p、m	唇齿音 f	舌尖中音 d、t、n、l	舌面后音 g、k、h	舌面前音 j、q、x	舌尖前音 z、c、s	舌尖后音 zh、ch、sh、r	零声母
开口呼	＋	＋	＋	＋	－	＋	＋	＋
齐齿呼	＋	－	＋	－	＋	－	－	＋
合口呼	只跟u相拼	只跟u相拼	＋	＋	－	＋	＋	＋
撮口呼	－	－	只有n、l和撮口呼相拼	－	＋	－	－	＋

注：表中的"＋"表示声韵可以相拼，"—"表示不能相拼。

从上表中可以看出：

1. 双唇音b、p、m，舌尖中音d、t不能和撮口呼韵母相拼，与合口呼相拼时仅限于u。

2. 唇齿音f，舌面后音g、k、h，舌尖前音z、c、s，舌尖后音zh、ch、sh、r和开口呼、合口呼韵母相拼。唇齿音f与合口呼相拼时仅限于u。

3. 舌面前音j、q、x只能和齐齿呼和撮口呼韵母相拼，不能与开口呼和合口呼韵母相拼。

4. 舌尖中音n、l和零声母能跟四呼相拼。

5. 除了舌面前音j、q、x，开口呼韵母能和所有声母相拼。

6. 撮口呼韵母只能与舌尖中音n、l，舌面前音j、q、x和零声母相拼。

二、普通话的声母分析

普通话音节共22个声母，21个辅音，没有声母也算一个声母，即为"零声母"。人的口腔中最重要同时又最灵活的器官是舌头，舌头上下移动可以发出种种声音。舌头在发音时的位置、形状和活动方式是语音分类的主要依据。除零声母外的 21 个声母可以根据舌头的发音部位和发音方法分为表 2 中的几类，逗号前后为不送气音与送气音。

表 2 普通话声母表

	塞音	塞擦音	擦音	鼻音	边音	近音
双唇音	b [p], p [pʰ]			m [m]		
唇齿音			f [f]			
舌尖前音		z [ts], c [tsʰ]	s [s]			
舌尖中音	d [t], t [tʰ]			n [n]	l [l]	
舌尖后音		zh [tʂ], ch [tʂʰ]	sh [ʂ]			r [ɻ]
舌面前音		j [tɕ], q [tɕʰ]	x [ɕ]			
舌面后音	g [k], k [kʰ]		h [x]			

普通话音系包含 22 个辅音，舌根鼻音 [ŋ] 只能充当韵尾，不能做声母，舌尖鼻音 n [n] 既能做声母，也能做韵尾，其余 20 个辅音只能做声母。大部分音节以辅音开头。普通话声母以清音为主，浊音声母只有鼻音 m [m]、n [n]、l [l] 和 r [ɻ]。从前，学术界大多认为普通话声母 r 读为浊擦音 [ʐ]，与 sh [ʂ] 相对应。近年来，实验语音学发现声母 r 的时长比擦音短一半以上，语图上看乱纹很少，其波形更接近元音，有明显周期和共振峰结构，应该认定为近音 [ɻ]。另外，声母本来的发音被称为 "本音"，为了练习发音，会在声母本音的后面配上不同的元音，这些被称为 "呼读音"。

辅音按照发音方法分类可以分为塞音、擦音、塞擦音、鼻音、边音、近音。

塞音："塞"即闭塞。指成阻时，发音器官的某两个部分紧紧靠拢，完全堵住气流的通路，持阻时气流积蓄在阻碍的部位之后，气流堵在口腔，对口腔形成很大的压力，除阻时，受阻部位突然解除阻碍，使积蓄的气流透出，爆发破裂成声。

擦音："擦"即摩擦。发音器官两个部位接近，留下一条适度的缝隙，持阻时，气流从窄缝中间挤出来，摩擦成声，除阻时，发音结束。

塞擦音：塞音与擦音结合，先塞后擦发出塞擦音。塞音与擦音部位相同、清浊一致，在成阻和除阻阶段紧密地结合在一起。

鼻音：成阻时发音部位完全闭塞，软腭下垂，堵住口腔的通道，让气流从鼻腔出来，声带振动，气流在口腔受到阻碍，由鼻腔透出成声，就产生鼻音。不同的鼻音是由于发音时在口腔的不同部位形成阻塞，造成不同的口腔共鸣而形成的。

边音：舌尖与上齿龈稍后的部位接触，使口腔中间的通道阻塞，持阻时声带振动，气流从舌头两边通过，形成边音。

近音：成阻时，发音器官接近，口腔通道变窄，留有比擦音大，比高元音小的缝隙，气流通过时轻微摩擦，形成近音。

除此之外，发音方法还有清音与浊音的区别，送气音与不送气音的区别。发音时声带颤动为浊音，声带不颤动为清音。送气音指发音时气流较强，在除阻之后还有一段送气噪声。不送气音的气流较弱，只有塞音和塞擦音有送气与不送气的区别。

根据发音部位，普通话辅音又分为双唇音、唇齿音、舌尖前音、舌尖中音、舌尖后音、舌面前音、舌面后音。

双唇音：双唇形成阻碍，突然打开双唇使气流通过或在双唇受到阻碍后，气流从鼻腔通过发出的音叫双唇音。

唇齿音：下唇向上齿靠拢，形成间隙，软腭上升，关闭鼻腔通路，上齿和下唇形成阻碍，气流从间隙摩擦通过发出的音称唇齿音。

舌尖前音：舌尖可以和好几个部位配合构成阻碍，调节气流，发出各种不同的声音。舌尖与下齿、舌叶或齿龈接触或接近形成阻碍形成的音称舌尖前音。

舌尖中音：舌尖和上齿龈形成阻塞，气流或从鼻腔，或从舌头两边，或突然解除阻塞而发出的音称舌尖中音。

舌尖后音：舌尖翘起向硬腭前部接触或接近形成阻碍，气流从缝隙中透出而形成的音称舌尖后音。

舌面前音：舌面前部与前腭接触或接近，形成阻碍，配合节制气流而形成的音称舌面前音。

舌面后音：舌面的后部往上抬，与软腭前部接触或接近，使气流受阻，形成的音称舌面后音。

三、普通话的声母单项练习

b：双唇不送气清塞音

单音节：表(biǎo) 补(bǔ) 报(bào) 杯(bēi) 饼(bǐng) 博(bó) 笔(bǐ) 奔(bēn/bèn)

双音节：标本(biāo běn) 北部(běi bù) 包办(bāo bàn) 辨别(biàn bié) 不必(bù bì)

四音节：鹬蚌相争(yù bàng xiāng zhēng) 八仙过海(bā xiān guò hǎi)

p：双唇送气清塞音

单音节：怕(pà) 盆(pén) 排(pái) 破(pò) 瀑(pù) 盘(pán) 品(pǐn) 跑(pǎo)

双音节：批评(pī píng) 爬坡(pá pō) 匹配(pǐ pèi) 偏僻(piān pì) 澎湃(péng pài)

四音节：萍水相逢(píng shuǐ xiāng féng) 跑马观花(pǎo mǎ guān huā)

m：双唇鼻音

单音节：秒(miǎo) 谋(móu) 贸(mào) 木(mù) 敏(mǐn) 陌(mò) 梦(mèng) 迷(mí)

双音节：买卖(mǎi mai) 美妙(měi miào) 命名(mìng míng) 明媚(míng mèi) 盲目(máng mù)

四音节：莫名其妙(mò míng qí miào) 马到成功(mǎ dào chéng gōng)

f：唇齿擦音

单音节：浮(fú) 发(fā/fà) 风(fēng) 房(fáng) 氛(fēn) 否(fǒu) 份(fèn) 沸(fèi)

双音节：丰富(fēng fù) 反复(fǎn fù) 芬芳(fēn fāng) 吩咐(fēn fù) 肺腑(fèi fǔ)

四音节：发扬光大(fā yáng guāng dà) 幅员辽阔(fú yuán liáo kuò)

普通话训练与测试教程

d：舌尖中不送气清塞音

单音节：读(dú) 等(děng) 低(dī) 多(duō) 道(dào) 党(dǎng) 单(dān) 档(dàng)

双音节：大度(dà dù) 达到(dá dào) 断定(duàn dìng) 当代(dāng dài) 对待(duì dài)

四音节：得心应手(dé xīn yìng shǒu) 顶天立地(dǐng tiān lì dì)

t：舌尖中送气清塞音

单音节：他(tā) 特(tè) 谭(tán) 提(tí) 天(tiān) 偷(tōu) 疼(téng) 徒(tú)

双音节：忐忑(tǎn tè) 铁塔(tiě tǎ) 探讨(tàn tǎo) 弹跳(tán tiào) 妥帖(tuǒ tiē)

四音节：谈虎色变(tán hǔ sè biàn) 如火如荼(rú huǒ rú tú)

n：舌尖中鼻音

单音节：拿(ná) 嫩(nèn) 能(néng) 你(nǐ) 怒(nù) 捏(niē) 脑(nǎo) 牛(niú)

双音节：男女(nán nǚ) 农奴(nóng nú) 拿捏(ná niē) 牛奶(niú nǎi) 泥泞(ní nìng)

四音节：难分难解(nán fēn nán jiě)

l：舌尖中边音

单音节：拉(lā) 列(liè) 劳(láo) 冷(lěng) 理(lǐ) 洛(luò) 类(lèi) 乐(lè)

双音节：立论(lì lùn) 力量(lì liàng) 玲珑(líng lóng) 浏览(liú lǎn) 寥落(liáo luò)

四音节：果实累累(guǒ shí léi léi) 书声琅琅(shū shēng láng láng)

g：舌面后不送气清塞音

单音节：歌(gē) 各(gè) 国(guó) 贵(guì) 姑(gū) 告(gào) 光(guāng) 瓜(guā)

032

第二章 普通话语音系统基础训练

双音节：故宫(gù gōng) 广告(guǎng gào) 灌溉(guàn gài) 骨干(gǔ gàn) 尴尬(gān gà)

四音节：革故鼎新(gé gù dǐng xīn) 高谈阔论(gāo tán kuò lùn)

k：舌面后送气清塞音

单音节：考(kǎo) 壳(ké) 卡(kǎ) 肯(kěn) 口(kǒu) 快(kuài) 刊(kān) 狂(kuáng)

双音节：慷慨(kāng kǎi) 可靠(kě kào) 开阔(kāi kuò) 空旷(kōng kuàng) 困苦(kùn kǔ)

四音节：康庄大道(kāng zhuāng dà dào) 可歌可泣(kě gē kě qì)

h：舌面后清擦音

单音节：孩(hái) 河(hé) 好(hǎo) 航(háng) 活(huó) 虎(hǔ) 欢(huān) 辉(huī)

双音节：后悔(hòu huǐ) 黄河(huáng hé) 浩瀚(hào hàn) 浑厚(hún hòu) 豪华(háo huá)

四音节：海阔天空(hǎi kuò tiān kōng) 飞来横祸(fēi lái hèng huò)

j：舌面前不送气清塞擦音

单音节：计(jì) 架(jià) 涓(juān) 姜(jiāng) 拘(jū) 君(jūn) 爵(jué) 见(jiàn)

双音节：解决(jiě jué) 救济(jiù jì) 积极(jī jí) 家教(jiā jiào) 仅仅(jǐn jǐn)

四音节：皆大欢喜(jiē dà huān xǐ) 惊喜交集(jīng xǐ jiāo jí)

q：舌面前送气清塞擦音

单音节：齐(qí) 悄(qiāo) 邱(qiū) 情(qíng) 恰(qià) 茄(qié) 签(qiān)

双音节：取钱(qǔ qián) 全球(quán qiú) 亲切(qīn qiè) 牵强(qiān qiǎng) 前期(qián qī)

四音节：乔迁之喜(qiáo qiān zhī xǐ) 千载难逢(qiān zǎi nán féng)

普通话训练与测试教程

x：舌面前清擦音

单音节：啸(xiào) 训(xùn) 信(xìn) 修(xiū) 下(xià) 项(xiàng) 先(xiān) 雄(xióng)

双音节：小溪(xiǎo xī) 学习(xué xí) 信息(xìn xī) 现行(xiàn xíng) 选修(xuǎn xiū)

四音节：虾兵蟹将(xiā bīng xiè jiàng) 细水长流(xì shuǐ cháng liú)

zh：舌尖后不送气清塞擦音

单音节：榨(zhà) 寨(zhài) 整(zhěng) 准(zhǔn) 住(zhù) 盅(zhōng) 照(zhào) 支(zhī)

双音节：制止(zhì zhǐ) 真正(zhēn zhèng) 蜘蛛(zhī zhū) 政治(zhèng zhì) 珍重(zhēn zhòng) 主张(zhǔ zhāng)

四音节：郑重其事(zhèng zhòng qí shì) 掌上明珠(zhǎng shàng míng zhū)

ch：舌尖后送气清塞擦音

单音节：插(chā) 衬(chèn) 串(chuàn) 丑(chǒu) 超(chāo) 捶(chuí) 扯(chě) 初(chū)

双音节：茶宠(chá chǒng) 超常(chāo cháng) 沉船(chén chuán) 戳穿(chuō chuān) 城池(chéng chí)

四音节：触类旁通(chù lèi páng tōng) 满目疮痍(mǎn mù chuāng yí)

sh：舌尖后清擦音

单音节：笙(shēng) 十(shí) 睡(shuì) 输(shū) 涮(shuàn) 摔(shuāi) 硕(shuò) 霜(shuāng)

双音节：上述(shàng shù) 膳食(shàn shí) 税收(shuì shōu) 伸手(shēn shǒu) 手术(shǒu shù)

四音节：深入人心(shēn rù rén xīn) 恒河沙数(héng hé shā shù)

r：舌尖后近音

单音节：儒(rú) 日(rì) 绕(rào) 然(rán) 锐(ruì) 热(rè) 人(rén) 润(rùn)

双音节：荣誉 柔软 忍让 嚷嚷 仍然
　　　　róng yù　róu ruǎn　rěn ràng　rāng rang　réng rán

四音节：入情入理　其乐融融
　　　　rù qíng rù lǐ　qí lè róng róng

z：舌尖前不送气清塞擦音

单音节：做 杂 最 怎 糟 在 增 泽
　　　　zuò zá zuì zěn zāo zài zēng zé

双音节：藏族 总则 啧啧 枣子 自责
　　　　zàng zú　zǒng zé　zé zé　zǎo zi　zì zé

四音节：载歌载舞　自由自在
　　　　zài gē zài wǔ　zì yóu zì zài

c：舌尖前送气清塞擦音

单音节：菜 曾 村 嘈 辞 翠 窜 餐
　　　　cài céng cūn cáo cí cuì cuàn cān

双音节：猜测 仓促 参差 从此 粗糙
　　　　cāi cè　cāng cù　cēn cī　cóng cǐ　cū cāo

四音节：一蹴而就　流水淙淙
　　　　yī cù ér jiù　liú shuǐ cóng cóng

s：舌尖前清擦音

单音节：洒 随 涩 缫 酸 塞 司 素
　　　　sǎ suí sè sāo suān sāi/sài/sè sī sù

双音节：诉讼 速算 琐碎 思索 松散
　　　　sù sòng　sù suàn　suǒ suì　sī suǒ　sōng sǎn

四音节：司空见惯　鬼鬼祟祟
　　　　sī kōng jiàn guàn　guǐ guǐ suì suì

普通话中，"啊""安""袄""欧""鹅""衣"等都是零声母音节。在实际发音时，音节开头往往带有一些轻微摩擦，即同部位某种辅音性质的成分。如开口呼韵母前往往有喉塞音［ʔ］或喉擦音［ɣ］，在齐齿呼、合口呼和撮口呼韵母前往往带有半ч元音［j］［w］［ɥ］，但是并无辨义作用，所以注音时不需要标出。

《汉语拼音方案》规定用 y 或 w 分隔 i、u、ü 开头的零声母音节。y 或 w 不是声母，只在书写时起分割音节、明确音节的作用。写成"衣"

035

(yī)、"屋"(wū)、"耶"(yē)、"瓦"(wǎ)、"晚"(wǎn)。

课后作业 2：普通话声母练习——绕口令

1. 八百标兵奔北坡，炮兵并排北边跑，炮兵怕把标兵碰，标兵怕碰炮兵炮。

2. 八十八位大伯家门口有八十八棵柏树，有八十八只八哥要到八十八位大伯家门口八十八棵柏树上筑八十八个八哥窝。八十八位大伯不同意八十八只八哥在他们家门口八十八棵柏树上筑八十八个八哥窝。八十八只八哥哀求八十八位大伯同意它们在八十八棵柏树上筑八十八个八哥窝。八十八位大伯气得摇动八十八棵柏树，八十八只八哥没能筑八十八个八哥窝。

3. 一平盆面烙一平盆饼，盆碰饼饼碰盆，烙出一平盆平面饼。

4. 妈妈骑马马慢，妈妈骂马。牧童磨墨，墨抹牧童一目墨。

5. 东面有只黄毛白鼻癞皮猫，西面有只白毛黄鼻癞皮猫。黄毛白鼻癞皮猫要扯白毛黄鼻癞皮猫的皮，白毛黄鼻癞皮猫要抓黄毛白鼻癞皮猫的毛。

6. 粉红墙上画凤凰，凤凰画在粉红墙，红凤凰黄凤凰，粉红凤凰花凤凰。

7. 范福犯法，法院传范福去法院服法。范福不愿去法院服法屡次犯法，犯人范福被法警押到法院服法，法庭审判犯人范福让其服法。

8. 一条裤子，七道缝，斜缝竖缝和横缝，缝了斜缝缝竖缝，缝了竖缝缝斜缝。

9. 调到敌岛打特盗，特盗太刁投短刀，挡推顶打短刀掉，踏盗得刀盗打倒。

10. 你会炖我的炖冻豆腐，再来炖我的炖冻豆腐，你不会炖我的炖冻豆腐，别炖坏了我的炖冻豆腐。

11. 白石塔，白石搭，白石搭白塔，白塔白石搭，搭好白石塔，白塔白又大。

12. 扁担长，板凳宽，扁担没有板凳宽，板凳没有扁担长。扁担要绑在板凳上，板凳不让扁担绑在板凳上。扁担偏要绑在板凳上，板凳偏不让扁担绑在板凳上。

13. 老龙恼怒闹老农，老农恼怒闹老龙。农怒龙恼农更怒，龙恼农怒龙怕农。

14. 河边有棵柳，柳下一头牛。牛要去顶柳，柳条缠住了老牛头。

15. 牛郎年年恋刘娘，刘娘连连念牛郎。牛郎恋刘娘，刘娘念牛郎，郎恋娘来娘念郎。

16. 尤大嫂买肉，冉大妈买油，尤大嫂买肉不买油，冉大妈买油不买肉。

17. 大娘家里上大梁，梁大大娘扛不动。大郎帮大娘扛大梁，大娘不让大郎扛大梁，大郎非要帮大娘扛大梁。大娘大郎一起扛大梁，大娘家里上了大梁。

18. 牛牛要吃河边柳，妞妞赶牛牛不走。妞妞护柳扭牛头，牛牛扭头瞅妞妞。妞妞拉牛牛更拗，牛牛要顶妞妞，妞妞捡起小石头，吓得牛牛扭头走。

19. 牛拉碾子碾牛料，碾完了牛料留牛料。

20. 新脑筋，老脑筋，老脑筋可以学成新脑筋，新脑筋不学习就会变成老脑筋。

21. 学习就怕满，懒，难。心里有了满，懒，难，不看不钻就不前。心里去掉满，懒，难，边学边干，蚂蚁也能爬泰山。

22. 打南边来了两个篮球队员，男运动员穿了蓝球衣，女运动员穿了绿球衣。不怕累，不怕难，男女运动员努力练投篮。

23. 哥挎瓜筐过宽沟，赶快过沟看怪狗，光看怪狗瓜筐扣，瓜滚筐空哥怪狗。

24. 华华有两朵黄花，红红有两朵红花，华华要红花，红红要黄花，华华送给红红一朵黄花，红红送给华华一朵红花。

25. 丰丰和芬芬上街买混纺，红混纺、粉混纺，芬芬丰丰反复挑选混纺，丰丰买了粉混纺，芬芬买了黄混纺。

26. 大哥要理化，大姐要理发。理化不是理发，理发也不是理化。学会了理化不一定会理发，学会了理发也不一定会理化。

27. 化肥会挥发。黑化肥发灰，灰化肥发黑。黑化肥发灰会挥发，灰化肥挥发会发黑。黑化肥挥发会发灰会花飞，灰化肥挥发会发黑会飞花。黑灰化肥会挥发发灰黑会花飞，灰黑化肥会挥发发黑灰会飞花。

28. 尖塔尖，尖杆尖，杆尖尖塔尖尖，塔尖尖似杆尖尖，有人说杆尖比塔尖尖，有人说塔尖比杆尖尖，不知到底是杆尖比塔尖尖还是塔尖比杆尖尖。

29. 七加一和七减一，七加一、七减一，加完减完等于几？七加一、七减一，加完减完还是七。

30. 稀奇稀奇真稀奇，麻雀踩死老母鸡。蚂蚁身长三尺七，七十岁的老七躺在摇篮里。

31. 七巷一个漆匠，西巷一个锡匠，七巷的漆匠偷了西巷锡匠的锡，西巷的锡匠拿了七巷漆匠的漆。七巷的漆匠气西巷的锡匠拿了漆，西巷的锡匠讥七巷的漆匠拿了锡。请问漆匠和锡匠，谁拿了谁的锡，谁偷了谁的漆。

32. 西边有条小溪，溪边住着小奇。细声唱的是小溪，玩游戏的是小奇。小溪边小奇洗细米，小奇在小溪边戏小鱼。

33. 认识从实践始，实践出真知。知道就是知道，不知道就是不知道。不要知道说不知道，也不要不知道说知道。老老实实，实事求是，一定做到不折不扣地真知道。

34. 长虫虫长长，长虫长虫虫。常冲怕长虫，长虫怕常冲。

35. 朱家一株竹，竹笋初长出，朱叔处处锄，锄出笋来煮，锄完不再出，朱叔没笋煮，竹株又干枯。

36. 史老师，讲时事，常学时事长知识，时事学习看报纸，报纸登的是时事，心里装着天下事。

37. 书橱被虫蛀，胡叔修书橱。钉块木板把洞堵，修好书橱装图书。

38. 精致不是经济，组织不是狙击。把不直念成不急，秩序就会变成继续。大使就会变成大喜。

39. 请将九十七卷极细极细的细丝线，织成九十七个极小极小的小家雀。九十七个极小极小的小家雀，剪断九十七卷极细极细的细丝线，飞向极峭极峭的悬崖下。

40. 夏日无日日亦热，冬日有日日亦寒，春日日出天渐暖，晒衣晒被晒褥单，秋日天高复云淡，遥看红日迫西山。

41. 日头热，热日头，日头不热不是日头。

42. 老饶下班去染布，染出布来做棉褥。楼口儿有人拦住路，只许出来不许入。如若急着做棉褥，明日上午来送布。离开染店去买肉，回家热锅炖豆腐。

43. 天上有个日头，地下有块石头，嘴里有个舌头，手上有五个手指头。不管是天上的热日头，地下的硬石头，嘴里的软舌头，手上的手指头，还是热日头，硬石头，软舌头，手指头，反正都是练舌头。

44. 人是人，银是银，人银要分清。银不是人，人不是银，分不清人银弄不清语音。

45. 枣厂前有三十三棵桑树，枣厂后有四十四棵枣树，三十三棵桑树下有三十三个紫伞，四十四棵枣树下有四十四头紫蒜。

46. 老曹餐前买雌鸡，老崔餐后买瓷器，买来才知是次品，老曹退雌鸡，老崔退瓷器。

47. 四十四个字和词，组成一首子词丝的绕口令。桃子李子梨子栗子橘子柿子槟子和榛子，栽满院子村子和寨子。名词动词数词量词代词副词助词，连成语词诗词和唱词。蚕丝生丝熟丝缫丝晒丝纺丝织丝，自制粗丝细丝人造丝。

48. 隔着窗户撕字纸，先撕白字纸，再撕紫字纸。

49. 冲冲栽了十畦葱，松松栽了十棵松。冲冲说栽松不如栽葱，松松说栽葱不如栽松。是栽松不如栽葱，还是栽葱不如栽松？

50. 四是四，十是十；十四是十四，四十是四十；要想说好四和十，全靠舌头和牙齿。谁说四十是"细席"，他的舌头没用力；谁说十四是"适时"，他的舌头没伸直。要想说对四，舌头碰牙齿；要想说对十，舌头别伸直。谁能说准十四、四十、四十四，就请谁来试一试。

51. 字纸裹着细银丝，细银丝上趴着四千四百四十四个似死非死的死虱子。

52. 桌上放着钻，地上有块砖。桌上的钻砸到地上的砖，地上的砖被桌上的钻砸成四块砖。

53. 四位老师是石、斯、施、史。石老师教我大公无私，斯老师给我精神食粮，施老师教我遇事三思，史老师送我知识钥匙。我感谢石、斯、施、史四位老师。

54. 张仁升与江银星，二人上场说相声。先说一个《招厂长》，再说一个《绕口令》："真主珍珠真珍珠，出城出证出入证。"

55. 柿子树妈妈，心肠真好，它怕秋公公晚上摔跤，把红红的小灯笼，挂在了树梢。

56. 三月三，小三练登山。三次上下山，连登三次山，跑了三里三，出了一身汗，湿了三件衫，小三山上大声喊："离天只有三尺三！"

57. 石板砖，真难钻，弟弟说，用钻钻砖，哥哥说，砖用钻钻，你说是砖用钻钻还是用钻钻砖？

58. 财主要柴主挑木柴，财主不买柴主的木柴；柴主要财主买木柴，柴主不挑财主的木柴。

59. 傅村五户夫妇都姓傅。五户傅，傅五户，五户夫妇做豆腐，傅户做豆腐，五户傅户富。

60. 奶奶背柴来来提菜。来来替奶奶背柴，奶奶替来来提菜。奶奶称来来好小孩，来来叫奶奶好奶奶。

四、《普通话水平测试用普通话词语表》与《普通话水平测试用朗读作品》的重点声母训练

《普通话水平测试用普通话词语表》重点声母训练

bù zhòu	chā	cháng chù	chōng	chōng dāng
步骤	叉	长处	冲	充当
cóng	shì	dāng jí	dāng jú	dàng chéng
从	事	当即	当局	当成
dàng tiān	dàng zuò	dào chù	dào jiào	diàn hè
当天	当作	到处	道教	电荷

第二章 普通话语音系统基础训练

| diào bō | diāo sù | dīng | dòu | dù pí |
| 调 拨 | 雕 塑 | 钉 | 斗 | 肚 皮 |

| duī jī | fǎ xī sī | féng | fū huà | fú |
| 堆 积 | 法 西 斯 | 冯 | 孵 化 | 服 |

| gè zì | gěi yǐ | hǎo shì | hào zhào | hú pō |
| 各 自 | 给 以 | 好 事 | 号 召 | 湖 泊 |

| huàng | hùn xiáo | jǐ jǐ | jiān | jià qián |
| 晃 | 混 淆 | 济 济 | 间 | 价 钱 |

| jiàn gé | jiàn jiē | jiàn zhù | jiào xué | jiào dǎo |
| 间 隔 | 间 接 | 建 筑 | 教 学 | 教 导 |

| jiē chù | jiě shì | jiè zhì | jǐn guǎn | jǐn kuài |
| 接 触 | 解 释 | 介 质 | 尽 管 | 尽 快 |

| jìn lì | jīng shén | chē | lì xī | lián jié |
| 尽 力 | 精 神 | 车 | 利 息 | 联 结 |

| lín jū | lìng | liú xuè | lù | mì shū |
| 邻 居 | 令 | 流 血 | 露 | 秘 书 |

| miǎn qiǎng | miàn jī | mèn | mō suǒ | mǒ |
| 勉 强 | 面 积 | 闷 | 摸 索 | 抹 |

| mú yàng | qì yā | qià dàng | qū xiàn | qū zhé |
| 模 样 | 气 压 | 恰 当 | 曲 线 | 曲 折 |

| rèn | rèn shi lùn | sǎn shè | sè | shāo shāo |
| 任 | 认 识 论 | 散 射 | 色 | 稍 稍 |

| shāo wēi | shuí | shēn fèn | shì dàng | shì lì |
| 稍 微 | 谁 | 身 份 | 适 当 | 势 力 |

| shǒu xù | shòu liè | shù gàn | shùn xù | shuō fǎ |
| 手 续 | 狩 猎 | 树 干 | 顺 序 | 说 法 |

| sù shè | sù liào | suí | suǐ | sǔn hào |
| 宿 舍 | 塑 料 | 遂 | 髓 | 损 耗 |

| sù zhì | tài yáng xì | tí gōng | tǐ jī | tǐ zhì |
| 素 质 | 太 阳 系 | 提 供 | 体 积 | 体 质 |

| wò shì | xiá zhǎi | xīn xiān | yì shí | yì si |
| 卧 室 | 狭 窄 | 新 鲜 | 意 识 | 意 思 |

| yīn dì zhì yí | zhā | zán men | zāng | zǎo chen |
| 因 地 制 宜 | 扎 | 咱 们 | 脏 | 早 晨 |

| zǎo shang | zé rèn gǎn | zěn me yàng | zhà | nián |
| 早 上 | 责 任 感 | 怎 么 样 | 炸 | 粘 |

| zhàng peng | zhāo hu | zhào | zhào gù | zhēn jiǔ |
| 帐 篷 | 招 呼 | 赵 | 照 顾 | 针 灸 |

| zhēng | zhí dé | zhǐ dé | zhì biàn | zhì liàng |
| 挣 | 值 得 | 只 得 | 质 变 | 质 量 |

普通话训练与测试教程

zhòng shì	zhǔ yi	shǔ	zhuǎn dòng	zhuǎn xiàng
重视	主意	属	转动	转向
zhuàng	zì zài	zì zhuàn	zǔ zong	zhuó mo
幢	自在	自转	祖宗	琢磨
bǎi shè	bàng chui	běi biān	bèn zhuō	běn qián
摆设	棒槌	北边	笨拙	本钱
běng	bǐ shǒu	bǐ fang	biān zhuàn	biān zuǎn
绷	匕首	比方	编撰	编纂
biǎn dan	biàn zhì	biàn zi	biǎo lù	bié zhì
扁担	变质	辫子	表露	别致
cǎi zhāi	cǎi táo	cán jí	cáo zá	cǎo chǎng
采摘	彩陶	残疾	嘈杂	草场
chá jī	chá chǔ	chāi shì	chān	cháng zú
茶几	查处	差事	掺	长足
chàng piàn	chéng jī	chéng wù yuán	chéng zuò	chì liè
唱片	乘积	乘务员	乘坐	炽烈
chì rè	chōng xuè	chōu tì	chǔ nǔ	chǔ zhì
炽热	充血	抽屉	处女	处置
chù suǒ	chù sheng	chù fā	chuǎi cè	chuǎi mó
处所	畜生	触发	揣测	揣摩
cuàn	zǎn	cuì	cūn	cuō
窜	攒	啐	皴	搓
cuò shāng	cuò bài	dǎ chà	dā la	dé zuì
挫伤	挫败	打岔	耷拉	得罪
dēng zǎi	chéng	dī fáng	dǒu sǒu	fēn cùn
登载	澄	提防	抖擞	分寸
fēn gé	fū	fū	gōng qián	gōng xiāo
分隔	孵	敷	工钱	供销
gōng xū	gōng yǎng	gōng wéi	hài chù	hán zhàn
供需	供养	恭维	害处	寒颤
huà xiān	hùn zá	hùn zhàn	hùn zhuó	jī ling
化纤	混杂	混战	混浊	机灵
jì	jǐ liáng	jǐ suǐ	jì jiào	jì liàng
纪	脊梁	脊髓	计较	计量
jì hào	jì liǎng	jì liàng	jiá gōng	jiā jī
记号	伎俩	剂量	夹攻	夹击
jiā zá	jiā zi	jià shi	jiàn shi	jiàn duàn
夹杂	夹子	架势	见识	间断
jiàn huò	jiàn xì	jiàn zuò	jiāng jiu	jiāo qíng
间或	间隙	间作	将就	交情

第二章　普通话语音系统基础训练

jiǎo róu zào zuò	jiào huan	jiǔ cài	léi zhui	lí sàn
矫 揉 造 作	叫 唤	韭 菜	累 赘	离 散
lì luo	lì suo	lián lei	líng sǎn	niàn dao
利 落	利 索	连 累	零 散	念 叨
níng xiào	nüè jí	ráo	róng	róng yào
狞 笑	疟 疾	饶	荣	荣 耀
róng jī	róng xǔ	sā huǎng	sā jiāo	sǎ tuō
容 积	容 许	撒 谎	撒 娇	洒 脱
sàn luò	sào zhou	shā dìng	shǎn yào	shàng si
散 落	扫 帚	纱 锭	闪 耀	上 司
shāo bing	shén xiān	shēng fā	shī shǒu	shī fu
烧 饼	神 仙	生 发	尸 首	师 父
shí jiang	shǒu jīn	shǒu shi	shòu cuò	shòu lěi
石 匠	手 巾	首 饰	受 挫	受 累
shòu nàn	shū zhǎn	shū hu	shuǎng kuai	shuǐ bèng
受 难	舒 展	疏 忽	爽 快	水 泵
sī cǔn	suì shu	xiāng chǔ	xiāo sàn	xiù qi
思 忖	岁 数	相 处	消 散	秀 气
yā dǎo	yā dī	yā zhà	yì chù	zā
压 倒	压 低	压 榨	益 处	咂
zēng hèn	zēng wù	zhā zǐ	zhà	zhà měng
憎 恨	憎 恶	渣 滓	乍	蚱 蜢
zhān lián	zhàn fú	zhàng ren	zhāo pai	zhēn
粘 连	战 俘	丈 人	招 牌	砧
zhēng jié	zhǐ jia			
症 结	指 甲			

《普通话水平测试用朗读作品》重点声母训练

作品 1 号：

là qī là bā　dòng sǐ hán yā　chú cǐ zhī wài　là bā suàn
腊 七 腊 八, 冻 死 寒 鸦　除 此 之 外　腊 八 蒜

sè rú fěi cuì　jiāo zǎo　qì xiàng　dà sǎo chú
色 如 翡 翠　胶 枣　气 象　大 扫 除

作品 2 号：

xīn xīn rán　lǎng rùn　zhǎng qǐ lai　xiǎo cǎo　nèn nèn de　lù lù de
欣 欣 然　朗 润　涨 起 来　小 草　嫩 嫩 的　绿 绿 的

shī rùn　xún cháng　niú máo　xì sī
湿 润　寻 常　牛 毛　细 丝

作品 3 号：

zài lái　líng líng lì lì　chuī sàn
再来　伶伶俐俐　吹散

作品 4 号：

gōng zuò　xué xí　nài xìng hé rèn xìng　zuò pǐn　shèn zhì　suī rán
工作　学习　耐性和韧性　作品　甚至　虽然

chū zhōng
初中

作品 5 号：

fā xiàn　jiàn zhù　yuán zé　fáng shuǐ céng　rán hòu　shū lòu　jiàng rén
发现　建筑　原则　防水层　然后　疏漏　匠人

xián shú　jì néng　rèn hé　zhuàng lì de zǐ jìn chéng　mò mò fèng xiàn
娴熟　技能　任何　壮丽的紫禁城　默默奉献

作品 6 号：

lì chūn　jiàn jiàn　chén shuì　sū xǐng　bīng xuě róng huà　cǎo mù méng fā
立春　渐渐　沉睡　苏醒　冰雪融化　草木萌发

yán rè de xià jì　sù sù de luò xià lai　chuán yǔ　chàng gē　xiàn xiàng
炎热的夏季　簌簌地落下来　传语　唱歌　现象

wù hòu　fēng fù
物候　丰富

作品 7 号：

gāo sù liè chē　hū xiào ér guò　shí sù　jí shǐ　bǎo zhèng　zhèng què
高速列车　呼啸而过　时速　即使　保证　正确

shí bié　ròu yǎn　zhàng ài　shè zhì xìn hào jī　réng rán　xiàn shí
识别　肉眼　障碍　设置信号机　仍然　现实

xiǎn shì　xùn sù
显示　迅速

作品 8 号：

qū chē　qīng shā shì de bó wù　cóng cóng　cǎo cóng　shí fèng　shí yǐn shí xiàn
驱车　轻纱似的薄雾　淙淙　草丛　石缝　时隐时现

jiāo cuò liú xiè　shī lù lù de lù yè　yī céng yī céng yǒng xiàng shān dǐng
交 错 流 泻　湿 漉 漉 的 绿 叶　一 层 一 层 涌 向 山 顶

qīng chún yuè ěr　lǐng nán zhù míng gǔ chà　gǔ shù cān tiān　rù yè
清 纯 悦 耳　岭 南 著 名 古 刹　古 树 参 天　入 夜

wàn lài jù jì　chuán sòng　qīng cuì
万 籁 俱 寂　传 送　清 脆

作品 9 号：

xìng fú rén　xiàn shí de shì jiè　sàng shī　xīn yuè　kǔ nàn　qīn zì
幸 福 人　现 实 的 世 界　丧 失　欣 悦　苦 难　亲 自

wén zhī　zhū duō　shàng sù　bǎo lǎn　zhī shí de zēng guǎng
闻 知　诸 多　上 溯　饱 览　知 识 的 增 广

jīng shén de gǎn huà yǔ táo yě　zhù shù　shǐ jì　zhí zhuó
精 神 的 感 化 与 陶 冶　著 述　史 记　执 着

作品 10 号：

zài tíng yuàn·lǐ nà liáng de shí hou　fǎng fú huí dào le mǔ qīn de huái·lǐ shì de
在 庭 院 里 纳 凉 的 时 候　仿 佛 回 到 了 母 亲 的 怀 里 似 的

jìng jì de yè　ròu yǎn·lǐ　wú chù bù zài　rèn de hěn shú le　cāng miàn
静 寂 的 夜　肉 眼 里　无 处 不 在　认 得 很 熟 了　舱 面

shang bàn míng bàn mèi de xīng　zhǎ yǎn　chén shuì zhe
上 半 明 半 昧 的 星　眨 眼　沉 睡 着

作品 11 号：

qián táng jiāng dà cháo　zì gǔ yǐ lái　zǎo shang　jù shuō　suí zhe
钱 塘 江 大 潮　自 古 以 来　早 上　据 说　随 着

kuān kuò　lóng zhào zhe yī céng báo báo de bó wù　fèi téng
宽 阔　笼 罩 着 一 层 薄 薄 的 薄 雾　沸 腾

héng guàn jiāng miàn　chàn dòng　shà shí　zhǎng le liǎng zhàng lái gāo le
横 贯 江 面　颤 动　霎 时　涨 了 两 丈 来 高 了

作品 12 号：

gǎn shòu　miáo mó　zhèng zhù　mó shù shī　yī qǐ xiù　sì hū
感 受　描 摹　怔 住　魔 术 师　一 起 嗅　似 乎

rè qì téng téng
热 气 腾 腾

作品 13 号：

xī yáng　　jiǎn zhí　　shǎn shuò zhe　　zuì zǎo chū xiàn　　wéi rào zài hǎi gǎng zhōu wéi
夕　阳　　简　直　　闪　烁　着　　最　早　出　现　　围　绕　在　海　港　周　围

shān pō·shàng　　zhēn zhū　　cāng qióng·lǐ　　shà shì hǎo kàn　　xīng fèn hé yú kuài
山　坡　上　　珍　珠　　苍　穹　里　　煞　是　好　看　　兴　奋　和　愉　快

qīng piāo piāo de chuī fú zhe　　zhì shài de yú wēn
轻　飘　飘　地　吹　拂　着　　炙　晒　的　余　温

作品 14 号：

xìng zhì　　lǜ huà nà　　rèn píng
性　质　　氯　化　钠　　任　凭

作品 15 号：

lì shǐ dì lǐ　　mì jí qū　　zuì xiān jìn de dì qū　　cù chéng　　jiàng yǔ
历　史　地　理　　密　集　区　　最　先　进　的　地　区　　促　成　　降　雨

qì wēn　　sù hé shǔ　　xīn shí qì wén huà　　qià qià　　xìn xī
气　温　　粟　和　黍　　新　石　器　文　化　　恰　恰　　信　息

作品 16 号：

gù xiāng　　fǎn xiāng　　xī rǎng de rén liú　　cōng máng de jiǎo bù　　fǎng fú
故　乡　　返　乡　　熙　攘　的　人　流　　匆　忙　的　脚　步　　仿　佛

yī chà nà　　chē xiāng　　mí màn
一　刹　那　　车　厢　　弥　漫

作品 17 号：

zhè yàng yī jiàn shì　　zhā le liǎng zhēn　　zhù shì　　mì mì de hàn zhū
这　样　一　件　事　　扎　了　两　针　　注　视　　密　密　的　汗　珠

作品 18 号：

chuí xià　　nán lǎo quán　　cháng liú bù xī　　rì rì yè yè　　qīng chè　　cǎo màn
垂　下　　难　老　泉　　长　流　不　息　　日　日　夜　夜　　清　澈　　草　蔓

jīn yú　　rǎn rǎn bù jué
金　鱼　　冉　冉　不　绝

046

第二章　普通话语音系统基础训练

作品 19 号：

cháng cháng　zì rán　zhēng fú　shū bù zhī　yī zhū xiǎo cǎo　zhì huì
常　常　　自 然　　征 服　　殊 不 知　　一 株 小 草　　智 慧

mì mì　fān fēi　zhǐ chǐ zhī jiān　zī běn
秘 密　翻 飞　咫 尺 之 间　　资 本

作品 20 号：

mù bù　cǎi zhe　xiàng chù le diàn shì de　chàn dòng　róu hé ér kēng qiāng
幕 布　踩 着　像 触 了 电 似 的　　颤 动　　柔 和 而 铿 锵

zhǎng shēng　hū rán　xiāo shì　cháo shuǐ　zhěng gè　réng rán　chōng pèi
掌 声　　忽 然　消 逝　潮 水　　整 个　　仍 然　　充 沛

chǎn shēng　rè qíng
产 生　　热 情

作品 21 号：

yī shùn jiān　nài liáng　jiǎo luò　lián zǐ　chéng shú　jīn bù zhù　jié shí
一 瞬 间　　奈 良　　角 落　　莲 子　成 熟　　禁 不 住　　结 识

miǎn huái　zhǔ wàng wèi lái　huò dé
缅 怀　　瞩 望 未 来　　获 得

作品 22 号：

cháo·lǐ　chì bǎng　qī cǎn
巢 里　　翅 膀　　凄 惨

作品 23 号：

dōng lù　záo yǒu　wēi fēng lǐn lǐn　piāo fú
东 麓　　凿 有　威 风 凛 凛　　飘 拂

作品 24 号：

zhuó zhù　yì zhì
卓 著　　抑 制

作品 25 号：

chí táng　suī rán　rě rén xǐ ài　xì ruò dān bó　píng wò　piāo fú　jīng rén
池 塘　　虽 然　惹 人 喜 爱　细 弱 单 薄　　平 卧　　飘 浮　惊 人

047

作品 26 号：

印刷术　需要　记录　随便　集合　作者　着手
必然　最适当　审查　总之　接触　安排

作品 27 号：

说话　特征　大师兄　鹦鹉　出入　若干年
之所以　综合运用　复杂　人类

作品 28 号：

那一年　先走三步　损失　不肯　正常　否则　棋艺
最重要的　珍惜　时间　丢失　相反　思前想后

作品 29 号：

仲夏　十渡　山水之间　洗澡　狭窄处　镶嵌
俯瞰　蝙蝠山　深邃

作品 30 号：

点缀　客家人　繁盛　骚扰　先辈　子孙

作品 31 号：

故意避免似的　池沼　重峦叠嶂　竹子　宽敞

作品 32 号：

对峙　浓得好像要流下来似的

作品 33 号：

自己　宇宙　实际上　如此　真实　尘埃　虽然
独自　甚至

作品 34 号：

难忘　黑痣　察觉　背诵　即使　写字

作品 35 号：

温柔　景致　庆幸　沉着　双手　充实

作品 36 号：

乡下人家　衬着那长长的藤　碧绿的藤和叶
石狮子　竖着　顺序　几十枝竹　浓浓的绿荫

作品 37 号：

渐渐地　面目　数不清的丫枝　一簇　似乎
颤动　泊了片刻　仿佛　涨潮

作品 38 号：

结果证明　反复　秘密　反射　显示

作品 39 号：

紧急时刻　欣赏　惊扰　传神

作品 40 号：

上市　所持有　市值　计算　从此　首富　老人
种植

作品 41 号：

三层建筑　耸立　堤岸　式样　树丛　十七　石柱
小狮子　姿态不一

作品 42 号：

自从　认字　四岁　七岁时　那时　公事　无限悬念
催促　自己　居然　这时　随时

作品 43 号：

明朝末年　奇人　双脚　半个中国　名山大川
追求　醉心　栖身　西南地区　继续西行

作品 44 号：

造纸术　世界文明　贡献　早在几千年前　祖先
创造　铸刻　竹片和木片　一册书　有了蚕丝织成
的帛　少数人　人们用蚕茧制作丝绵时发现　盛
放　书写　粗糙　吸收　长期积累

作品 45 号：

隔着　形状狭长　纺织用的梭子　山脉　瀑布

<pre>
hú pō   tiáo jì   shèng chǎn
湖 泊   调 剂   盛 产
</pre>

作品 46 号：

<pre>
xiá zhǎi   qiān mò   hè sè   jìn tóu   rào
狭 窄   阡 陌   褐 色   尽 头   绕
</pre>

作品 47 号：

<pre>
shí gǒng qiáo   jì zǎi   zuì zǎo   jīng rén de jié zuò   zhù míng   shè jì
石 拱 桥   记 载   最 早   惊 人 的 杰 作   著 名   设 计

shì jiè·shàng   zuì cháng   chōng jī   sì zhōu jǐng sè   jià zhí
世 界 上   最 长   冲 击   四 周 景 色   价 值
</pre>

作品 48 号：

<pre>
chàn dòng   fǎng fú   shì de
颤 动   仿 佛   似 的
</pre>

作品 49 号：

<pre>
zhù míng   dōng cè   èr shí wàn   jiàn zhù   qīng chén   zhù shì zhe   guó qí
著 名   东 侧   二 十 万   建 筑   清 晨   注 视 着   国 旗

shùn jiān   zá jì   zhǔ gōng shǒu   xùn liàn   sān shí duō nián   cū cāo   shèn zhì
瞬 间   杂 技   主 攻 手   训 练   三 十 多 年   粗 糙   甚 至

shí guāng rěn rǎn
时 光 荏 苒
</pre>

作品 50 号：

<pre>
shì shén me   shū róng   lā jī   shēng chù   bǎn jié
是 什 么   殊 荣   垃 圾   牲 畜   板 结
</pre>

五、易混淆声母综合训练

在实际教学中，我们发现有一些声母经常容易被读错，例如 z、c、s 与 zh、ch、sh，n 与 l 等。下面，我们将对比易混淆的声母及其例字，同时罗列这些声母的常见代表字。

051

普通话训练与测试教程

1. z、c、s 与 zh、ch、sh

普通话测试中经常出现平翘舌音混淆的问题。区别在于前者发音时，舌尖抵住下齿背用力，逐渐放开，形成一条窄缝，气流从中挤出。后者舌尖向上翘起，抵住前硬腭（上齿龈后隆起处），口腔要自然展开。

z—zh 对比训练

zào shì	zhào shì	zāi huā	zhāi huā	zì lì	zhì lì	zī yuán	zhī yuán
造势	肇事	栽花	摘花	自力	智力	资源	支援

c—ch 对比训练

céng jīng	chéng jǐng	cǎn dàn	chǎn dàn	cā chē	chā chē
曾经	乘警	惨淡	产蛋	擦车	叉车

cèng kè	chéng kè
蹭课	乘客

s—sh 对比训练

sù cài	shū cài	sān jiǎo	shān jiǎo	sī jiào	shì jiǎo	sù shēn	shù shēn
素菜	蔬菜	三角	山脚	私教	视角	塑身	束身

z、c、s 与 zh、ch、sh 对比训练

zī yuán — zhī yuán	sāng yè — shāng yè	zǔ lì — zhǔ lì
资源—支援	桑叶—商业	阻力—主力
dà zì — dà zhì	sān tóu — shān tóu	zì lì — zhì lì
大字—大致	三头—山头	自立—智力
mián zǐ — mián zhì	zào jiù — zhào jiù	zèng pǐn — zhèng pǐn
棉籽—棉质	造就—照旧	赠品—正品
zōng zhǐ — zhōng zhǐ	zàn gē — zhàn gē	sú yǔ — shú yǔ
宗旨—终止	赞歌—战歌	俗语—熟语
zǔ zhī — zhǔ zhì	cí táng — chí táng	luàn cǎo — luàn chǎo
组织—主治	祠堂—池塘	乱草—乱炒
sōu jí — shōu jí	sǎn guāng — shǎn guāng	lǎo cén — lǎo chén
搜集—收集	散光—闪光	老岑—老陈
cún zhǒng — chún zhǒng	sǐ jì — shì jì	zī shì — zhī shi
存种—纯种	死记—世纪	姿势—知识

第二章　普通话语音系统基础训练

| sāi zi — shāi zi | zī zhù — zhī zhù | sì shí — shì shí |
| 塞子—筛子 | 资助—支柱 | 四十—事实 |

duǎn zàn — duǎn zhàn　　cí xù — chí xù　　cūn zhuāng — chūn zhuāng
短暂—短站　　词序—持续　　村庄—春装

cū bù — chū bù　　sū yóu — shū yóu　　sū xiù — shū xiù
粗布—初步　　酥油—输油　　苏绣—舒袖

zāi zāng — zhōng zhēn　　zì zé — zhèng zhōu　　bù céng — bù chéng
栽赃—忠贞　　自责—郑州　　不曾—不成

zào xiàng — zhào xiàng　　zì lì — zhì lì　　zàn shí — zhàn shí
造像—照相　　自力—智力　　暂时—战时

shēn cáng — shēn cháng　　cǎn dàn — chǎn dàn　　cā chē — chā chē
深藏—身长　　惨淡—产蛋　　擦车—叉车

zhā zǐ — zhǐ zhāng　　zī zī — zhù zhǐ　　fàn zuì — zhēn zhì
渣滓—纸张　　滋滋—住址　　犯罪—真挚

zài zhí — zhàn zhēng　　zāi zhòng — zhí zhèng　　sān gē — shān gē
在职—战争　　栽种—执政　　三哥—山歌

sī rén — shī rén　　zōng hé — zhōng hé　　tuī cí — tuī chí
私人—诗人　　综合—中和　　推辞—推迟

sī zhǐ — shī zhǐ　　zūn shǒu — zhuān zhèng　　zàn tàn — zhuāng bèi
撕纸—湿纸　　遵守—专政　　赞叹—装备

zé guài — zhāng tiē　　gān zào — zhēn zhuó　　gān zàng — dǎng zhāng
责怪—张贴　　干燥—斟酌　　肝脏—党章

wài zài — dà zhàn　　zǎo hūn — qiān zhì　　zū yòng — zhěng xiū
外在—大战　　早婚—牵制　　租用—整修

xīn cūn — xīn chūn　　sī zhǎng — shī zhǎng　　suì shí — shuì shí
新村—新春　　司长—师长　　碎石—睡实

sī zhì — shī zhí　　cóng cóng — chā chì　　cāi cè — chǎn chú
丝质—失职　　淙淙—插翅　　猜测—铲除

zōng hé — zhí wù　　zòng duì — zhì jīn　　tóu zī — zhàn yòng
综合—职务　　纵队—至今　　投资—占用

guāng zé — lín zhōng　　yīn cǐ — dòng chuāng　　cì cì — hé cháng
光泽—临终　　因此—冻疮　　次次—何尝

pīn còu — chūn tiān　　huó sāi — shí guāng　　cóng cǐ — cháng chūn
拼凑—春天　　活塞—时光　　从此—长春

céng cì — chāo cháng　　cāi cè — cháng chéng　　cāng sāng — āi chóu
层次—超常　　猜测—长城　　沧桑—哀愁

cāng bái — chǎo jià　　sòng bié — shàng bān　　mín sú — shuāi jié
苍白—吵架　　送别—上班　　民俗—衰竭

cuō shāng — chéng jiù　　cān sài — chí dào　　gān cuì — chì zé
磋商—成就　　参赛—迟到　　干脆—斥责

普通话训练与测试教程

cuò bài　chōng shuā　　　qí cì　chuán tái　　　cān jiā　chuī zòu
挫败—冲刷　　　其次—船台　　　参加—吹奏

sī xiǎng　shǐ yòng　　　cāo zuò　wēn chā　　　jué cè　chuàng zào
思想—使用　　　操作—温差　　　决策—创造

cēn cī　chuán shuō　　　cí fù　tōng cháng　　　sà mǎn　xié shāng
参差—传说　　　辞赋—通常　　　萨满—协商

gǔ suǐ　yùn shū　　　tiě sī　shàn liáng　　　sī suǒ　shā shāng
骨髓—韵书　　　铁丝—善良　　　思索—杀伤

sè sù　shǎng shí　　　sì suì　shàng shēn　　　sù sòng　shǐ shí
色素—赏识　　　四岁—上身　　　诉讼—史实

sà sà　shuò shì　　　bái sè　bó shì　　　gēn suí　diū shī
飒飒—硕士　　　白色—博士　　　跟随—丢失

lèi sì　gān shè　　　jiā sù　gōng shì　　　kuò sàn　lì shǐ
类似—干涉　　　加速—公式　　　扩散—历史

xiāng sì　pāi shè　　　sài chǎng　shā shā　　　fěn suì　shuāng qī
相似—拍摄　　　赛场—沙沙　　　粉碎—霜期

sōu suǒ　shùn shǒu　　　wàn suì　shè bèi　　　sēn lín　shè huì
搜索—顺手　　　万岁—设备　　　森林—社会

huáng sè　shēn hòu　　　jiā sù　shèn tòu　　　fó sì　shēng zhǎng
黄色—深厚　　　加速—渗透　　　佛寺—生长

sī rén　shuā xīn　　　sàng shī　shuāng qīn　　　sì zhōu　shōu huí
私人—刷新　　　丧失—双亲　　　四周—收回

有一些考生不了解哪些字的声母读 z、c、s，哪些字的声母读 zh、ch、sh，可以通过偏旁部首来记忆。

z、c、s 声母代表字：

zǐ　　zǎi　zǐ
子：仔　籽

zā　　zā　zá
匝：咂　砸

zōng　zōng　zōng　zōng　zōng　zòng
宗：棕　综　鬃　踪　粽

zì　zī
眦：龇

cù　zuì
卒：醉

zé　zé　zì
责：啧　渍

zī　zī　zī
兹：滋　孳

第二章　普通话语音系统基础训练

祖(zǔ)：诅(zǔ)　阻(zǔ)　组(zǔ)　俎(zǔ)

咨(zī)：资(zī)　姿(zī)

尊(zūn)：遵(zūn)　樽(zūn)　鳟(zūn)

曾(céng)：增(zēng)　憎(zēng)　缯(zēng)　赠(zèng)

臧(zāng)：藏(zàng)

赞(zàn)：瓒(zàn)　攒(zǎn)

赃(zāng)：脏(zāng)

躁(zào)：噪(zào)　燥(zào)　澡(zǎo)　藻(zǎo)

作(zuò)：昨(zuó)

哉(zāi)：载(zǎi/zài)　栽(zāi)

遭(zāo)：糟(zāo)

泽(zé)：择(zé)

奏(zòu)：揍(zòu)

左(zuǒ)：佐(zuǒ)

坐(zuò)：座(zuò)

贼(zéi)　紫(zǐ)　怎(zěn)　造(zào)　纵(zòng)　再(zài)　总(zǒng)　仄(zè)　在(zài)　自(zì)　崽(zǎi)　则(zé)　足(zú)

卒(zú)　族(zú)　咱(zán)　暂(zàn)　葬(zàng)　凿(záo)　枣(zǎo)　早(zǎo)　皂(zào)　灶(zào)　邹(zōu)　走(zǒu)

钻(zuān/zuàn)　嘴(zuǐ)　醉(zuì)　最(zuì)　罪(zuì)　做(zuò)　作(zuò)

才(cái)：材(cái)　财(cái)

寸(cùn)：村(cūn)　忖(cǔn)

055

仓：沧 cāng　苍 cāng　舱 cāng

从：丛 cóng　苁 cóng　枞 cōng　枞 cōng

此：泚 cǐ　疵 cī　雌 cí

采：彩 cǎi　睬 cǎi　踩 cǎi　菜 cài

参：骖 cān　惨 cǎn

曹：漕 cáo　嘈 cáo　槽 cáo　螬 cáo

挫：痤 cuó

崔：催 cuī　摧 cuī　璀 cuǐ

窜：撺 cuān　蹿 cuān

慈：磁 cí　糍 cí

淬：悴 cuì　粹 cuì　啐 cuì　瘁 cuì　翠 cuì

差 chā/chà/chāi/cī：搓 cuō　蹉 cuō

擦：嚓 cā

侧：厕 cè　测 cè　恻 cè

匆：葱 cōng

词：祠 cí

措：错 cuò

猜 cāi　裁 cái　策 cè　篡 cuàn　层 céng　蹭 cèng　操 cāo　糙 cāo　蔡 cài　藏 cáng　草 cǎo　餐 cān
蚕 cán　残 cán　惭 cán　辞 cí　刺 cì　赐 cì　次 cì　聪 cōng　灿 càn　淙 cóng　凑 còu　粗 cū　醋 cù
簇 cù　促 cù　蹴 cù　脆 cuì　存 cún　撮 cuō

056

第二章　普通话语音系统基础训练

sì　 sì　 sì
四：泗　驷

sī　 sì　 sì　 sì
司：伺　饲　嗣

sūn　sūn　sūn
孙：荪　狲

sōng　sōng　sōng　sòng
松：忪　淞　颂

sōu　sōu　sōu　sōu　sōu　sōu　sōu
搜：溲　嗖　馊　飕　螋　艘

sù　sù　sù　sù
素：愫　嗉　傃

suān　suān　suō　suō
酸：狻　唆　梭

sāng　sǎng　sǎng
桑：搡　嗓

suí/suì　suì　suì　suì
遂：隧　燧　邃

sī　sī　sī　sī　sī
斯：撕　嘶　厮　澌

sǎn/sàn　sā
散：撒

suǒ　suǒ　suǒ
锁：唢　琐

sài　sāi　sāi
赛：腮　鳃

zǎo　sāo　sāo
蚤：骚　搔

sè　sè
啬：穑

sǒng　sǒng
耸：怂

sǒng　sǒng
悚：竦

sù　sù
溯：塑

suí　suí
隋：随

suō　sè　sè　sè　sòng　sōng　sēng　sāo/sào　suō　sì　sūn　sǔn　sǔn
梭　瑟　色　涩　宋　嵩　僧　臊　娑　寺　孙　损　笋

057

sà	sǎ	sēn	sān	sǎn	sāng/sàng	sāi/sài	sī	sī	sī	sǐ	sì
萨	洒	森	三	伞	丧	塞	思	私	丝	死	似

sǒu	sòu	sū	sū	sú	sù	sù	sù	sù	suān	suàn	suàn	suī
擞	嗽	苏	酥	俗	速	宿	夙	簌	酸	蒜	算	虽

suì	suō
祟	蓑

zh、ch、sh 代表字：

zhā	chā	zhā
楂：喳		渣

zhàng	zhàng	zhàng
丈：仗		杖

zhuān	zhuān	zhuǎn/zhuàn	chuán
专：砖	转		传

zhuāng	zhuāng
庄：桩	

zhā	zhá
扎：轧	

zhà	zhà	zhà	zhà	zhǎi
乍：炸	蚱	诈		窄

zhī	zhī	zhī	zhī
支：吱	肢		枝

zhǐ	zhǐ	zhǐ	zhǐ	zhǐ
止：芷	址	趾		祉

zhōng/zhòng	zhōng	zhōng	zhōng	zhǒng/zhòng	zhǒng	zhòng	zhòng
中：忠	衷	钟	种		肿	仲	重

zhǎng/cháng	zhǎng/zhàng	zhāng	zhàng	zhàng	zhàng
长：涨	张	账	帐		胀

zhí	zhí	zhí	zhí	zhì	zhèn
直：植	值	殖	置		镇

zhù	zhù	zhù	zhù	zhù	zhǔ	zhù
住：注	蛀	驻	柱	拄		住

zhēng/zhèng	zhēng	zhēng/zhèng	zhèng	zhèng	zhèng	zhěng
正：征	怔		政	症	证	整

zhì	zhì	zhì	zhì	zhí	zhì
至：致	窒	桎	侄		蛭

zhī	zhī	zhì
知：蜘		智

zhǐ/zhī	zhǐ	zhǐ	zhí	zhì
只：枳	咫		职	帜

占：沾(zhàn) 粘(zhān) 毡(zhān) 砧(zhān) 站(zhēn) 战(zhàn)

折：哲(zhé/shé) 浙(zhé) 蜇(zhè) 蜇(zhē)

召：招(zhào) 昭(zhāo) 诏(zhāo) 沼(zhǎo)

蔗：遮(zhè) 遮(zhē)

诸：猪(zhū) 煮(zhū) 渚(zhǔ) 著(zhǔ) 箸(zhù)

贞：祯(zhēn) 桢(zhēn) 侦(zhēn) 帧(zhēn) 浈(zhēn)

朱：珠(zhū) 蛛(zhū) 株(zhū) 诛(zhū) 洙(zhū) 侏(zhū) 茱(zhū)

争：睁(zhēng) 峥(zhēng) 狰(zhēng) 筝(zhēng) 挣(zhēng) 诤(zhèng) 铮(zhēng/zhèng)

志：痣(zhì)

章：樟(zhāng) 蟑(zhāng) 彰(zhāng) 璋(zhāng) 漳(zhāng) 障(zhàng) 瘴(zhàng) 幛(zhàng) 嶂(zhàng)

珍：疹(zhēn) 诊(zhěn) 轸(zhěn)

斩：崭(zhǎn)

展：辗(zhǎn) 搌(zhǎn)

者：锗(zhě) 赭(zhě) 啫(zhě) 煮(zhǔ)

啄：琢(zhuó) 涿(zhuō) 诼(zhuó) 逐(zhú)

隹：锥(zhuī) 椎(zhuī) 骓(zhuī) 准(zhǔn)

贮：伫(zhù)

振：赈(zhèn) 震(zhèn)

窄：榨(zhà)

詹：瞻(zhān)

zhī　　zhī
之：芝

zhǐ　　zhī　　zhǐ
旨：脂　指

zhí　　zhì
执：挚

zhuǎ/zhǎo　zhuā
爪：抓

zhōu　　zhōu
州：洲

zhuó　　zhuō
卓：桌

zhuō　　zhuó
拙：茁

zhuó　　zhú
浊：烛

zhǔ zhǒng zhuì zhì zhá zhá zhǎ zhà zhā zhāi zhāi zhái
主　踵　惴　峙　铡　闸　眨　栅　吒　摘　斋　宅

zhài zhài zhǎn zhàn zhàn zhàn zhǎng zhǎo zhī zhǐ zhì zhì
债　寨　盏　蘸　湛　绽　掌　找　汁　纸　掷　峙

zhì zhì zhì zhì zhì zhì zhì zhòng zhōu zhōu zhōu zhóu
秩　稚　质　炙　痔　滞　治　众　舟　周　粥　轴

zhǒu zhǒu zhòu zhòu zhòu zhòu zhòu zhú zhù zhù zhù zhù
肘　帚　咒　皱　宙　昼　骤　竹　助　铸　祝　伫

zhú zhuài zhuāng zhuàng zhuāng zhuàng zhuī zhuì zhuì zhūn
竺　拽　装　壮　妆　状　追　坠　缀　谆

zhuō zhuó zhe/zhuó/zháo zhāo zhuó
捉　酌　着　灼

chā chā/chà chǎ chāi chà
叉：杈　衩　钗　汊

chū chǔ chù chù
出：础　黜　绌

chí chí chí
池：驰　弛

chǎn chǎn
产：铲

chǎng cháng chǎng chàng
场：肠　场　畅

chéng chéng chéng chéng/shèng
成：城　诚　盛

第二章 普通话语音系统基础训练

chāo　chāo　chǎo　chǎo
抄：钞　吵　炒

chén　chún　chén　chén
辰：唇　晨　宸

chéng　chéng　chěng
呈：程　逞

chāng　chāng　chāng　chāng　chāng　chàng　chàng
昌：菖　阊　猖　娼　唱　倡

chuí　chuí　chuí　chuí　chuí
垂：陲　捶　棰　锤

zhuì　duō
缀：掇

chūn　chūn　chūn
春：椿　蠢

chú　chú　chú
除：滁　蜍

chóu　chóu　chóu
绸：惆　稠

chán　chān
馋：搀

cháo/zhāo　cháo　cháo
朝：潮　嘲

chuǎn　chuāi
喘：揣

chóu　chóu　chóu
筹：畴　踌

chú　chú　chú
厨：橱　蹰

chǔ　chǔ
储：褚

chá　chá
茶：搽

chán　chǎn　chán
蝉：阐　婵

cháng　cháng
尝：偿

cháng/zhǎng　chàng　chāng
长：怅　伥

chǎng　cháng
敞：徜

普通话训练与测试教程

cháng　　cháng
常 ： 嫦

chè　chè　chè
彻 ： 撤 澈

chéng　　chěng
呈 ： 逞

chōng/chòng　chōng
冲 ： 忡

chuāi/chuǎi/chuài　chuài
揣 ： 踹

chuāng　　chuàng
疮 ： 创

chuī　chuī
吹 ： 炊

chún　chún
醇 ： 淳

chān/shǎn　chán　chā　chā　chá　chá　chà　chà　chá　chóng　chái
掺　　　缠　插　叉　茬　察　岔　诧　查　崇　豺

chuàng　chái　　　chā/chà/chāi/chài/cī　chì　chǐ　chěng　chì　chāo　chī　chèn
创　柴　　　差　　　　翅　耻　惩　炽　超　痴　趁

chí　chàn/zhàn　chàn　chán　chǎng　cháo　chē/jū　chě　chè　chén　chén
持　颤　忏　潺　厂　巢　车　扯　彻　臣　辰

chén　chén　chén　chèn　chēng　chèn/chēng/chèng　chéng　chéng/shèng
尘　沉　陈　衬　撑　　　称　　　橙　乘

chéng　chěng　chéng　chéng　chī　chōng　chóng　chǒng　chōng　chōu
程　骋　诚　丞　吃　充　虫　宠　憧　抽

chóu　chóu　chóu　chóu/qiú　chóu　chǒu　chuān　chuān　chuán/zhuàn　chuán
酬　愁　筹　仇　绸　瞅　川　穿　传　船

chuǎn　chuàn　chuáng　chuǎng　chún　chún　chuō　chuò
喘　串　床　闯　唇　纯　戳　绰

shān　shān　shàn　shàn　shàn
山 ： 舢 汕 疝 汕

shā　shā　shā　shā　shā　shā
沙 ： 纱 痧 砂 裟 鲨

shì　shì
市 ： 柿

shēn　shēn　shēn　shén　shěn　shěn
申 ： 伸 呻 神 婶 审

shēng　shēng　shēng　shēng　shèng
生 ： 牲 笙 甥 胜

第二章 普通话语音系统基础训练

邵shào：劭shào 绍shào 韶sháo

式shì：试shì 拭shì 轼shì 弑shì

狮shī：师shī 筛shāi

珊shān：删shān 栅zhà 蹒shān

抒shū：纾shū 舒shū

诗shī：鲥shí 侍shì 恃shì

叔shū：淑shū

尚shàng：晌shǎng 赏shǎng

受shòu：授shòu 绶shòu

捎shāo/shào：梢shāo 稍shāo/shào 哨shào

孰shú：熟shú 塾shú

率lǜ/shuài：蟀shuài 摔shuāi

善shàn：鄯shàn 缮shàn 膳shàn 蟮shàn 鳝shàn

署shǔ：薯shǔ 暑shǔ 曙shǔ

杀shā：刹chà/shā

杉shā/shān：衫shān

瘦shòu 识shí/zhì 室shì 殊shū 姝shū 誓shì 慎shèn 蜃shèn 时shí 啥shá 煞shà 霎shà

晒shài 闪shǎn 陕shǎn 渗shèn

2. n 与 l

n、l 的发音要领：两者的共同点都是舌尖抵住上齿龈，区别在于发 n

063

普通话训练与测试教程

音的时候，软腭下垂，让气流完全从鼻腔出来，形成鼻音；发 l 音的时候，软腭上升，封住鼻腔通道，让气流从舌头两边出来，绝不带一点鼻音。

n 与 l 的对比练习

wū lài	wú nài	nián nèi	lián lei	qiān nián	qiān lián	niú nián	liú lián
诬赖—无奈		年内—连累		千年—牵连		牛年—流连	

nǎo nù　lǎo lù　　liú niàn　liú liàn　　bǐ nǐ　hé lǐ　　nǚ kè　lǚ kè
恼怒—老路　　留念—留恋　　比拟—合理　　女客—旅客

nán lán　nǚ lán　　nán bù　lán bù　　làn ní　lán lǐ　　dà niáng　dà liàng
男篮—女篮　　南部—蓝布　　烂泥—栏里　　大娘—大量

nóng nú　lì lùn　　ní nìng　liú liàng　　yǔn nuò　yǔn luò　　hé nán　hé lán
农奴—立论　　泥泞—流量　　允诺—陨落　　河南—荷兰

nì shuǐ　lí shuǐ　　ní jiāng　lí jiāng　　ní ba　lí ba　　mén nèi　mén lèi
溺水—丽水　　泥浆—漓江　　泥巴—篱笆　　门内—门类

shuǐ niú　shuǐ liú　　nóng zhòng　lóng zhòng　　kùn nan　yù lán　　wō niú　wō liú
水牛—水流　　浓重—隆重　　困难—玉兰　　蜗牛—涡流

niú huáng　liú huáng　　niú dú　liú dú　　niǔ nie　lā lì　　niǎo nuó　láo lèi
牛黄—硫黄　　牛犊—流毒　　扭捏—拉力　　袅娜—劳累

yún nán　gé lín　　xìn niàn　kě lián　　lǐng nán　liáo níng　　liú nǎo　niú nǎo
云南—格林　　信念—可怜　　岭南—辽宁　　流脑—牛脑

niào sù　quán lì　　rè néng　xùn liàn　　nèi wài　xià liè　　xiōng nú　yuán lái
尿素—权利　　热能—训练　　内外—下列　　匈奴—原来

nán guā　cái liào　　shèng nù　huā liǎn　　tóu nǎo　guī lǜ　　nán guài　rán liào
南瓜—材料　　盛怒—花脸　　头脑—规律　　难怪—燃料

nuó yòng　rì lì　　qù nián　bīn lín　　zuì niè　lèi sì　　niú pí　shuāi lǎo
挪用—日历　　去年—濒临　　罪孽—类似　　牛皮—衰老

niǔ qū　yōu liáng　　zhì néng　wǎng lái
扭曲—优良　　智能—往来

有一些考生不了解哪些字的声母是读 n 的，哪些字的声母是读 l 的，我们将两个声母的代表字罗列如下：

n 的代表字：

nǎi　nǎi
乃：奶

nà　nǎ　nà/nuó　nuó
那：哪　娜　　　挪

ní　ní　ní
倪：霓　猊

064

第二章　普通话语音系统基础训练

nài　　nà
奈：捺

nán　　nán　　nán　　nǎn
南：喃　　楠　　腩

nāng/náng　nāng　náng
囊：嚷　　　　馕

nǎo　　nǎo　　nǎo
脑：恼　　瑙

nèi　　nà　　nà　　nà　　nà
内：呐　　纳　　衲　　钠

ní　　nī　　ní/nì
尼：妮　　泥

niàn　　niǎn
念：捻

niǎo　　niǎo
鸟：袅

niē　　niè
捏：涅

níng/nìng　níng　níng　níng　níng/nǐng/nìng　nìng
宁：咛　　狞　　柠　　拧　　　　　　泞

niǔ　　niū　　niǔ　　niǔ　　niǔ
纽：妞　　扭　　忸　　钮

nóng　nóng　nóng　nóng　nóng
农：侬　　哝　　浓　　脓

nú　　nú　　nú　　nǔ　　nǔ　　nù
奴：孥　　驽　　努　　弩　　怒

nüè　　nüè
虐：疟

nuò　　nuò　　nì
诺：喏　　匿

nuò　　nuò
懦：糯

niè　　niè　　niè
聂：蹑　　镊

ná　　nài　　nèi　　néng　niào　niú　nián　nín　niáng　nuǎn　nǚ
拿　　耐　　内　　能　　尿　　牛　　年　　您　　娘　　暖　　女

nòng cháo ér　　nòng jiǎ chéng zhēn　　nòng guǐ　　nòng qiǎo chéng zhuō　　nòng quán
弄　潮　儿　　弄　假　成　真　　弄　鬼　　弄　巧　成　拙　　弄　权

nòng xū zuò jiǎ　　bān nòng　　bǎi nòng　　bō nòng　　bō nòng　　cháo nòng　　cuō nòng
弄　虚　作　假　　搬　弄　　摆　弄　　拨　弄　　播　弄　　嘲　弄　　搓　弄

065

普通话训练与测试教程

|dòu nòng|mài nòng|shuǎ nòng|wán nòng|xì nòng|yú nòng|zhuō nòng|
逗弄　卖弄　耍弄　玩弄　戏弄　愚弄　捉弄

l 的代表字：

lì　　lì　　liè　　lèi　　lè/lēi
力：荔　　劣　　肋　　勒

lì　　lì　　lì　　lì　　lì
历：沥　　雳　　枥　　呖

lì　　lì　　lì　　lì
厉：励　　疬　　蛎

liáng/liàng　　lüè　　liàng　　liàng
凉　：　掠　　　晾　　　谅

lì　　lí　　lí　　lì　　lì
利：梨　　犁　　痢　　莉

liǔ　　liáo
柳：聊

lì　　lì　　lì　　lā/lá/lǎ/là　　lā　　la
立：粒　　笠　　拉　　　垃　　　啦

lí　　lí　　lí　　lí
离：漓　　篱　　璃

là　　là　　là　　là/lài　　lài　　lài
剌：喇　　辣　　癞　　赖　　　籁

lán　　lán　　lán　　làn
兰：拦　　栏　　烂

lán　　làn　　lán
蓝：滥　　篮

lǎn　　lǎn　　lǎn
览：揽　　榄

láo　　lāo　　láo　　láo/lào　　lào　　láo
劳：捞　　痨　　唠　　涝　　　崂

lè　　lì　　lì
乐：砾　　栎

léi/lěi/lèi　　luó　　luó　　luò
累　：　骡　　螺　　摞

léi　　léi/lèi　　léi　　lěi
雷：擂　　镭　　蕾

lǐ　　lí　　lí　　lǐ　　lǐ　　liáng/liàng
里：厘　　狸　　理　　鲤　　量

liáng　　liáng　　láng　　láng　　láng　　láng　　láng　　lǎng　　làng
良：粮　　郎　　廊　　狼　　琅　　榔　　螂　　朗　　浪

第二章 普通话语音系统基础训练

le/liǎo/liào liáo liáo
了：辽 疗

liè liē/liě liè liè liè lì
列：咧 烈 裂 冽 例

lín lín lín lín lín
鳞：粼 嶙 麟 辚

líng/lǐng/lìng líng líng líng líng lěng līn lín lián
令：伶 玲 铃 零 冷 拎 邻 怜

liú liū/liù liū liú
留：溜 遛 瘤

lián lián lián lián liàn
连：莲 涟 鲢 链

liàn liàn
练：炼

liàn luán luán luán luán
恋：峦 孪 鸾 滦

liǎn liǎn liàn
脸：敛 潋

lóng lóng lóng/lǒng lǒng lǒng lǒng
龙：珑 笼 垄 陇 拢

lián lián
廉：濂

lóng lóng
隆：窿

lú lú lú lú lú
卢：泸 颅 鲈 轳

lóu lōu/lǒu lóu lóu lǒu lǚ lǚ
娄：搂 偻 楼 篓 缕 屡

lún lūn lún/lùn lún lún lún lún
仑：抡 论 伦 沦 纶 轮

lù lǜ/lù lù lù lǜ
录：绿 禄 碌 氯

lù lù lù lù
鹿：漉 辘 麓

lǔ lǔ
鲁：橹

lǚ lǚ lǚ
吕：侣 铝

lǜ lǜ
虑：滤

067

普通话训练与测试教程

	luò	là/lào/luō/lào	luò	lào	lüè	lù	lòu/lù	lù
洛：	落	骆	酪	略	璐	露	潞

	líng	líng	líng	léng
凌：	陵	菱	棱

	lǎo	lǎo	lǎo
老：	姥	佬

	liǎng	liǎ/liǎng	liàng	liǎng
两：	俩	辆	魉

	luó	luó	luó	luó	luó
罗：	逻	萝	锣	箩

	lín	lín	lín	lín	lán
林：	淋	琳	霖	婪

	là	là	liè
蜡：	腊	猎

	lù	lěi	liào	liè	liú	lín	luǎn	lüè	lǐ	lòng	lòng táng
戮	垒	料	裂	流	林	卵	掠	里	弄	弄堂

3. f 与 h

f 是唇齿音，构成阻碍的部分在上齿和下唇之间，气流挤出，摩擦成音。

h 是舌根音，构成阻碍的部位在舌面后部与软腭之间，气流挤出，摩擦成音。

f 与 h 的对比练习

kāi fāng kāi huāng	fèi huà huì huà	fáng kòng háng kōng
开方—开荒	废话—绘画	防控—航空
sòng féi sòng huí	fù yuán hù yuán	fēn fāng hūn huáng
送肥—送回	复原—互援	芬芳—昏黄
hù xiāng fèi jiù	hé fā fēng mì	ài hù zuò fēng
互相—废旧	核发—蜂蜜	爱护—作风
hù jù fēng kuáng	fā shēng huā shēng	fáng zhǐ huáng zhǐ
沪剧—疯狂	发生—花生	防止—黄纸
gōng fèi gōng huì	dà fù dà hù	fǎng fú huǎng hū
公费—工会	大富—大户	仿佛—恍惚
fǎn fù huān hū	fěn chén hěn chén	fú àn hú àn
反复—欢呼	粉尘—很沉	伏案—湖岸
jī hū fā kuáng	hū xī fēn biàn	hū háo fēn fāng
几乎—发狂	呼吸—分辨	呼号—芬芳
hū rán féi liào	hú ní fēn gōng	hú lún fēng gé
忽然—肥料	糊泥—分工	囫囵—风格

第二章 普通话语音系统基础训练

huā huì　　fā yǎng
花 卉—发 痒

huǐ huài　　fǔ mó
毁 坏—抚 摩

hú pái　　wú fēi
和 牌—无 非

huáng hūn　　xiāo fáng
黄 昏—消 防

hú li　　zá fèi
狐 狸—杂 费

huī huò　　huá xiáng
挥 霍—滑 翔

hú pō　　fēn bié
湖 泊—分 别

huǒ hou　　fáng fèi
火 候—房 费

hú dù　　fěi tú
弧 度—匪 徒

hú luàn　　fáng ài
胡 乱—妨 碍

jiǔ hú　　fā piào
酒 壶—发 票

húr　　quē fá
核 儿—缺 乏

hú lu　　fàn wéi
葫 芦—范 围

háng hǎi　　fèng míng
航 海—凤 鸣

hú tu　　fó xiàng
糊 涂—佛 像

hào hàn　　fèn nù
浩 瀚—愤 怒

shān hú　　fù nǚ
珊 瑚—妇 女

hú dié　　guó fáng
蝴 蝶—国 防

lǎo hǔ　　làng fèi
老 虎—浪 费

hún hé　　fēn fán
浑 河—纷 繁

shuǐ hǔ　　fā yù
水 浒—发 育

xià hu　　fán róng
吓 唬—繁 荣

huáng huò　　fěng cì
惶 惑—讽 刺

hù kǒu　　fáng hài
户 口—妨 害

hù nòng　　fǎ tíng
糊 弄—法 庭

hǔ pò　　tuī fān
琥 珀—推 翻

f 的代表字：

fā/fà　fèi
发：废

fá　fàn
乏：泛

fá　fá　fá
伐：阀 筏

fān　fān　fān　fān　fān/fán
番：藩 翻 幡 蕃

fán　fān　fán
凡：帆 矾

fǎn　fǎn　fàn　fàn
反：返 饭 贩

fāng　fāng　fāng/fǎng　fāng　fáng　fáng　fáng　fǎng　fàng
方：芳 坊 钫 防 妨 房 肪 仿 放

fēi　fēi　fēi　fēi　fēi　féi　fěi　fěi　fěi
非：菲 绯 扉 霏 腓 匪 斐 翡

fēn/fèn　fēn　fēn　fēn　fén　fèn　fèn
分：芬 吩 纷 汾 份 忿

fēng　fēng　fēng　fēng　féng　féng/fèng
峰：烽 锋 蜂 逢 缝

普通话训练与测试教程

风(fēng)：枫(fēng)　疯(fēng)　讽(fěng)

夫(fū)：肤(fū)　芙(fú)　扶(fú)　麸(fū)

弗(fú)：拂(fú)　佛(fó/fú)　氟(fú)　沸(fèi)　狒(fèi)　费(fèi)

伏(fú)：茯(fú)　袱(fú)

孚(fú)：孵(fū)　俘(fú)　浮(fú)

福(fú)：幅(fú)　辐(fú)　蝠(fú)　副(fù)　富(fù)

甫(fǔ)：敷(fū)　辅(fǔ)　傅(fù)　缚(fù)

复(fù)：腹(fù)　馥(fù)　覆(fù)

父(fǔ/fù)：斧(fǔ)　釜(fǔ)

付(fù)：符(fú)　府(fǔ)　俯(fǔ)　腑(fǔ)　腐(fǔ)　附(fù)　驸(fù)　咐(fù)

h的代表字：

红(hóng/gōng)：虹(hóng)　鸿(hóng)

洪(hóng)：哄(hōng/hǒng/hòng)

乎(hū)：呼(hū)　滹(hū)

禾(hé)：和(hé/hè/hú/huó/huò)

或(huò)：惑(huò)

忽(hū)：惚(hū)　囫(hú)

胡(hú)：糊(hú)　湖(hú)　蝴(hú)

狐(hú)：弧(hú)

虎(hǔ)：唬(hǔ)　琥(hǔ)

第二章 普通话语音系统基础训练

户：护 沪 扈
（hù：hù hù hù）

化：花 哗 华 桦 货
（huà：huā huá huá/huà huà huò）

怀：坏 还 环
（huái：huài hái/huán huán）

奂：唤 涣 换 痪
（huàn：huàn huàn huàn huàn）

荒：慌 谎
（huāng：huāng huǎng）

皇：凰 湟 惶 煌 蝗
（huáng：huáng huáng huáng huáng huáng）

晃：恍 幌
（huǎng/huàng：huǎng huǎng）

黄：蟥 璜 簧 癀
（huáng：huáng huáng huáng huáng）

挥：辉 浑 荤
（huī：huī hún hūn）

灰：恢 诙
（huī：huī huī）

悔：海 晦
（huǐ：huǐ huì）

会：烩 绘 荟
（huì：huì huì huì）

惠：蕙
（huì：huì）

彗：慧
（huì：huì）

昏：婚
（hūn：hūn）

混：馄
（hún/hùn：hún）

活：话
（huó：huà）

火：伙
（huǒ：huǒ）

回：茴 徊 蛔
（huí：huí huái huí）

4. zh ch sh、z c s 与 j q x

平翘舌不仅容易混淆，同时也容易与舌面音 j q x 混淆。

071

zh ch sh、z c s 与 j q x 对比练习

zhāng yáng 张扬—jiāng yáng 江洋	zhàn shù 战术—jiàn shù 剑术	zhǔ lì 主力—jǔ lì 举例
zhāo qì 朝气—jiāo qì 娇气	shuǐ cháo 水潮—shuǐ qiáo 水桥	zì xù 自序—jì xù 继续
duǎn zàn 短暂—duǎn jiàn 短见	yī céng 一层—yī qíng 一擎	shòu zi 瘦子—xiù zi 袖子
biāo zhì 标志—biāo jì 标记	zhǎo bìng 找病—jiǎo bìng 脚病	jié zā 结扎—jié jiā 结痂
jiā qiáng 加强—záo qiáng 凿墙	chuī zòu 吹奏—xiāng xī 湘西	pái chì 排斥—qīng xié 倾斜
shí zhàn 实战—shí jiàn 实践	yú cì 鱼刺—yú qì 余气	chóu bèi 筹备—xiáng xì 详细
bù chí 不迟—bù qí 不齐	jiǎn qù 减去—zǎn qí 攒齐	dòng chuāng 冻疮—jì jié 季节
zhōng yú 终于—jiǎn xùn 简讯	zhuó yuè 卓越—jiè jù 借据	yī zhì 一致—jué xǐng 觉醒
zhuā jǐn 抓紧—qíng jǐng 情景	chén mò 沉默—qǔ xiàn 曲线	zhí zhào 执照—jù jué 拒绝
shā yú 鲨鱼—xiā yú 虾鱼	lǎo chén 老陈—lǎo qín 老秦	shí jiān 时间—xí jiān 席间
sāng yè 桑叶—xiāng yè 香叶	shī cí 诗词—xī qí 稀奇	qián cāng 前舱—qiān qiǎng 牵强
zhuān zhí 专职—jiù jì 救济	zhuǎn zhàng 转账—jī jí 积极	chūn guāng 春光—xiāng jiāo 香蕉
zhài zhǔ 债主—jiū jìng 究竟	zhī zhù 支柱—jìng jiè 境界	shāo shuǐ 烧水—xìn xī 信息
shòu shāng 受伤—xiàn xíng 现行	chán chóng 馋虫—qiàn quē 欠缺	chá chē 查车—qī quán 期权
shū shì 舒适—xiǎn xué 显学	shěng shǔ 省属—xīng xiù 星宿	sī rén 私人—xī rén 昔人
shà shí 霎时—xià shí 夏时	bù sǎo 不扫—bù xiǎo 不小	shī yǔ 施与—xī yǔ 西语
chūn cháo 春潮—quán qiú 全球	chī chuān 吃穿—qián qī 前期	chéng chuán 乘船—qī qī 萋萋
shàng shì 上市—xuǎn xiàng 选项	chū chǎng 出厂—xià jiàng 下降	chū chǒu 出丑—xiè jìn 谢晋

第二章　普通话语音系统基础训练

jì qiǎo　zhī cǎo
技 巧—芝 草

shēng shì　jià qī
省 市—假 期

shè shǒu　jué xīn
射 手—决 心

shēn shān　jiào xué
深 山—教 学

shēng shì　jiāng xī
声 势—江 西

shěng shí　jí xìng
省 时—即 兴

shí shū　qǐng jiào
时 蔬—请 教

shā shí　qiè jì
沙 石—切 记

chí chěng　qiū jì
驰 骋—秋 季

chōng chì　qiàn jiā
充 斥—欠 佳

chōu chá　qǔ xiāo
抽 查—取 消

chuàn chǎng　quē xiàn
串 场—缺 陷

chòu chóng　xū jiǎ
臭 虫—虚 假

chú chén　xué jiě
除 尘—学 姐

chuō chuān　xī shōu
戳 穿—吸 收

cháng chóng　xī qū
长 虫—西 区

zhuó zhù　xiǎo qù
卓 著—小 觑

zhēng zhá　xiáng jìn
挣 扎—详 尽

pò shǐ　xiāo xi
迫 使—消 息

shí yóu　xiǎo jié
石 油—小 结

qīng shuài　xù qǔ
轻 率—序 曲

shēn céng　xuǎn jǔ
深 层—选 举

5. 区分其他声母

yǐ　lǐ
已—里

yǔ　lǚ
雨—吕

hù lǐ　wù lǐ
护 理—物 理

hú dù　wú dù
弧 度—无 度

kāi huì　kāi wèi
开 会—开 胃

hù zhǔ　wù zhǔ
户 主—物 主

hù huì　wù huì
互 惠—误 会

lǎo huáng　lǎo wáng
老 黄—老 王

hú bǐ　wú bǐ
湖 笔—无 比

fā hóng　huā hóng
发 红—花 红

hùn hào　wèn hào
诨 号—问 号

fǎn huí　wǎn huí
返 回—挽 回

hú rén　wú rén
胡 人—无 人

chū rù　chū lù
出 入—出 路

rǔ zhī　lǔ zhī
乳 汁—卤 汁

bù rè　bù lè
不 热—不 乐

rù dì　lù dì
入 地—陆 地

ròu　yòu
肉—右

róu　yóu
柔—油

rùn　yùn
润—运

rì　yì
日—易

rè　yè
热—夜

rǎn　lǎn
染—懒

rǔ　lǔ
乳—卤

réng　léng
仍—棱

ruò　luò
弱—落

ràng　làng
让—浪

liè rì　rán liào
烈 日—燃 料

lù róng　é qǐng
鹿 茸—俄 顷

gōng yuán　bó ruò
公 园—薄 弱

073

| ér qiě dù rì | dōng ōu rán shāo | gōng yòng róng dòng |
| 而且—度日 | 东欧—燃烧 | 功用—溶洞 |

fù yōng diū rén　　　líng rǔ lì rùn　　　gāo yuán hóng rùn
附庸—丢人　　　　凌辱—利润　　　　高原—红润

qū yù rán ér　　　lái rì lěng ruò　　　yú ròu wǎn ěr
区域—然而　　　　来日—冷若　　　　鱼肉—莞尔

wēi é rén wén　　　yōng dài jiā rù　　　rǎo luàn è zhì
巍峨—人文　　　　拥戴—加入　　　　扰乱—遏制

pǐn wèi jiǎ ruò　　　yīn ér piāo rán　　　yú shì qióng rén
品位—假若　　　　因而—飘然　　　　于是—穷人

mù ǒu ruò diǎn　　　zǒng é tuì ràng　　　yú kuài rè liàng
木偶—弱点　　　　总额—退让　　　　愉快—热量

ruò jí ruò lí　　rèn láo rèn yuàn　　yè yǐ jì rì　　yōu róu guǎ duàn
若即若离—任劳任怨　　　　夜以继日—优柔寡断

第三节　韵母训练

一、普通话的韵母分析

普通话11个元音，组成共39个韵母。

表3　普通话元音表

	舌面元音					舌尖元音			卷舌元音
	前		央		后		前		后		央	
唇形	圆唇	展唇	圆唇	展唇	圆唇	展唇		圆唇
高	i [i]	ü [y]			u [u]	i [ɿ]		i [ʅ]
半高	ê [ɛ]			e [ɣ]	o [o]			
中			e [ə]					er [ɚ]
半低								
低			a [A]					

普通话的韵母如表4：

表4　普通话韵母表

	i [i] 期必低疑	u [u] 部目出路	ü [y] 女巨渠虚
a [A] 爬答伐哈	ia [iA] 家瞎牙假	ua [uA] 哇刷花瓜	
e [ɤ] 歌课德喝	ie [iɛ] 叶姐鞋别		üe [yɛ] 缺月觉雪
o [o] 佛薄膜迫		uo [uo] 说或锅过	
ai [ai] 爱待盖卖		uai [uai] 槐歪淮快	
ei [ei] 累给北非		uei [uei] 会微睡灰	
ao [au] 老告包帽	iao [iau] 料交桥药		
ou [ou] 欧狗头肉	ou [iou] 幽牛尤刘		
an [an] 案丹寒判	ian [iɛn] 店咸前篇	uan [uan] 还穿钻玩	üan [yɛn] 元渊圈悬
en [ən] 嗯恨臻笨	in [in] 秦心音近	un [uən] 文魂伦蹲	ün [yn] 裙韵郡训
ang [aŋ] 张长帮放	iang [iaŋ] 梁阳像央	uang [uaŋ] 王黄狂庄	
eng [əŋ] 灯正峰耕	ing [iŋ] 平丁性领	ueng [uəŋ] 翁	
		ong [uŋ] 动龙崇弓	iong [yŋ] 勇穷雄
ê [ɛ] 欸	i（前）[ɿ] 兹词思	i（后）[ʅ] 支迟诗日	er [ər] 二儿耳

普通话韵母分为韵头、韵腹和韵尾。韵头，也叫作介音，发音模糊，往往迅速带过。韵腹发音响亮，发音时口腔肌肉最为紧张。韵头有i、u、ü三种，韵尾有四个，分别是元音韵尾i、u，和辅音韵尾n、ng。

普通话的韵母分为单元音韵母、复元音韵母与鼻韵母三大类。发单韵母时，舌头的高低、前后和嘴唇的圆展改变了共鸣腔的形状，单韵母包括a、o、e、i、ü、ê、er、u、ɿ、ʅ。

复韵母是指两个元音或三个元音复合而成的韵母，发复元音时，舌头是滑动的，音质的变化是连续不断的。各元音的音长和音强一般是不相等的，其中一个最为响亮清晰。复韵母根据韵头、韵腹、韵尾三者的位置，可以分为前响复韵母、中响复韵母和后响复韵母。前响复韵母指前边的一个音是韵腹，是主要元音，声音响亮清晰，后一个音是韵尾，发音短，没韵腹响亮，前一个元音往往有向央元音靠拢的趋势。前响复韵母包括ai、ei、ao、ou。中响复韵母发音时，中间一个音比较响亮，包括iao、iou、uai、uei。后响复韵母的后边一个音素比较响亮，包括ia、ie、ua、uo、 üe。前响复韵母和中响复韵母的韵尾轻短模糊，只用来表示整个动程的趋向，不一定必然达到音标所代表的舌位。

鼻韵母是由鼻音韵尾加上元音构成的韵母，分为舌尖鼻韵母和舌根鼻韵母两类。前鼻音和后鼻音的差别是发音时，造成阻碍的部位不同。发 n 音时，舌尖抵住上齿龈，气流从鼻腔发出，发 ng 音时，舌根抵住软腭，气流从鼻腔发出。舌尖鼻韵母包括 an、ian、uan、üan、en、in、un、ün，舌根鼻韵母包括 ang、iang、uang、eng、ing、ong、iong。

ê 只有一个例字"诶"。i（前）指舌尖韵母 [ɿ]，只和 z、c、s 拼合，i（后）指舌尖韵母 [ʅ]，只和 zh、ch、sh 拼合。普通话中只有十来个字读 er，如"二、尔"等。

二、普通话的韵母单项练习

单韵母 a：央、低、不圆唇元音

单音节：妈 mā　把 bǎ　杂 zá　洒 sǎ　辣 là　纳 nà　搭 dā　怕 pà

双音节：发达 fā dá　哪怕 nǎ pà　腊八 là bā　砝码 fǎ mǎ　蛤蟆 há ma

四音节：跋山涉水 bá shān shè shuǐ　阴差阳错 yīn chā yáng cuò

单韵母 o：舌面、后、半高、圆唇元音

单音节：佛 fó　膜 mó　播 bō　破 pò　帛 bó　默 mò　坡 pō　剥 bō

双音节：婆婆 pó po　喔唷 wō yō　馍馍 mó mo　伯伯 bó bo　磨破 mó pò

四音节：博学多才 bó xué duō cái　莫名其妙 mò míng qí miào

单韵母 e：舌面、后、半高、不圆唇元音

单音节：歌 gē　课 kè　隔 gé　德 dé　涩 sè　何 hé　勒 lè　特 tè

第二章 普通话语音系统基础训练

双音节：客车　折射　哥哥　饿了　隔阂
　　　　kè chē　zhé shè　gē ge　è le　gé hé

四音节：合辙押韵　舍我其谁
　　　　hé zhé yā yùn　shě wǒ qí shuí

前中不圆唇元音 ê 无单韵母

单元音韵母 i：前、高、不圆唇元音

单音节：鼻　米　替　底　集　题　济　溪
　　　　bí　mǐ　tì　dǐ　jí　tí　jì　xī

双音节：衣服　记忆　比例　密闭　毅力
　　　　yī fu　jì yì　bǐ lì　mì bì　yì lì

四音节：地大物博　一鼓作气
　　　　dì dà wù bó　yī gǔ zuò qì

后、高、圆唇元音 u

单音节：部　鲁　浮　粗　吐　卢　呼　无
　　　　bù　lǔ　fú　cū　tǔ　lú　hū　wú

双音节：普度　互补　督促　首都　书橱
　　　　pǔ dù　hù bǔ　dū cù　shǒu dū　shū chú

四音节：触景生情　古今中外
　　　　chù jǐng shēng qíng　gǔ jīn zhōng wài

前、高、圆唇元音 ü

单音节：许　律　局　区　居　玉　曲　聚
　　　　xǔ　lǜ　jú　qū　jū　yù　qǔ　jù

双音节：妇女　趋于　雨具　区域　栩栩
　　　　fù nǚ　qū yú　yǔ jù　qū yù　xǔ xǔ

四音节：举世无双　旭日东升
　　　　jǔ shì wú shuāng　xù rì dōng shēng

舌尖元音韵母 -i、-i

单音节：此　梓　子　姿　辞　斯　赐　饲
　　　　cǐ　zǐ　zǐ　zī　cí　sī　cì　sì

双音节：四次　自私　字词　刺死　思索
　　　　sì cì　zì sī　zì cí　cì sǐ　sī suǒ

四音节：孜孜以求　肆意妄为
　　　　zī zī yǐ qiú　sì yì wàng wéi

普通话训练与测试教程

单音节：质(zhì) 史(shǐ) 师(shī) 职(zhí) 纸(zhǐ) 齿(chǐ) 世(shì) 池(chí)

双音节：支持(zhī chí) 日食(rì shí) 事实(shì shí) 制止(zhì zhǐ) 知识(zhī shi)

四音节：日复一日(rì fù yī rì) 持之以恒(chí zhī yǐ héng)

央、卷舌、不圆唇元音 er

单音节：而(ér) 尔(ěr) 二(èr) 儿(ér) 耳(ěr)

双音节：儿童(ér tóng) 耳语(ěr yǔ) 二胡(èr hú) 而后(ér hòu) 偶尔(ǒu ěr)

四音节：出尔反尔(chū ěr fǎn ěr) 耳听八方(ěr tīng bā fāng)

ai：

单音节：拍(pāi) 买(mǎi) 开(kāi) 排(pái) 拆(chāi) 百(bǎi) 泰(tài) 盖(gài)

双音节：灾害(zāi hài) 白菜(bái cài) 海带(hǎi dài) 买卖(mǎi mai) 爱戴(ài dài)

四音节：爱莫能助(ài mò néng zhù) 来龙去脉(lái lóng qù mài)

ei：

单音节：非(fēi) 雷(léi) 梅(méi) 飞(fēi) 黑(hēi) 配(pèi) 给(gěi) 内(nèi)

双音节：配备(pèi bèi) 狒狒(fèi fèi) 北美(běi měi) 贝类(bèi lèi) 妹妹(mèi mei)

四音节：悲欢离合(bēi huān lí hé) 美不胜收(měi bù shèng shōu)

ao：

单音节：道(dào) 包(bāo) 猫(māo) 招(zhāo) 考(kǎo) 高(gāo) 劳(láo) 宝(bǎo)

双音节：牢靠(láo kào) 高潮(gāo cháo) 号召(hào zhào) 报告(bào gào) 早操(zǎo cāo)

四音节：手舞足蹈(shǒu wǔ zú dǎo) 老生常谈(lǎo shēng cháng tán)

第二章　普通话语音系统基础训练

ou：

单音节：凑(còu) 柔(róu) 搜(sōu) 周(zhōu) 口(kǒu) 酬(chóu) 逗(dòu) 守(shǒu)

双音节：兜售(dōu shòu) 欧洲(ōu zhōu) 收购(shōu gòu) 抖擞(dǒu sǒu) 丑陋(chǒu lòu)

四音节：一筹莫展(yī chóu mò zhǎn) 未雨绸缪(wèi yǔ chóu móu)

ia：

单音节：嘉(jiā) 俩(liǎ) 匣(xiá) 夹(jiā/jiá) 掐(qiā) 鸭(yā) 峡(xiá)

双音节：假牙(jiǎ yá) 加价(jiā jià) 下架(xià jià) 恰恰(qià qià) 家家(jiā jiā)

四音节：狭路相逢(xiá lù xiāng féng) 张牙舞爪(zhāng yá wǔ zhǎo)

ie：

单音节：烈(liè) 写(xiě) 憋(biē) 却(què) 街(jiē) 夜(yè) 切(qiē/qiè) 皆(jiē)

双音节：强烈(qiáng liè) 事业(shì yè) 贴切(tiē qiè) 结业(jié yè) 谢帖(xiè tiě)

四音节：借题发挥(jiè tí fā huī) 铁面无私(tiě miàn wú sī)

ua：

单音节：挖(wā) 华(huá) 瓜(guā) 花(huā) 耍(shuǎ) 挂(guà) 袜(wà) 寡(guǎ)

双音节：娃娃(wá wa) 呱呱(guā guā) 画画(huà huà) 刷刷(shuā shua) 夸夸(kuā kua)

四音节：偷奸耍滑(tōu jiān shuǎ huá) 土崩瓦解(tǔ bēng wǎ jiě)

uo：

单音节：国(guó) 朵(duǒ) 或(huò) 错(cuò) 罗(luó) 夺(duó) 妥(tuǒ) 做(zuò)

普通话训练与测试教程

双音节：哆嗦 蹉跎 懦弱 骆驼 堕落
　　　　duō suo　cuō tuó　nuò ruò　luò tuo　duò luò

四音节：大巧若拙　火冒三丈
　　　　dà qiǎo ruò zhuō　huǒ mào sān zhàng

üe：

单音节：绝 悦 蕨 雪 爵 削 瘸 血
　　　　jué yuè jué xuě jué xuē qué xuè

双音节：雀跃 约略 决绝 月缺 掘穴
　　　　què yuè　yuē lüè　jué jué　yuè quē　jué xué

四音节：一跃而起　浮光掠影
　　　　yī yuè ér qǐ　fú guāng lüè yǐng

iao：

单音节：飘 小 交 乔 要 表 掉 条
　　　　piāo xiǎo jiāo qiáo yāo/yào biǎo diào tiáo

双音节：巧妙 逍遥 咬胶 叫嚣 吊桥
　　　　qiǎo miào　xiāo yáo　yǎo jiāo　jiào xiāo　diào qiáo

四音节：缥缈孤鸿　标新立异
　　　　piāo miǎo gū hóng　biāo xīn lì yì

iou：

单音节：邮 九 邱 丢 流 悠 柳 留
　　　　yóu jiǔ qiū diū liú yōu liǔ liú

双音节：优秀 求救 牛油 舅舅 绣球
　　　　yōu xiù　qiú jiù　niú yóu　jiù jiu　xiù qiú

四音节：有始有终　长长久久
　　　　yǒu shǐ yǒu zhōng　cháng cháng jiǔ jiǔ

uai：

单音节：怪 快 外 帅 踹 槐 拽 歪
　　　　guài kuài wài shuài chuài huái zhuài wāi

双音节：衰败 怀揣 乖乖 摔坏 拐卖
　　　　shuāi bài　huái chuāi　guāi guāi　shuāi huài　guǎi mài

四音节：脍炙人口　外强中干
　　　　kuài zhì rén kǒu　wài qiáng zhōng gān

第二章　普通话语音系统基础训练

uei：

单音节：归(guī) 罪(zuì) 推(tuī) 会(huì) 贵(guì) 对(duì) 灰(huī) 嘴(zuǐ)

双音节：摧毁(cuī huǐ) 回归(huí guī) 垂危(chuí wēi) 追随(zhuī suí) 水位(shuǐ wèi)

四音节：毁家纾难(huǐ jiā shū nàn) 绘声绘色(huì shēng huì sè)

鼻韵母 an：

单音节：般(bān) 山(shān) 站(zhàn) 伞(sǎn) 寒(hán) 坛(tán) 饭(fàn) 慢(màn)

双音节：感染(gǎn rǎn) 贪婪(tān lán) 反感(fǎn gǎn) 坦然(tǎn rán) 灿烂(càn làn)

四音节：安居乐业(ān jū lè yè) 昙花一现(tán huā yī xiàn)

ian：

单音节：天(tiān) 厌(yàn) 眠(mián) 见(jiàn) 咸(xián) 前(qián) 编(biān) 简(jiǎn)

双音节：脸面(liǎn miàn) 蹁跹(pián xiān) 变迁(biàn qiān) 天仙(tiān xiān) 腼腆(miǎn tiǎn)

四音节：坚定不移(jiān dìng bù yí) 惊才绝艳(jīng cái jué yàn)

uan：

单音节：专(zhuān) 官(guān) 断(duàn) 宽(kuān) 桓(huán) 转(zhuǎn/zhuàn) 篡(cuàn) 钻(zuān/zuàn)

双音节：婉转(wǎn zhuǎn) 传唤(chuán huàn) 贯穿(guàn chuān) 酸软(suān ruǎn) 乱窜(luàn cuàn)

四音节：首鼠两端(shǒu shǔ liǎng duān) 皆大欢喜(jiē dà huān xǐ)

üan：

单音节：卷(juǎn/juàn) 券(quàn/xuàn) 全(quán) 选(xuǎn) 愿(yuàn) 捐(juān) 渊(yuān) 悬(xuán)

081

普通话训练与测试教程

双音节：源泉(yuán quán)　渊源(yuān yuán)　轩辕(xuān yuán)　圆圈(yuán quān)

四音节：涓涓流水(juān juān liú shuǐ)　拳拳之心(quán quán zhī xīn)

en：

单音节：门(mén)　臻(zhēn)　奔(bēn/bèn)　分(fēn/fèn)　懑(mèn)　恩(ēn)　任(rén/rèn)　跟(gēn)

双音节：深圳(shēn zhèn)　莘莘(shēn shēn)　沉闷(chén mèn)　人参(rén shēn)　根本(gēn běn)

四音节：义愤填膺(yì fèn tián yīng)　奋不顾身(fèn bù gù shēn)

uen：

单音节：论(lùn)　炖(dùn)　昆(kūn)　温(wēn)　舜(shùn)　吮(shǔn)　吞(tūn)　遵(zūn)

双音节：春笋(chūn sǔn)　温存(wēn cún)　混沌(hùn dùn)　馄饨(hún tun)　昆仑(kūn lún)

四音节：文质彬彬(wén zhì bīn bīn)　朗朗乾坤(lǎng lǎng qián kūn)

in：

单音节：近(jìn)　琳(lín)　金(jīn)　林(lín)　彬(bīn)　亲(qīn)　您(nín)　闽(mǐn)

双音节：拼音(pīn yīn)　殷勤(yīn qín)　濒临(bīn lín)　贫民(pín mín)　金印(jīn yìn)

四音节：欣欣向荣(xīn xīn xiàng róng)　斤斤计较(jīn jīn jì jiào)

ün：

单音节：韵(yùn)　群(qún)　运(yùn)　熏(xūn)　耘(yún)　郡(jùn)　陨(yǔn)　竣(jùn)

双音节：军训(jūn xùn)　逡巡(qūn xún)　均匀(jūn yún)　芸芸(yún yún)　孕妇(yùn fù)

四音节：千钧一发(qiān jūn yī fà)　晕头转向(yūn tóu zhuàn xiàng)

第二章 普通话语音系统基础训练

ang：

单音节：帮(bāng) 放(fàng) 航(háng) 苍(cāng) 常(cháng) 纲(gāng) 当(dāng/dàng) 张(zhāng)

双音节：堂堂(táng táng) 刚刚(gāng gāng) 厂房(chǎng fáng) 螳螂(táng láng) 商场(shāng chǎng)

四音节：万里长城(wàn lǐ cháng chéng) 昂首挺胸(áng shǒu tǐng xiōng)

iang：

单音节：扬(yáng) 姜(jiāng) 央(yāng) 向(xiàng) 凉(liáng/liàng) 将(jiāng/jiàng) 强(qiáng/qiǎng) 枪(qiāng)

双音节：香江(xiāng jiāng) 踉跄(liàng qiàng) 响亮(xiǎng liàng) 洋相(yáng xiàng) 奖金(jiǎng jīn)

四音节：开疆辟土(kāi jiāng pì tǔ) 鱼米之乡(yú mǐ zhī xiāng)

uang：

单音节：汪(wāng) 撞(zhuàng) 窗(chuāng) 网(wǎng) 庄(zhuāng) 荒(huāng) 床(chuáng) 爽(shuǎng)

双音节：装潢(zhuāng huáng) 狂妄(kuáng wàng) 状况(zhuàng kuàng) 双簧(shuāng huáng) 往往(wǎng wǎng)

四音节：千疮百孔(qiān chuāng bǎi kǒng) 摇头晃脑(yáo tóu huàng nǎo)

鼻韵母 eng：

单音节：筝(zhēng) 澄(chéng) 等(děng) 丰(fēng) 碰(pèng) 泵(bèng) 蒙(mēng/méng) 生(shēng)

双音节：逞能(chěng néng) 吭声(kēng shēng) 更正(gēng zhèng) 冷风(lěng fēng) 奉承(fèng chéng)

四音节：繁荣昌盛(fán róng chāng shèng) 成年累月(chéng nián lěi yuè)

鼻韵母 ueng：

单音节：翁(wēng)

083

双音节： wēng wēng　lǎo wēng　shuǐ wèng　wèng cài
　　　　 嗡 嗡　　老 翁　　水 瓮　　蕹 菜

四音节： wèng zhōng zhuō biē
　　　　 瓮 中 捉 鳖

鼻韵母 ing：

单音节： yǐng　yīng　dīng　míng　líng　xìng　píng　jīng
　　　　 影　　英　　丁　　鸣　　零　　性　　瓶　　京

双音节： xìng míng　qíng xíng　níng jìng　jīng yíng　qīng míng
　　　　 姓 名　　情 形　　宁 静　　经 营　　清 明

四音节： qīng guó qīng chéng　bīng qīng yù jié
　　　　 倾 国 倾 城　　　　冰 清 玉 洁

鼻韵母 ong：

单音节： chōng/chòng　hōng　sòng　zōng　tǒng　dōng　tóng　cōng
　　　　 冲　　　　　 哄　　送　　宗　　桶　　冬　　同　　葱

双音节： lóng zhòng　gòng tóng　chóng dòng　tóng gōng　chóng chóng
　　　　 隆 重　　　共 同　　　虫 洞　　　童 工　　　重 重

四音节： róng mǎ kǒng zǒng　qí lè róng róng
　　　　 戎 马 倥 偬　　　 其 乐 融 融

鼻韵母 iong：

单音节： qióng　xióng　qióng　yòng　xiōng　xiōng　yōng　jiǒng
　　　　 琼　　　雄　　　穷　　　用　　　凶　　　兄　　　庸　　　窘

双音节： xiōng yǒng　xiōng pú　xióng wěi　xiōng dì
　　　　 汹 涌　　　胸 脯　　　雄 伟　　　兄 弟

四音节： jiǒng jiǒng yǒu shén　xióng xióng dà huǒ
　　　　 炯 炯 有 神　　　　　熊 熊 大 火

课后作业 3：普通话韵母绕口令

1. 胖娃娃和蛤蟆：一个胖娃娃，捉了三个大花活河蛤蟆，三个胖娃娃捉了一个大花活河蛤蟆，捉了一个大花活河蛤蟆的三个胖娃娃，真不如捉了三个大花活河蛤蟆的一个胖娃娃。

2. 波波和郭郭跟着婆婆做饽饽。郭郭磨破了婆婆的箩，波波打破了婆婆的锅，急得波波和郭郭上街去补箩和锅。

3. 婆婆和嬷嬷，来到山坡坡，婆婆默默采蘑菇，嬷嬷默默拔萝卜。婆婆拿了一个破簸箕，嬷嬷带了一个薄笸箩，婆婆采了半簸箕小蘑菇，嬷嬷拔了一笸箩大萝卜。婆婆采了蘑菇换饽饽，嬷嬷卖了萝卜换馍馍。

4. 可可磨了墨，却没有墨盒，我有新墨盒，还没有磨好墨。可可把磨好的墨倒进我的新墨盒，我把新墨盒让可可倒进墨，我和可可合用一个墨盒。你说我们会不会合作？

5. 伯伯养了一群大白鹅，哥哥喂了两只小白鸽。伯伯教哥哥训鸽，哥哥帮伯伯放鹅。白鸽、白鹅长得好，乐坏了伯伯和哥哥。

6. 哥哥弟弟坡前坐，坡上卧着一只鹅，坡下流着一条河，哥哥说宽宽的河，弟弟说白白的鹅。鹅要过河，河要渡鹅，不知是鹅过河，还是河渡鹅。

7. 老黎拉了一车梨，老李拉了一车栗。老黎人称大力黎，老李人称李大力。老黎拉梨做梨酒，老李拉栗去换梨。

8. 倪家有树梨，黎家有树李。倪家小倪爱吃李，黎家小黎爱吃梨。倪家小倪给黎家小黎吃梨，黎家小黎约倪家小倪吃李，两人就像亲兄弟，分不清小倪和小黎。

9. 胡苏夫和吴夫苏：胡庄有个胡苏夫，吴庄有个吴夫苏。胡庄的胡苏夫爱读诗书，吴庄的吴夫苏爱读古书。胡苏夫的书屋里摆满了诗书，吴夫苏的书屋里放满了古书。

10. 苦读古书懂古通古熟古，不读古书不懂古糊涂苦。

11. 一位爷爷他姓顾，上街打醋又买布。买了布，打了醋，回头看见鹰抓兔。放下布，搁下醋，上前去追鹰和兔，飞了鹰，跑了兔，打翻醋，醋湿布。

12. 大渠养大鱼不养小鱼，小渠养小鱼不养大鱼。一天天下雨，大渠水流进小渠，小渠水流进大渠，大渠里有了小鱼没见大鱼，小渠里有了大鱼没见小鱼。

13. 这天天下雨，体育局穿绿雨衣的女小吕，去找穿绿运动衣的女老李。穿绿雨衣的女小吕，没找到穿绿运动衣的女老李，穿绿运动衣的女老李，也没见着穿绿雨衣的女小吕。

14. 老吕骑驴买鱼去河曲看女婿。鱼市丢了驴，老吕急着找驴没买成鱼，也没去成河曲看女婿。

15. 小艾和小戴，一起来买菜。小艾把一斤菜给小戴，小戴有比小艾多一倍的菜；小戴把一斤菜给小艾，小艾、小戴就有一样多的菜。请你想想猜猜，小艾、小戴各买了多少菜？

16. 白大彩、白小彩帮助爱爱家晒白菜和干柴，白大彩晒大白菜，白小彩晒干柴。白大彩、白小彩晒了爱爱家大大小小的白菜和干柴。

17. 老蔡和老赖，老蔡受爱戴，老赖爱拆台，老蔡不让老赖拆台，老赖诬赖老蔡无赖，老蔡找老赖摊牌，到底谁爱拆台，谁是无赖。

18. 贝贝端杯水，去喂小乌龟。拍拍硬龟背，让龟快喝水。乌龟不伸头，不张嘴，不伸龟腿和龟尾。小贝贝让龟自己张嘴去喝水。

19. 锅里煮猪肉，肉里包着骨，取肉去猪骨，放上一点醋，都吃熟猪肉。

20. 天上飘着一片霞，水上飘着一群鸭。霞是五彩霞，鸭是麻花鸭。麻鸭游进五彩霞，五彩霞挽住麻花鸭。乐坏了鸭，拍碎了霞，分不清是鸭还是霞。

21. 童子打桐子，桐子落，童子乐。

22. 打南边来了个瘸子，手里托着个碟子，碟子里装着茄子，地上钉着个橛子。地上的橛子绊倒了瘸子，洒了碟子里的茄子，气得瘸子撇了碟子，拔了橛子，踩了茄子。

23. 爹穿鞋，姐穿靴，一同下海抓螃蟹。蟹夹鞋，靴踩蟹，姐学爹爹抓螃蟹。螃蟹满筐心欢悦。

24. 杰杰、岳岳和聂聂，花园里面捉蝴蝶。彩蝶、粉蝶和凤蝶，一只一只像树叶，杰杰用针把蝶别，聂聂将蝶墙上贴。杰杰、聂聂找岳岳，岳岳还在园里捉蝴蝶。

25. 学习就是学习，休息就是休息。把学习说成了休息，就不能学习；把休息说成了学习，就不能休息。

26. 昨夜下雪，雪没鞋、靴。爷爷早起扫雪，推门望街，街上不见雪。只见月月正扫鞋上雪。不用问月月，爷爷就知道谁扫了昨夜的雪。

27. 牙刷能刷牙，刷牙用牙刷。华华有牙刷不刷牙，花花用牙刷会刷牙。华华和花花,谁是好娃娃?

28. 瓦打马,马踏瓦,瓦打坏马,马踏坏瓦。

29. 朵朵家住落山坡,坡上果树挂果多,朵朵摘果给郭郭,郭郭连说谢朵朵。

30. 水上漂着一只表,表上落着一只鸟。鸟看表,表瞪鸟,鸟不认识表,表也不认识鸟。

31. 东边庙里有个猫,西边树梢有只鸟。猫鸟天天闹,不知是猫闹树上鸟,还是鸟闹庙里猫。

32. 人有小人有老,老爱小,小敬老。老别老笑人小,小别老笑人老。

33. 高高山上有座庙,庙里住着俩老道,一个年纪老,一个年纪小。庙前长着许多药,有时候老老道采药,小老道煮药;有时候小老道采药,老老道煮药。

34. 一把雕刀,雕出好箫。刀是小雕刀,箫是"玉屏箫"。好箫出好调,箫靠好刀雕。

35. 出南门,走六步,见着六叔和六舅,叫声六叔和六舅,借我六斗六升好绿豆;过了秋,打了豆,还我六叔六舅六十六斗六升好绿豆。

36. 楼后有狗又有猴,楼上有肉又有藕。瘦猴吃藕不吃肉,馋狗吃肉不吃藕。

37. 六个油篓盛着油,地上漏了一片油。牛牛妞妞来回瞅,看看哪个油篓漏了油。

38. 手心、手背、手指头,手背、手心手捧手;勾勾手,点点头,头手头,手头手,拉个圆圈走一走。

39. 那边划来一艘船,这边漂去一张床,船床河中互相撞,不知船撞床,还是床撞船。

40. 小乖和小怀,小怀赚了外快买电脑,小乖卖了电脑赚外快,小怀买了电脑又摔坏,小乖拿着外快买了电脑送小怀,小怀不要小乖的电脑,感谢小乖又释怀。

41. 嘴说腿,腿说嘴,嘴说腿爱跑腿,腿说嘴爱卖嘴。光动嘴不动腿。光动嘴不动腿,不如不张腿。

42. 彦彦媛媛看大雁，为啥大雁飞向南。媛媛说，雁喜南方暖；彦彦说，雁怕冬天寒。雁群向南迁，彦彦媛媛愿大雁早飞还。

43. 甜甜给燕燕钱买线，燕燕以为甜甜要买盐，燕燕买盐给甜甜，甜甜还燕燕盐换燕燕的钱，燕燕拿回甜甜的盐换给甜甜线。

44. 有个圆圆，爱画圈圈。圆圆睡了，圈圈很想圆圆，滚进了圆圆梦里面。圆圆眨眨眼，躲到枕头边。

45. 月亮圆圆，像个盘盘，我要上去找你玩玩。

46. 兰兰和欢欢，一对双胞胎。欢欢帮奶奶摆白菜，奶奶当着妈妈的面夸欢欢，欢欢说做好事的是兰兰，兰兰说做好事的是欢欢，这可急坏了奶奶，不知想谢欢欢，还是谢兰兰。

47. 蓝天上是片片白云，草原上是银色的羊群。近处看，这是羊群那是白云；远处看，分不清哪是白云哪是羊群。

48. 树林边住着林小琴，竹林边住着秦小林，林小琴来找秦小林，送他一个玉麒麟，秦小林欢迎林小琴教秦小林吹口琴。

49. 京剧叫京剧，警句叫警句，京剧不能叫警句，警句不能叫京剧，更不能叫晋剧。

50. 云云看云头晕，不看云不辨白云、乌云。裙裙看云头不晕，爱看云能辨白云、乌云。

51. 人是人，棱是棱，人不念棱，棱不念人，人棱要认真分。

52. 辛厂长，申厂长，同乡不同行。辛厂长声声讲生产，申厂长常常闹思想。辛厂长一心只想革新厂，申厂长满口只讲加薪饷。

53. 大胖和小胖，两人抬缸。大胖要抬缸到上房，小胖要抬缸到下房。大胖说上房好放缸，小胖说下房缸好放。缸好放，好放缸，俩人抬缸成抬杠。

54. 扁担长，板凳宽，板凳没有扁担长，扁担没有板凳宽。扁担要绑在板凳上，板凳不让扁担绑在板凳上，扁担偏要扁担绑在板凳上。

55. 采雪莲，采雪莲。雪山冰川紧相连，石岩缝里绽雪莲。雪莲雪莲白花瓣，采雪容易采莲难。

56. 春风送春，春到村春意深，村农爱春，春日忙春耕。

57. 小温端着洗脸盆，小陈忙去帮开门。小温谢小陈帮他开门，小陈谢小温为大家端脸盆。

小孙端着水果盆，小芬起身忙开门。小孙谢小芬，帮他来开门。小芬谢小孙，为大家端果盆。

58. 长城长，城墙长，长长长城长城墙，城墙长长城长长。

59. 四口缸，十斗糠，十斗糠要往四口缸里装。一口缸要装二斗半糠，十斗糠正好装满四口缸。

60. 桌上放着个盆，盆里放着个瓶，乒乓乓，不知是瓶碰盆还是盆碰瓶。

61. 陈成、郑真种花生，花生收了数百升，陈成一升一升盛花生，郑真运送花生上县城。

62. 老彭拿着一个盆，跨过老陈住的棚，盆碰棚，棚碰盆，棚倒盆碎棚压盆，老陈要赔老彭的盆，老彭不要老陈来赔盆，老陈陪着老彭去补盆，老彭帮着老陈来修棚。

63. 十字路口红绿灯，红黄绿灯分得清，红灯停，绿灯行，黄绿灯亮向左行，行停停行看灯明。

64. 陈庄程庄都有城，陈庄城通程庄城。陈庄城和程庄城。陈庄城和程庄城，两庄城墙都有门。陈庄城进程庄人，陈庄人进程庄城。请问陈程两庄城，两庄城门都进人，哪个城进陈庄人，程庄人进哪个城？

65. 放蜂的小翁姓翁不姓瓮，小翁的蜜蜂一叫嗡嗡嗡，吵烦了放蜂的小翁。

66. 佣工永永姓雍不姓甬，甬家公公姓甬不姓雍。雍永永干活用工，甬公公称佣工雍永永是好佣工。

67. 小勇放风筝，风筝倒栽葱；小晶放风筝，风筝升高空。小晶帮小勇修风筝，小勇帮小晶扯线绳。两个风筝随风起，高高飘在半空中。

68. 金林和凌银，是近亲又是近邻。一个学音乐，一个学拼音。凌银帮金林，金林帮凌银，两人心心相印。

69. 柳琳琳和刘玲玲，俩人同练绕口令。玲玲说要练得溜，琳琳说要练得灵。俩人练得汗淋淋，绕口令练得溜又灵。

70. 同姓不能说成通信，通信不能说成同姓。同姓可以互相通信，通信并不一定是同姓。

71. 楼上钉铜钉，楼下挂铜灯。钉铜钉，震动铜灯，钉了铜钉，掉了铜灯。

72. 东洞庭，西洞庭，洞庭山上一根藤，藤上挂铜铃。风吹藤动铜铃动，风停藤停铜铃停。

三、《普通话水平测试用普通话词语表》与《普通话水平测试用朗读作品》的重点韵母训练

《普通话水平测试用普通话词语表》重点韵母训练

bǎn kuài 板 块	bàn gōng shì 办 公 室	bāo gānr 包 干 儿	báo/bó/bò 薄	bó ruò 薄 弱
bǎo bèi 宝 贝	bié/biè 别	chèn/chēng/chèng 称	chēng hào 称 号	chū xiě 出 血
cóng ér 从 而	dà huǒr 大 伙 儿	dài yù 待 遇	dān fù 担 负	dāng chǎng 当 场
dāng chū 当 初	dāng zhōng 当 中	dēng/dèng 蹬	dì qiào 地 壳	dōng ōu 东 欧
dòng wù 动 物	dù/duó 度	èr 二	fèi yòng 费 用	fèn liàng 分 量
fó jiào 佛 教	fú hé 符 合	fǔ mó 抚 摩	fù zhuó 附 着	gāo zhǎng 高 涨
gēn qián 跟 前	gōng/gòng 供	gōng qiú 供 求	gōng yìng 供 应	guān/guàn 观
hài pà 害 怕	hōng/hǒng/hòng 哄	huā fèi 花 费	huí qù 回 去	huí lái 回 来
hùn hé 混 合	hùn luàn 混 乱	jìn liàng 尽 量	jìn/jìng 劲	juān/juàn/quān 圈
kǒu yǔ 口 语	lì hài 利 害	nián tóur 年 头 儿	níng/nǐng/nìng 拧	nǚ xìng 女 性
qián biān 前 边	qíng xíng 情 形	rán ér 然 而	tōng hóng 通 红	tòu lù 透 露
wèn tí 问 题	wú kě nài hé 无 可 奈 何	xī nán 西 南	xī ōu 西 欧	xiān xuè 鲜 血
xiǎng yìng 响 应	xiǎng fǎ 想 法	xiāo/xuē 削	xiǎo ér 小 儿	xiǎo shuō 小 说
xiǎo xīn 小 心	xīn xuè 心 血	xīn chén dài xiè 新 陈 代 谢	xīng/xìng 兴	xiōng pú 胸 脯
xiōng dì 兄 弟	sù/xiǔ/xiù 宿	xuán zhuǎn 旋 转	yán yǔ 言 语	yǎng 仰

第二章　普通话语音系统基础训练

yē sū 耶稣	yāo/yuē 约	yāo qǐng 邀请	yī huìr 一会儿	yī miàn 一面
yī shēng 医生	yì jiàn 意见	yīn ér 因而	yǐn/yìn 饮	yīng dāng 应当
yīng gāi 应该	yìng fù 应付	yìng yòng 应用	yòng chù 用处	yòu biān 右边
yuán 袁	yù jiàn 遇见	yuàn wàng 愿望	yuàn yì 愿意	yǔn xǔ 允许
yuè 粤	yùn zhuǎn 运转	zhào yào 照耀	zhé mó 折磨	zhèng dāng 正当
ān shēng 安生	àn nà 按捺	ān jū lè yè 安居乐业	ān lǐ huì 安理会	àng rán 盎然
bā zhang 巴掌	bǎ bǐng 把柄	bǎ shou 把手	bǎ zi 把子	bà/pá 耙
bǎi yóu 柏油	bǎi bù 摆布	bǎi nòng 摆弄	bāo biǎn 褒贬	bìn qì 摈弃
bìng fā 并发	bō nòng 拨弄	chuán xián 船舷	dǎ jiāo dào 打交道	dà rén wù 大人物
dāng liàng 当量	dāng miàn 当面	dàng wǎn 当晚	dàng yè 当夜	dàng zhēn 当真
dào zhuǎn 倒转	dǐ huǐ 诋毁	dǐ chù 抵触	dǐ cháng 抵偿	dǐ piàn 底片
diān bǒ 颠簸	diāo nàn 刁难	dìng zhèng 订正	dìng 锭	dòng chuāng 冻疮
dǒu dòng 抖动	duì tou 对头	dùn/tún 囤	è yào 扼要	é luǎn shí 鹅卵石
é tóu 额头	è 鄂	ér jīn 而今	ěr hòu 尔后	èr hú 二胡
fā jiào 发酵	fán yǎn 繁衍	fēi děi 非得	fēi nàn 非难	fēn niè 分蘖
fén tóu 坟头	fèn wài 分外	fēng mǐ 风靡	fēng zheng 风筝	fǔ mō 抚摸
fǔ 辅	fù hè 负荷	fù zài 负载	fù shù 复述	gǎn 秆
gǎn zi 杆子	gāo kàng 高亢	gāo yao 膏药	gěng 梗	gōng zhuàn 公转
gòng fèng 供奉	gòu dàng 勾当	gǔ suǐ 骨髓	guì guān 桂冠	háng dang 行当
héng gèn 横亘	hóng huo 红火	hé tao 核桃	hóng yùn 红晕	hòu bó 厚薄

普通话训练与测试教程

huā guān	huáng dǎn	huáng dēng dēng	huì lù	hùn dùn
花冠	黄疸	黄澄澄	贿赂	混沌
hùn hé wù	hùn níng tǔ	hùn tóng	jiān tóu	jìn tóu
混合物	混凝土	混同	肩头	尽头
jìn xīn	jìng lǚ	jù jī	juàn	gē/kǎ/luò
尽心	劲旅	聚积	绢	咯
kàn zuò	kǒng xì	kòng xì	kuí wu	kuì yáng
看作	孔隙	空隙	魁梧	溃疡
làng tou	lù lín	lǚ jiàn bù xiān	luō/lǚ	luǒ lù
浪头	绿林	屡见不鲜	捋	裸露
mā bù	má li	mǎn fù	màn yán	mǎo
抹布	麻利	满腹	蔓延	卯
mǎo	mào shi	méi gui	miè shì	míng tang
铆	冒失	玫瑰	蔑视	名堂
mò qì	mù jiàng	nà	nán wei	néng nai
默契	木匠	捺	难为	能耐
pái lou	pán suan	bǎng/pāng/páng	bào/páo	pí lín
牌楼	盘算	膀	刨	毗邻
pí wèi	pí zàng	piàn zi	piàn duàn	piē/piě
脾胃	脾脏	片子	片段	撇
pó jia	pǔ shí	qī	qiān	qiáng jìng
婆家	朴实	戚	扦	强劲
qiǎng qiú	qīng tǔ	qīng kuài	qìng jia	qū sàn
强求	倾吐	轻快	亲家	驱散
qū qiào	què záo	sāo	shǎng wǔ	shí wù liàn
躯壳	确凿	缲	晌午	食物链
tī chú	tiāo ti	tǐ miàn	tiē	tiě jiàng
剔除	挑剔	体面	贴	铁匠
tóng xiù	tòu liàngr	tù xiě	tūn shì	tuǒ dàng
铜臭	透亮儿	吐血	吞噬	妥当
wài lù	wēi hè	wèi jiè	wěi suǒ	wěn dang
外露	威吓	慰藉	猥琐	稳当
wū miè	xī hóng shì	xiāo/xiào	xiè lòu	xīn xián
污蔑	西红柿	肖	泄露	心弦
xiù cai	xū wàng	xuàn yào	xuàn rǎn	xuē jià
秀才	虚妄	炫耀	渲染	削价
xuè pō	yān tong	yán xí	yǎng huo	yāo jing
血泊	烟筒	筵席	养活	妖精
yī wēi	yǐn qíng	yīng jiè	yīng yǔn	yìng biàn
依偎	引擎	应届	应允	应变

yìng chou	yìng duì	yìng yāo	yuè bing	yùn qi
应酬	应对	应邀	月饼	运气
yùn zài	yùn niàng	zài zhòng	zāo pò	
运载	酝酿	载重	糟粕	

《普通话水平测试用朗读作品》重点韵母训练

作品 1 号：

suàn bànr	là wèir	líng qī bā suìr	zá bànr	wán yìr
蒜瓣儿	辣味儿	零七八碎儿	杂拌儿	玩意儿
cā hēir	chī táng	mài yá táng yǔ jiāng mǐ táng		guā xíng
擦黑儿	吃糖	麦芽糖与江米糖		瓜形

作品 2 号：

shuì xǐng	fǔ mō	tī jǐ jiǎo qiúr	ruǎn mián mián	qīng cǎo wèir
睡醒	抚摸	踢几脚球儿	软绵绵	青草味儿
yùn niàng	niǎo ér	hū péng yǐn bàn	mài nòng	
酝酿	鸟儿	呼朋引伴	卖弄	

作品 3 号：

yī qù bù fù fǎn	zhōng jiān	cōng cōng	máng máng rán	xuán zhuǎn	shuǐ pén
一去不复返	中间	匆匆	茫茫然	旋转	水盆
níng rán	jué chá	zhē wǎn	yǐngr	pái huái	
凝然	觉察	遮挽	影儿	徘徊	

作品 4 号：

yǎng mù bù yǐ	xìn shǒu niān lái	miào shǒu chéng zhāng	chéng gōng	qì něi
仰慕不已	信手拈来	妙手成章	成功	气馁
yán jiū	xiū yè zhèng shū	yòng diǎnr	guàn chè	cōng míng
研究	修业证书	用点儿	贯彻	聪明

作品 5 号：

xiàn chǎng	láo zuò	jǐng xiàng	míng xiǎn	yǐng xiǎng	shǐ yòng	gōng jù
现场	劳作	景象	明显	影响	使用	工具
chuán tǒng	yīn xū jiǎ gǔ bǔ cí	shú néng shēng qiǎo	yùn cáng			
传统	殷墟甲骨卜辞	熟能生巧	蕴藏			

作品 6 号：

翩然归来　布谷鸟　孕育果实的时期　果实成熟
销声匿迹　衰草连天　景象　年年如是　大自然
语言　生产　影响

作品 7 号：

转瞬即逝　雾霾　石子儿

作品 8 号：

涌流　草丰林茂　钟声　山鸣谷应　泉声
宁静　音响　半山腰　聆听　孕育　汩汩

作品 9 号：

拥有　浩瀚　阅读　不可补偿　平等
草木虫鱼之名　往哲先贤

作品 10 号：

模糊了　算是　腰带

作品 11 号：

天下奇观　海塘大堤　横卧　阳光　若隐若现
人山人海　隆隆的响声　人声鼎沸　过了一会儿
浩浩荡荡　山崩地裂　漫天卷地般涌来

第二章　普通话语音系统基础训练

作品 12 号：

wú tóng shù　　gā zhī gā zhī cuì xiǎng　　yī gè jìnr　de guā　　guāng tū tū de
梧 桐 树　　嘎 吱 嘎 吱 脆 响　　一 个 劲 儿 地 刮　　光 秃 秃 的

hán lěng　　jiǎn guāng　　huā hóng yè lǜ　　bài liǔ cán hé　　yáng guāng　　yǎng xiàng
寒 冷　　剪 光　　花 红 叶 绿　　败 柳 残 荷　　阳 光　　仰 向

xiǎo liǎnr　　jūn héng　　zàn xǔ　　chéng jiē le mǎn shù de yáng guāng
小 脸 儿　　均 衡　　赞 许　　承 接 了 满 树 的 阳 光

作品 13 号：

làng fēng · shàng de xiá guāng　　xiāng wèir　　xiū qì
浪 峰　上 的 霞 光　　香 味 儿　　休 憩

作品 14 号：

quē shuǐ　　dàn shēng　　róng jì　　róng jiě yǎng　　liè rì pù shài
缺 水　　诞 生　　溶 剂　　溶 解 氧　　烈 日 曝 晒

tiān rán de píng zhàng
天 然 的 屏 障

作品 15 号：

guān zhōng　　dàn shēng　　dà xíng wáng cháo　　zǎo qī wén míng hé xīn dì dài
关 中　　诞 生　　大 型 王 朝　　早 期 文 明 核 心 地 带

xiān jìn　　rén wén　　wēn dài jì fēng qì hòu　　zhōng yāng dì dài　　zhōng yuán
先 进　　人 文　　温 带 季 风 气 候　　中 央 地 带　　中 原

kuān guǎng　　wén míng de fāng fāng miàn miàn
宽 广　　文 明 的 方 方 面 面

作品 16 号：

yóu wéi zhòng yào　　fēi tóng xún cháng　　zhāng wàng de mù guāng　　yǒng dòng
尤 为 重 要　　非 同 寻 常　　张 望 的 目 光　　涌 动

qíng xù　　fǎng fú　　qiān lǐ zhī wài　　pèng zhuàng　　dǒu rán　　wēn nuǎn
情 绪　　仿 佛　　千 里 之 外　　碰 撞　　陡 然　　温 暖

qiáng liè　　zhōng qiū　　yuǎn fāng　　yán shēn　　mèng xiǎng　　tiān nán dì běi
强 烈　　中 秋　　远 方　　延 伸　　梦 想　　天 南 地 北

sān shān wǔ yuè　　dà jiāng dà hé　　cháng cháng de
三 山 五 岳　　大 江 大 河　　长 长 的

095

作品 17 号：

商店 沉重 道谢 温暖了许久 患病 输液
年轻 血管 青包 抱怨 平静的眼神 果然
紧张 正在 自己 幸福 是啊 将心比心 尊重
关爱 宽容和理解

作品 18 号：

晋祠之美 巍巍的 有如一道屏障 伸开的两臂
春日黄花满山，径幽香远；秋来草木萧疏，天高
水清。登山 心旷神怡 苍劲 树干劲直，树皮皱
裂 疏枝 一簇簇柔条，绿叶如盖。有的偃如老妪负水，
有的挺如壮士托天，不一而足。拔地而起 直冲云霄
信步 一泓深潭 小渠 亭中有井

作品 19 号：

水滴 毕竟 不自量力 宣称 狂妄 窃笑
沾沾自喜 鲲鹏 斥鹦 诚然 航天器 非常
简单

作品 20 号：

庄重 灯光 节奏 轻盈而矫健的步子
陡然动荡起来了 暴风雨 迅即 深远的回音

第二章 普通话语音系统基础训练

yǒng qǐ　　yā qiǎo wú shēng　　gǎn qíng　　róng zài le yī qǐ　　gāo cháo　　wǔ tái
涌 起　　鸦 雀 无 声　　感 情　　融 在 了 一 起　　高 潮　　舞 台

shēng yá
生 涯

作品 21 号：

áng rán tǐng lì　　yíng fēng ér wǔ　　ǒu rán　　shùn jiān
昂 然 挺 立　　迎 风 而 舞　　偶 然　　瞬 间

作品 22 号：

niè zú qián xíng　　xiù dào le　　shí zǐr　　shì de　　zhàn lì　　sī yǎ
蹑 足 潜 行　　嗅 到 了　　石 子 儿　　似 的　　战 栗　　嘶 哑

gǒu gāi shì duō me páng dà de guài wù a　　nàr　　niǎo ér
狗 该 是 多 么 庞 大 的 怪 物 啊！　　那 儿　　鸟 儿

作品 23 号：

hào hàn wú yín　　dūn huáng　　mò gāo kū　　kuà　　qīng bō yín xián
浩 瀚 无 垠　　敦 煌　　莫 高 窟　　挎　　轻 拨 银 弦

dǎo xuán shēn zi　　jīng juàn　　bó huà
倒 悬 身 子　　经 卷　　帛 画

作品 24 号：

hán yǎng　　nóng yàn　　xún huán　　jù fēng
涵 养　　农 谚　　循 环　　飓 风

作品 25 号：

xīn bìng　　hóng hú　　lián zǐ　　mái zài yū ní zhōng　　tiě chuí　　fèngr
心 病　　洪 湖　　莲 子　　埋 在 淤 泥 中　　铁 锤　　缝 儿

xī wàng　　cuì lǜ　　shì yǔ yuàn wéi　　hū rán　　yuán yuán de lǜ yè
希 望　　翠 绿　　事 与 愿 违　　忽 然　　圆 圆 的 绿 叶

zhēn zhèng de qí jì　　ér qiě　　jù jí　　zhǎng chéng le tíng tíng de hé yè
真 正 的 奇 迹　　而 且　　聚 集　　长 成 了 亭 亭 的 荷 叶

yí yún　　yī sǎo ér guāng　　shēng zhǎng　　zǒng suàn
疑 云　　一 扫 而 光　　生 长　　总 算

作品 26 号：

yuán shǐ shè huì　　chuàng zào　　gē yáo　　hái yào kè ya　　qī ya　　pǔ biàn
原 始 社 会　　创 造　　歌 谣　　还 要 刻 呀，　漆 呀　　普 遍

097

普通话训练与测试教程

ér qiě　　qiáo liáng　　qì hé　　xīn qíng　　xiǎng xiàng de
而且　　桥梁　　契合　　心情　　想象的

作品 27 号：

yǔ yán　　xī sōng píng cháng de shìr　　chī fàn　　píng cháng　　zěn me huí shìr
语言　　稀松平常的事儿　　吃饭　　平常　　怎么回事儿

zhè sān jiàn shìr　　qíng kuàng　　yī diǎnr　　suí jī yìng biàn　　xíng chéng
这三件事儿　　情况　　一点儿　　随机应变　　形成

yì niàn
意念

作品 28 号：

dù jià　　fēn zhōng　　sān xià wǔ chú èr　　kōng dàng dàng de　　gū jūn fèn zhàn
度假　　分钟　　三下五除二　　空荡荡的　　孤军奋战

yǎn zhēng zhēng　　jī běn shang　　xiè qì　　fǒu zé
眼睁睁　　基本上　　泄气　　否则

作品 29 号：

bàn yǐn bàn xiàn　　zhuāng jià dì lǐ de xiǎo jìng　　wān wān rào rào
半隐半现　　庄稼地里的小径　　弯弯绕绕

kāng kǎi de sā chū yī piàn sǎn jīn suì yù　　huān yíng
慷慨地撒出一片散金碎玉　　欢迎

dāo fǔ hén yóu cún de qí qū xiǎo dào　　gāo dī tū āo　　tà kōng　　hè huáng sè
刀斧痕犹存的崎岖小道　　高低凸凹　　踏空　　褐黄色

chuí xiè　　yuàn luò biān yán　　chóng dēng liáng tíng shí　　jiǎn yǐng　　zhǎn chì pū lái
垂泄　　院落边沿　　重登凉亭时　　剪影　　展翅扑来

sǎng ménr　　xiǎo yúr　　cǐ shí　　níng zhòng　　róng shí　　yī lǚ xīn de sī xù
嗓门儿　　小鱼儿　　此时　　凝重　　融蚀　　一缕新的思绪

gōu huǒ　　zào dòng gǎn　　rén yǐng chuò yuē　　rú gē sì wǔ　　jié bàn lái zhèr
篝火　　躁动感　　人影绰约　　如歌似舞　　结伴来这儿

qīng chūn nián huá
青春年华

作品 30 号：

chóng shān jùn lǐng　　shù yǐ qiān jì　　nán fāng　　jū zhù dì　　piān pì
崇山峻岭　　数以千计　　南方　　居住地　　偏僻

biān yuǎn de shān qū　　yíng lěi shì zhù zhái　　nuò mǐ fàn　　nián hé jì
边远的山区　　营垒式住宅　　糯米饭　　黏合剂

第二章　普通话语音系统基础训练

dì zhèn hàn dòng　　fēng yǔ qīn shí　　ān rán wú yàng　　chuán tǒng jiàn zhù wén huà
地 震 撼 动　　风 雨 侵 蚀　　安 然 无 恙　　传 统 建 筑 文 化

xiàng zhēng　　zhěng qí huà yī　　dài rén　　míng xiǎn　　bǐ rú　　yī mú yī yàng
象 征　　整 齐 划 一　　待 人　　明 显　　比 如　　一 模 一 样

píng děng　　zhì xù jǐng rán　　háo bù hùn luàn　　shēn hòu jiǔ yuǎn　　tā men
平 等　　秩 序 井 然　　毫 不 混 乱　　深 厚 久 远　　他 们

作品 31 号：

duì chèn de　　duī dié　　xiōng zhōng yǒu qiū hè　　mú yàng
对 称 的　　堆 叠　　胸 中 有 丘 壑　　模 样

gāo dī qū qū　　rèn qí zì rán　　nàr　　líng lóng　　qǔ dé
高 低 屈 曲　　任 其 自 然　　那 儿　　玲 珑　　取 得

作品 32 号：

wèir　　guǎ dàn　　yún cǎi sīr　　huà juàn　　shān gēnr　　jīng shí yù
味 儿　　寡 淡　　云 彩 丝 儿　　画 卷　　山 根 儿　　经 石 峪

bǎi dòng　　lòu miàn
柏 洞　　露 面

作品 33 号：

zhōng yāng　　míng xīng　　hún shēn　　duó rén xīn pò　　guāng máng　　shā qún
中 央　　明 星　　浑 身　　夺 人 心 魄　　光 芒　　纱 裙

xiān nǚ　　huǎn huǎn　　guǐ dào　　rán ér　　guǎng mào　　chéng gōng
仙 女　　缓 缓　　轨 道　　然 而　　广 袤　　成 功

作品 34 号：

xiàn zài　　yī kuài　　wēn róu hé měi lì　　ér tóng　　zhè yī diǎn a　　fēng wáng
现 在　　一 块　　温 柔 和 美 丽　　儿 童　　这 一 点 啊　　蜂 王

作品 35 号：

chū fā　　jī bàn　　wèi lái　　dà shān de wēi é　　yí hàn　　dà hǎi de hào hàn
出 发　　羁 绊　　未 来　　大 山 的 巍 峨　　遗 憾　　大 海 的 浩 瀚

dà mò de guǎng mào　　xīn qíng　　zì rán　　yī rán　　jī mǐn　　guāng róng
大 漠 的 广 袤　　心 情　　自 然　　依 然　　机 敏　　光 荣

jìng jiè　　rén shēng
境 界　　人 生

作品 36 号：

pān·shàng péng jià　　pá·shàng wū yán　　huā ér　　yī gè gè
攀　上　棚　架　　爬　上　屋　檐　　花　儿　　一　个　个
lǜ lǜ de yè　　bì lǜ　　sháo yào　　fèng xiān　　jī guān huā　　chéng qún de
绿　绿　的　叶　　碧　绿　　芍　药　　凤　仙　　鸡　冠　花　　成　群　地
fù nǚ　　qíng jǐng　　tiān gāo dì kuò　　niǎo ér
妇　女　　情　景　　天　高　地　阔　　鸟　儿

作品 37 号：

yī diǎnr　　fèng xì
一　点　儿　缝　隙

作品 38 号：

yī cì shí yàn　　héng qī shù bā　　líng dang　　chāo shēng bō　　zhàng ài wù
一　次　实　验　　横　七　竖　八　　铃　铛　　超　声　波　　障　碍　物
lèi sì　　jià shǐ yuán
类　似　　驾　驶　员

作品 39 号：

èr shí bā　　biàn liáng　　nóng mín　　xíng tài gè yì　　yōu xián　　qīng qīng chǔ chǔ
二　十　八　　汴　梁　　农　民　　形　态　各　异　　悠　闲　　清　清　楚　楚
qíng jǐng　　jǐn jí shí kè　　gǔ dū fēng mào　　shēng huó chǎng jǐng
情　景　　紧　急　时　刻　　古　都　风　貌　　生　活　场　景

作品 40 号：

yìn xiàng　　hēi hēi shòu shòu　　ruǎn tā tā　　chèn shān　　jiǎo yī dēng
印　象　　黑　黑　瘦　瘦　　软　塌　塌　　衬　衫　　脚　一　蹬
jī ròu tán xìng
肌　肉　弹　性

作品 41 号：

měi lì de dà gōng yuán　　dà mén　　cháng láng　　lǜ qī　　lán gān　　fēn chéng
美　丽　的　大　公　园　　大　门　　长　廊　　绿　漆　　栏　杆　　分　成
héng jiàn　　fēng jǐng　　xiāng tóng　　shén qīng qì shuǎng　　fó xiāng gé
横　槛　　风　景　　相　同　　神　清　气　爽　　佛　香　阁

葱郁的树丛　掩映　宫墙　碧玉　慢慢地滑过
一点儿　隐隐约约　垂柳　细细游赏

作品 42 号：

商务印书馆　而是　津津有味　上床　一知半解
文言　因此　六一国际儿童节

作品 43 号：

经书　卓尔不群　行程　千辛万苦　攀险峰
涉危涧　长江源流　行囊

作品 44 号：

笨重　篾席　时代　经验　剪碎或切断　容易　邻近
半岛　欧洲　影响

作品 45 号：

蓝宝石似的　樟脑

作品 46 号：

踟躇　偶尔

作品 47 号：

弧形　卧虹　形容　长虹卧波　《水经注》
形式多样　巧妙绝伦　而是　而且　陡坡大拱

gǒng quān　qiáo dòng　　jié gòu yún chèn
拱 圈　桥 洞　　结 构 匀 称

作品 48 号：

hǎo wánr de　nà diǎnr　chūn guāng　dí qīng le xīn zhōng de wàn lǜ
好 玩儿 的　那 点儿　春 光　涤 清 了 心 中 的 万 虑
zǎor　　yī diǎnr　　shū pù
枣 儿　一 点儿　书 铺

作品 49 号：

píng fāng mǐ　ěr shú néng xiáng　huī hàn rú yǔ　kè kǔ liàn xí　nǚ pái
平 方 米　耳 熟 能 详　挥 汗 如 雨　刻 苦 练 习　女 排
mù bù zhuǎn jīng　héng qī shù bā　yòng pǐn　yáo yáo xiāng wàng　ǒu ěr
目 不 转 睛　横 七 竖 八　用 品　遥 遥 相 望　偶 尔
céng jīng　nián qīng　fēng huá zhèng mào　yè yǐ jì rì
曾 经　年 轻　风 华 正 茂　夜 以 继 日

作品 50 号：

fén shāo　chēng wéi　èr è yīng　fú lì áng
焚 烧　称 为　二 噁 英　氟 利 昂

四、易混淆韵母综合训练

在实际教学中，我们常常发现有一些韵母容易被读错，例如撮口呼 ü、e 与 o 等。下面，我们对比一下易混淆的韵母及其例字，同时罗列这些韵母的常见代表字。

1. 撮口呼韵母与其他呼区别

yí　yǔ　nǐ　nǚ　jī　jū　qī　qū　xī　xū　xī　xū
移—雨　你—女　机—居　期—区　希—虚　西—需
lǐ　lǚ　qī　qū　bí yì　bǐ yù　fēn qī　fēn qū　bàn lǐ　bàn lǚ
里—旅　期—屈　鼻 翼—比 喻　分 期—分 区　办 理—伴 侣
míng yì　míng yù　bù jí　bù jú　róng yì　róng yù　jì jié　jù jué
名 义—名 誉　不 及—布 局　容 易—荣 誉　季 节—拒 绝
yǔ jì　yǔ jù　bàn lǐ　bàn lǚ　dé yì　dé yù　lǐ chéng　lǚ chéng
雨 季—雨 具　办 理—伴 侣　得 意—德 育　里 程—旅 程

第二章　普通话语音系统基础训练

shí jì	shì jū	xì qǔ	xù qǔ	yì cè	yù cè	shū jí	shū jú
实际	—世居	戏曲	—序曲	臆测	—预测	书籍	—书局

dà yí　dà yú
大姨—大鱼

撮口呼代表字：

jǔ	jū	jū	tàn jū	jǔ yǔ	qū chóng	qǔ chǐ	gē qǔ	xū	xū
沮	苴	狙	炭疽	龃龉	蛆虫	曲尺	歌曲	虚	墟

nǚ	lǘ	lǘ	lǚ	lǚ	lǚ	yū huí	xū/yù	yū	yú	yú	yǔ
钕	闾	桐	吕	侣	铝	迂回	吁	纡	于	盂	宇

juǎn/juàn	quān/juàn/juǎn	juàn	juàn	quán	quán	quǎn	quàn/xuàn	quán
卷	圈	倦	眷	拳	蜷	绻	券	全

quán	quán	quán	quán	quán	xuān	xuān	xuān	xuān	yuán	yán
诠	荃	辁	痊	筌	宣	萱	揎	喧	元	芫

yuán	yuán	yuǎn	juě	juē	jué	juē	xuě	xuě	nuè	nuè	yuè	yuè
园	沅	远	蹶	噘	厥	撅	雪	鳕	虐	疟	月	刖

yào	jūn	jūn	qún	qún	xūn	xūn	xūn	xūn	xùn	yūn/yùn	yùn
钥	均	钧	裙	群	熏	薰	獯	曛	殉	晕	恽

2. e 与 o

bó huà	hé yǐ	mò jì	yī kē	bó lín	è yào	mò mò	pǐn dé
帛画	—何以	墨迹	—一颗	柏林	—扼要	默默	—品德

diān bǒ	zhé shè	yā pò	gē da	guī mó	hé miáo	yuān bó	xiǎn è
颠簸	—折射	压迫	—疙瘩	规模	—禾苗	渊博	—险恶

hé gé	pò gé	tè sè	pǒ cè	dà hé	dà fó	kē pò	mó pò
合格	—破格	特色	—叵测	大河	—大佛	磕破	—磨破

3. u、o 与 uo

bō duó	bō luò	mù tou	mó pò	bō zhuó	bó ruò	mǔ chǎn	mǒ líng
剥夺	剥落	木头	磨破	剥啄	薄弱	亩产	抹零

pó suō	pò huò	mò shuǐ	mù dì	mō suǒ	mó tuō	mǔ yǔ	pào mò
婆娑	破获	墨水	墓地	摸索	摩托	母语	泡沫

mó suō	mò luò	mò rì	mù rì	fó tuó	tuò mo	luó bo	zhuō mō
摩挲	没落	末日	暮日	佛陀	唾沫	萝卜	捉摸

zhuó mò	huó fó	huó pō	luò pò	shuō pò
着墨	活佛	活泼	落魄	说破

103

4. ai 与 ei

lái diàn	léi diàn	gǎi le	gěi le	kāi wài	kāi wèi	fēn pài	fēn pèi
来电 — 雷电		改了 — 给了		开外 — 开胃		分派 — 分配	

mài zi　mèi zi
麦子 — 妹子

5. ao 与 ou

kǎo shì	kǒu shì	zǎo dào	zǒu dào	láo fáng	lóu fáng	dào zi	dòu zi
考试 — 口试		早稻 — 走道		牢房 — 楼房		稻子 — 豆子	

shāo xìn　shōu xìn
捎信 — 收信

6. ie 与 üe

qié	qué	jié	jué	xié	xué	yè	yuè
茄	瘸	节	诀	鞋	学	页	悦

xiē zi	xuē zi	jié yè	zhé xué	qiè shí	què shí	jiě jué	qīn lüè
蝎子 — 靴子		结业 — 哲学		切实 — 确实		解决 — 侵略	

xié huì	xué huì	xié yuē	què yuè	xié jiē	lüè duó	zhé dié	què qiè
协会 — 学会		协约 — 雀跃		斜街 — 掠夺		折叠 — 确切	

7. en 与 eng

前鼻音 en 韵代表字：

bēn　pēn/pèn　fèn
奔：喷　　愤

kěn　kěn
肯：啃

rén　rén/rèn　rèn　rèn
壬：任　饪　妊

rèn　rèn　rèn　rèn　rèn
刃：仞　纫　韧　轫

zhēn　zhēn　zhēn　zhēn　zhēn　zhēn
贞：侦　帧　浈　桢　祯

shēn　shēn　shēn　shēn　shēn　shěn　shēn
申：伸　呻　绅　神　审　婶

wén　wén　wén　wén　wěn　wèn
文：纹　蚊　雯　紊　汶

第二章　普通话语音系统基础训练

分：芬 纷 吩 氛 酚 汾 梦 粉 份 忿 盆
（fēn/fèn　fēn　fēn　fēn　fēn　fēn　fén　fěn　fèn　fèn　pén）

甚：斟 葚
（shèn　zhēn　shèn）

艮：根 跟 垦 恳 痕 很 狠 恨
（gěn　gēn　gēn　kěn　kěn　hén　hěn　hěn　hèn）

门：闷 们 扪 焖 闻
（mén　mèn　men　mén　mèn　wén）

深：琛
（shēn　chēn）

真：嗔 镇
（zhēn　chēn　zhèn）

枕：忱 沈 鸩
（zhěn　chén　shěn　zhèn）

辰：晨 宸 振
（chén　chén　chén　zhèn）

人：认
（rén　rèn）

参：渗
（shēn　shèn）

珍：诊 轸 疹 畛
（zhēn　zhěn　zhěn　zhěn　zhěn）

甚：椹 斟
（shèn　shèn　zhēn）

奋 沉 本 身 审 慎 笨
（fèn　chén　běn　shēn　shěn　shèn　bèn）

后鼻音 eng 韵母代表字：

朋：崩 嘣 绷 蹦 棚 鹏
（péng　bēng　bēng　bēng/běng/bèng　bèng　péng　péng）

奉：俸 捧
（fèng　fèng　pěng）

楞：愣
（léng　lèng）

成：城 诚
（chéng　chéng　chéng）

呈：逞 程 盛
（chéng　chěng　chéng　chéng）

丞：蒸 拯
（chéng　zhēng　zhěng）

105

	mèng	měng	měng	měng
孟：	猛	锰	蜢	

	héng	héng
衡：	蘅	

	shēng	shēng	shēng	shēng
生：	甥	笙	牲	

	dēng	dēng	dèng	dēng	chéng	chéng	dèng
登：	灯	瞪	蹬	橙	澄	邓	

	pēng	pēng	pēng
抨：	怦	砰	

	wēng	wěng
翁：	蓊	

	fēng	fēng	fēng	fěng
风：	枫	疯	讽	

	réng	rēng
仍：	扔	

	gēng/gèng	gěng	gěng
更：	梗	埂	

	fēng	fēng	féng	fēng	fēng	féng/fèng	péng	péng
丰：	峰	逢	烽	蜂	缝	蓬	篷	

	téng	téng	téng	téng
誊：	腾	滕	藤	

	hēng	hēng	pēng
亨：	哼	烹	

	céng/zēng	zēng	zēng	zèng	sēng
曾：	憎	增	赠	僧	

	kēng	kēng
坑：	吭	

	gèng	gěng	gěng	gěng	gěng	gěng
更：	埂	哽	绠	梗	鲠	

	zhēng/zhèng	zhēng	zhēng	zhēng/zhèng	zhěng	zhèng	chéng
正：	怔	征	症	整	政	惩	

	zhēng	zhēng/zhèng	zhēng	zhēng	zhēng	zhēng	zhēng
争：	挣	峥	狰	睁	铮	筝	

	mēng/méng/měng	méng	méng	méng	méng
蒙：	朦	礞	艋	檬	

	mèng	měng	měng	měng	měng	měng
孟：	锰	勐	猛	蜢	艋	

	péng	péng	péng	péng
彭：	膨	澎	蟛	

chéng/shèng	fēng	dēng	bèng	shēng	shéng	fēng	gēng	gēng
乘	风	登	蹦	声	绳	封	庚	赓

8. en 和 eng

shěn shì	shēn míng	cháng zhēn
审视—省时	申明—声名	长针—长征
qīng zhēn qīng zhēng	sān gēn sān gēng	zhěn duàn zhēng duān
清真—清蒸	三根—三更	诊断—争端
huā pén huā péng	fēn fù fēng fù	ēn rén méng fā
花盆—花棚	吩咐—丰富	恩人—萌发
gēn běn gèng lěng	fěn cì fěng cì	shēn zhèn shěng chéng
根本—更冷	粉刺—讽刺	深圳—省城
zhèn yā zhèng míng	tóng mén tóng méng	shěn shì shěng shì
镇压—证明	同门—同盟	审视—省事
zhēn lǐ zhēng lǐ	chén mèn fēng zheng	zhèn fèn shēng chéng
真理—争理	沉闷—风筝	振奋—生成
běn fèn fēng shēng	chén fēng chéng fēng	fěn zǐ fēng zī
本分—风声	尘封—乘风	粉紫—风姿
jūn rén néng liàng	qiū fēn qiū fēng	hěn xīn gòu chéng
军人—能量	秋分—秋风	很新—构成
zhēn zhì zhèng zhì	rén shēn rén shēng	zhēn qì zhěng qí
真挚—政治	人身—人生	真气—整齐
guà fěn guā fēng	zhēn guì zēng jiā	
挂粉—刮风	珍贵—增加	

9. un 和 en、eng

kūn	lún	hùn	dùn	zhūn	wēn	shùn	chūn	wēn	kùn	dùn	wēng	wèng
昆	仑	混	沌	谆	温	顺	春	温	困	盹	嗡	瓮

10. ün 和 iong

jūn xùn	jūn yún	xún huán	yǔn xǔ	qún xún
军训	均匀	循环	允许	群寻

jiǒng jiǒng	xióng xióng	xióng	yǒng	xiōng
炯炯	熊熊	雄	踊	凶

11. in 和 ing

qīn shēng qīng shēng	qín jìn qīng jìng	xìn fú xìng fú
亲生—轻声	秦晋—清净	信服—幸福

普通话训练与测试教程

pīn yīn　qīng tíng　　　hǎi bīn　hǎi bīng　　　bù jǐn　bù jǐng
拼音—蜻蜓　　　　海滨—海兵　　　　不仅—布景

qīn jìn　qīng yíng　　　jìn sài　jìng sài　　　lái bīn　lái bīng
亲近—轻盈　　　　禁赛—竞赛　　　　来宾—来兵

jīn yín　níng jìng　　　rén mín　rén míng　　　jīn bào　jìng bào
金银—宁静　　　　人民—人名　　　　金豹—劲爆

hóng xīn　hóng xīng　　xīn qín　xīn qíng　　　jìn zhí　jìng zhǐ
红心—红星　　　　辛勤—心情　　　　尽职—静止

pīn pán　píng pán　　　jīn tiān　jǐng tián　　　mín gē　míng é
拼盘—平盘　　　　今天—井田　　　　民歌—名额

pín hán　tǐng bá　　　　qīn xìn　líng xíng　　　qīn qiè　mó xíng
贫寒—挺拔　　　　亲信—菱形　　　　亲切—模型

pín lǜ　jīng fèi　　　　lái lín　mìng lìng　　　guì bīn　píng yuán
频率—经费　　　　来临—命令　　　　贵宾—平原

bīn lín　qíng cāo
濒临—情操

前鼻音 in 韵母代表字：

　　bīn　bīn　bīn　bīn　bīn　bìn　bìn　pín
宾：傧　滨　缤　镔　殡　鬓　嫔

　　jīn　jǐn　qīn
金：锦　钦

　　yīn　yīn　xīn
音：喑　歆

　　jìn　jìn　qín　xīn　xīn　xīn
近：靳　芹　昕　新　欣

　　jīn　jīn　qín　yín
今：矜　琴　吟

　　jìn　jìn
晋：缙

　　lín　bīn　lín　lín　lín　fén
林：彬　淋　琳　霖　焚

　　lín　lín　lín　lín　lín
嶙：粼　遴　辚　麟　鳞

　　mín　mín　mín　mǐn　mǐn
民：岷　珉　抿　泯

　　pín　pín　bīn
频：颦　濒

　　qín　qín　qín
禽：擒　噙

第二章 普通话语音系统基础训练

辛：<ruby>锌<rt>xīn</rt></ruby>

阴：<ruby>荫<rt>yīn</rt></ruby>

谨：<ruby>僅<rt>jǐn</rt></ruby> <ruby>勤<rt>jǐn</rt></ruby> <ruby>鄞<rt>qín</rt></ruby> <ruby>瑾<rt>yín</rt></ruby> <ruby>槿<rt>jǐn</rt></ruby>

因：<ruby>茵<rt>yīn</rt></ruby> <ruby>铟<rt>yīn</rt></ruby> <ruby>姻<rt>yīn</rt></ruby>

银：<ruby>垠<rt>yín</rt></ruby> <ruby>龈<rt>yín</rt></ruby>

凛：<ruby>廪<rt>lǐn</rt></ruby> <ruby>檩<rt>lǐn</rt></ruby>

亲：<ruby>新<rt>xīn</rt></ruby> <ruby>薪<rt>xīn</rt></ruby>

尽：<ruby>赆<rt>jǐn/jìn</rt></ruby> <ruby>烬<rt>jìn</rt></ruby>

侵：<ruby>寝<rt>qǐn</rt></ruby> <ruby>浸<rt>jìn</rt></ruby>

秦：<ruby>蓁<rt>qín</rt></ruby> <ruby>嗪<rt>qín</rt></ruby> <ruby>溱<rt>qín</rt></ruby>

寅 信 钦 琴 引 尹

后鼻音 ing 韵母代表字：

并：<ruby>屏<rt>bīng</rt></ruby> <ruby>饼<rt>bīng/bǐng</rt></ruby> <ruby>瓶<rt>bǐng</rt></ruby> <ruby><rt>píng</rt></ruby>

丁：<ruby>叮<rt>dīng</rt></ruby> <ruby>仃<rt>dīng</rt></ruby> <ruby>钉<rt>dīng</rt></ruby> <ruby>盯<rt>dīng</rt></ruby> <ruby>顶<rt>dīng</rt></ruby> <ruby>酊<rt>dīng</rt></ruby> <ruby>订<rt>dīng/dìng</rt></ruby> <ruby>厅<rt>dìng</rt></ruby> <ruby>汀<rt>tīng</rt></ruby>

京：<ruby>惊<rt>jīng</rt></ruby> <ruby>鲸<rt>jīng</rt></ruby> <ruby>景<rt>jīng</rt></ruby> <ruby>憬<rt>jǐng</rt></ruby> <ruby>影<rt>jǐng</rt></ruby> <ruby>黥<rt>yǐng</rt></ruby> <ruby><rt>qíng</rt></ruby>

令：<ruby>伶<rt>lìng</rt></ruby> <ruby>泠<rt>líng</rt></ruby> <ruby>苓<rt>líng</rt></ruby> <ruby>聆<rt>líng</rt></ruby> <ruby>零<rt>líng</rt></ruby> <ruby>龄<rt>líng</rt></ruby> <ruby>岭<rt>líng</rt></ruby>

名：<ruby>茗<rt>míng</rt></ruby> <ruby>铭<rt>míng</rt></ruby> <ruby>酩<rt>míng</rt></ruby>

宁：<ruby>拧<rt>níng/nìng</rt></ruby> <ruby>咛<rt>nǐng</rt></ruby> <ruby>柠<rt>níng</rt></ruby> <ruby>狞<rt>níng</rt></ruby> <ruby>泞<rt>níng</rt></ruby>

平：<ruby>评<rt>píng</rt></ruby> <ruby>苹<rt>píng</rt></ruby> <ruby>坪<rt>píng</rt></ruby> <ruby>枰<rt>píng</rt></ruby> <ruby>萍<rt>píng</rt></ruby>

青：<ruby>清<rt>qīng</rt></ruby> <ruby>蜻<rt>qīng</rt></ruby> <ruby>鲭<rt>qīng</rt></ruby> <ruby>请<rt>qǐng</rt></ruby> <ruby>靖<rt>jìng</rt></ruby> <ruby>静<rt>jìng</rt></ruby> <ruby>菁<rt>jīng</rt></ruby> <ruby>精<rt>jīng</rt></ruby> <ruby>情<rt>qíng</rt></ruby>

109

廷：	庭 tíng	蜓 tíng	霆 tíng	挺 tǐng	铤 tǐng/dìng	艇 tǐng	
星：	惺 xīng	猩 xīng	醒 xīng	性 xìng	姓 xìng		
营：	莺 yīng	荥 yíng	莹 yíng	萦 yíng	潆 yíng	萤 yíng	荥 xíng
兵：	槟 bīn/bīng						
丙：	柄 bǐng	病 bìng					
定：	碇 dìng	锭 dìng	腚 dìng				
经：	胫 jìng	颈 jǐng					
境：	镜 jìng						
冥：	溟 míng	瞑 míng	螟 míng				
亭：	停 tíng	婷 tíng	葶 tíng				
磬：	罄 qìng						
幸：	悻 xìng						
婴：	璎 yīng	嘤 yīng	鹦 yīng	樱 yīng	缨 yīng		
鹰：	膺 yīng						
菱：	凌 líng	陵 líng	绫 líng				
英：	瑛 yīng	锳 yīng					
庆 qìng	兵 bīng	领 lǐng	定 dìng				

12. ün 的读音

寻：	荨 xún	浔 xún/qián	鲟 xún			
云：	耘 yún	芸 yún	运 yùn	酝 yùn	魂 hún	

第二章　普通话语音系统基础训练

```
        yún    yún    jūn/yún   jūn   jūn
匀：    昀     筠       钧      均
        yǔn    yǔn
允：    狁
        xùn    xùn    xùn
讯：    迅     汛
        jūn    hún    hūn    hùn    yūn/yùn   yùn
军：    浑     荤     诨     晕      恽
        xún    xún    xún    xún    xún
旬：    洵     荀     峋     询
        jūn    jùn    jùn    qún    qún
君：    郡     捃     裙     群
        qūn    jūn/jùn
困：    菌
        jùn    jùn    jùn    jùn/xùn   jùn    qūn
俊：    峻     竣     浚     骏       逡
        xūn/xùn   xūn    xūn    xūn
熏：    薰       曛     醺
        xùn    yǔn    sǔn
巽：    陨     笋
        cān jīn     cān jūn    xīn zhì    xūn zhì    bái yín    bái yún
        餐 巾 — 参 军    心 智 — 熏 制    白 银 — 白 云
```

13. an 和 ang

```
         ān    zàn    rán    mǎn    hán    shān    gān/gàn    sǎn    lán    kān    bàn
an：     安    赞     然     满     寒     山      干          伞     蓝     勘     办
         tàn   dān/shàn   zhǎn    lǎn    shàn    fàn    làn
         探    单         展      览     善      泛     滥
         yān   qián   jiǎn   yǎn   jiān   jiǎn   liàn   nián   xiàn   piān/piàn   miàn
ian：    烟    前     减     眼    兼     简     练     年     限     片          面
         diàn   niàn   jiàn   diàn   biān
         恬     念     建     店     编
         mǎng   láng   háng   dāng/dàng   shāng   zàng   sāng   gāng   āng   zāng
ang：    莽     狼     航     当           商      葬     桑     刚     肮    脏
         áng    yáng   chǎng   fáng   dǎng   zhāng
         昂     扬     厂      房     党     章
         qiáng/qiǎng/jiàng
iang：   强
         guàn   chuān   zhuǎn/zhuàn   kuǎn   huán   zhuàn   wǎn   huàn   guān
uan：    贯     穿      转             款     还     赚      婉    宦     官
```

111

普通话训练与测试教程

　　　　　　shuān　huán　guān　ruǎn
　　　　　　拴　　环　　关　　软

　　　　　zhuàng　kuàng　shuāng　huáng　chuāng　kuàng　chuáng　zhuàng
uang：状　　况　　　双　　　簧　　　窗　　　框　　　闯　　　撞

　　　　　huáng　zhuāng
　　　　　黄　　　庄

　　　　yuān　quán　juǎn/juàn　yuǎn　juān　xuān　quǎn　xuán　juān
üan：冤　　全　　　卷　　　远　　娟　　轩　　犬　　悬　　鹃

an 和 ang，ian 和 iang，uan 和 uang：

bàn suí　bāng máng 伴随—帮忙	làn màn　làng màn 烂漫—浪漫	quán jú　áng guì 全局—昂贵
pí jiàn　pí juàn 皮件—疲倦	qiān wǎ　kuàng gōng 千瓦—旷工	xīn fán　xīn fáng 心烦—新房
qiān guà　shàng céng 牵挂—上层	qián xiàn　quán xiàn 前线—全线	zàn sòng　zàng sòng 赞颂—葬送
qiǎn xiǎn　guǎng chǎng 浅显—广场	xiān qián　xuān chuán 先前—宣传	bān shǒu　bāng shǒu 扳手—帮手
nǚ lán　nǚ láng 女篮—女郎	yī qiān　yī quān 一千—一圈	miàn lín　shǎng shēng 面临—上声
qián tou　quán tóu 前头—拳头	xián liáng　xuán liáng 贤良—悬梁	shuǐ gān　shuǐ gāng 水干—水缸
rǎn rǎn　rāng rang 冉冉—嚷嚷	shuāng huán　shuāng huáng 双环—双簧	dǎn liàng　dāng liàng 胆量—当量
piàn kè　fǎn xiào 片刻—返校	kǎn jià　kāng jiā 砍价—康佳	fǎn wèn　fǎng wèn 反问—访问
zhàn fàng　zhàng fáng 绽放—账房	shān guāng　shǎng guāng 删光—赏光	qián shuǐ　quán shuǐ 潜水—泉水
yóu yān　yóu yuán 油烟—游园	kāi fàn　kāi fàng 开饭—开放	zhēn tàn　zhēn tàng 侦探—真烫
cài tān　cài tāng 菜摊—菜汤	hán tiān　háng tiān 寒天—航天	qiáo xiāng　páng tīng 侨乡—旁听
qián cái　quán cái 钱财—全才	zhuān jiā　zhuāng jiā 专家—庄家	chē chuán　chē chuáng 车船—车床
xīn xiān　xīn xiāng 新鲜—新乡	shǒu qiān　shǒu qiāng 手牵—手枪	xiǎo xiàn　xiǎng xiàng 小县—想象
qián kūn　xiàng zhēng 乾坤—象征	guān mín　guāng míng 官民—光明	quán tào　qiáng dù 全套—强度

14. un 区别练习

chún zhēn　tuán yuán　　　cūn zhèn　bái yún　　　hūn chén　tàn xún
纯 真 — 团 员　　　村 镇 — 白 云　　　昏 沉 — 探 寻

lùn wén　yīn yùn　　　fēn rùn　jūn yún　　　chén lún　xìng yùn
论 文 — 音 韵　　　分 润 — 均 匀　　　沉 沦 — 幸 运

chén hūn　jūn xùn　　　wēn shùn　yīng jùn　　　wēn cún　zūn xún
晨 昏 — 军 训　　　温 顺 — 英 俊　　　温 存 — 遵 循

chūn fēn　rén lún　　　shùn dào　xùn dǎo　　　shuǐ wén　shuǐ yùn
春 分 — 人 伦　　　顺 道 — 训 导　　　水 文 — 水 运

un 的韵母代表字：

chūn　chūn　chǔn
春：椿　蠢

wén　wén/wèn　wén　wén
文：纹　蚊　雯

chún　chún
纯：莼

tún　dǔn　dùn　dùn　dùn/tún　dùn　dùn　tún　zhūn
屯：盹　沌　炖　囤　钝　顿　饨　豚　肫

chún　chún　chún
淳：鹑　醇

cùn　cǔn
寸：忖

dùn　xún　dùn
盾：循　遁

gǔn　gǔn
滚：衮

gùn　gǔn
棍：辊

hūn　hūn　hūn
昏：婚　阍

hún/hùn　hún　hún　kūn　kūn　kūn
混：馄　魂　昆　琨　鲲

kùn　kǔn
困：捆

lún　lūn　lùn　lún　lún　lún
仑：抡　论　伦　纶　轮

113

閏：润

rùn　rùn

舜：瞬

shùn　shùn

孙：狲　荪

sūn　sūn　sūn

隼：榫

sǔn　sǔn

尊：遵　樽　鳟

zūn　zūn　zūn　zūn

温：瘟

wēn　wēn

存

cún

15. un 和 ong

乡村—香葱　　春分—充分　　轮子—笼子

xiāng cūn　xiāng cōng　　chūn fēn　chōng fèn　　lún zi　lóng zi

飞轮—飞龙

fēi lún　fēi lóng

16. ün 和 iong

公允—共用　　勋章—胸章　　人群—人穷

gōng yǔn　gòng yòng　　xūn zhāng　xiōng zhāng　　rén qún　rén qióng

军装—窘状

jūn zhuāng　jiǒng zhuàng

第四节　声调训练

一、普通话的声调分析

　　一个汉字对应一个音节，汉语普通话的音节都具备声调，声调区别意义，这是汉藏语系的突出特点。声调主要表现为音高的高低起伏变化。声调包括三个方面：调值、调型、调类。调值指声调高低升降的变化，调型指声调变化的模式，调类指语言中所有调值的分类。

普通话共有四个声调：阴平、阳平、上声和去声。轻声是声调的变体。

阴平（一声）：调型是高平调，调值是 55。如天、芳、高、中。有一些方言将调值 55 念成调值 44 或 33，这是不对的。

阳平（二声）：调型是上升调，调值是 35。如国、学、们、陈。

上声（三声）：调型是曲折调，调值为 214。如米、把、胆、有。先下降后上升，声调的升降都要到位。不过最新的普通话测试标准修订为上声"也可以读成［213］或［212］"，这是因为目前北京话上声的上扬部分不稳定，常常升不到应有的高度，大多念成 213 或 212。上声起点跨度较大，终点跨度最大，而终点的大跨度分布表明终点的高低对于声调区分作用不大。

去声（四声）：调型是降调，调值为 51。如教、室、道、易。在普通话学习中，声调常常容易下降不到位。

我们一般采取赵元任的五度标调法表示声调的高低变化。右侧以垂直的参照线作坐标分为低、半低、中、半高、高五段，对应 1、2、3、4、5 五度，左侧标出音高曲线，右侧标出调值。

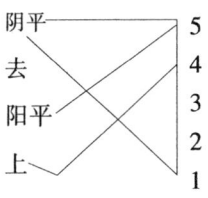

图 2　五度标调法

声调调值是相对的，男女发音调域不同，成人和儿童调值也不同。调值还会在语流中随着语境改变。

阴平调（一声）：

piē	dūn	bā	pō	māo	kuī	tī	kāi	gū	jī	shēn	shā	chōng
瞥	墩	捌	颇	猫	亏	踢	揩	姑	鸡	申	沙	充

nī	tuō
妮	拖

阳平调（二声）：

zhá	bá	é	ná	sháo	chá	kuí	fá	dí	mián	bái	zé	chún
闸	拔	俄	拿	勺	茶	葵	伐	笛	绵	白	则	醇

lín　chán
邻　　缠

上声调（三声）：

mǎ　xiǎng　shǎ　shǒu　yǎ　lǚ　chǔn　lǐ　miǎo　hǎi　tǒng　xiǔ
马　享　　傻　　手　雅　缕　蠢　　礼　秒　　海　捅　　朽

měng　wǔ
猛　　午

去声调（四声）：

lòu　duàn　cè　chì　hào　ròu　pàn　hàn　rùn　qù　shà　shào　zhào
漏　缎　　册　斥　耗　　肉　判　　汉　　润　去　霎　　绍　　照

shào　lüè
哨　　略

二、普通话的声调练习

qī liáng	qì liàng	tiān kōng	tián kòng	shān hú	shān hé
凄凉	气量	天空	填空	珊瑚	山河
kān tàn	shí jiān	shǐ jiàn	má huā	ní kēng	guān jiàn
勘探	时间	始见	麻花	泥坑	关键
guǎn jiàn	páng biān	dú pǐn	cái pàn	jì jū	jí jù
管见	旁边	毒品	裁判	寄居	急剧
cháng jiàn	hǎi bīn	wǎng rì	mù lù	wài yǔ	tián yě
常见	海滨	往日	目录	外语	田野
làng màn	kǒu qiāng	guǒ shí	hǎi bá	jīng huá	jìng huà
浪漫	口腔	果实	海拔	精华	净化
jiàn bié	gè rén	jiào yǎng	hào qí	lǎo jiā	láo jià
鉴别	个人	教养	好奇	老家	劳驾
pǐn zhì	tǎo lùn	bó wèi	rù kǒu	nài lì	zhěng jié
品质	讨论	泊位	入口	耐力	整洁
nà shì	dāng jú	hàn zāi	hán xuān	kàng jī	kè guān
那是	当局	旱灾	寒暄	抗击	客观
wú shì	wù shí	tān zi	tán zi	míng zhì	míng zhī
无视	务实	摊子	坛子	明智	明知
tǐ cái	tí cái	dá yì	dà yí	jìn qū	jìn qǔ
体裁	题材	达意	大姨	禁区	进取

第二章 普通话语音系统基础训练

zhù yì	gēng gǎi	gěng gài	jí guàn	jū jiā	jǔ jià
注 意	更 改	梗 概	籍 贯	居 家	举 架

jī guān	lián xì	lián xī	féi cháng	fēi cháng	chéng bāo
机 关	联 系	怜 惜	肥 肠	非 常	承 包

chéng bǎo	àn hào	ān hǎo	bǐ yù	bì yù	xiāng jiāo
城 堡	暗 号	安 好	比 喻	碧 玉	香 蕉

xiàng jiāo	zhū zi	zhú zi	bǎi nián	bài nián	yǐn zi
橡 胶	珠 子	竹 子	百 年	拜 年	引 子

yìn zi	hé shuǐ	hē shuǐ	bēi guān	yuán zé	tǒng tǒng
印 子	河 水	喝 水	悲 观	原 则	统 统

xià kè	fēi tiān	hóng qí	jǐn guǎn	xùn liàn	fēn fā
下 课	飞 天	红 旗	尽 管	训 练	分 发

dí rén	xiǎo zǔ	àn dàn	pān dēng	péng bó	bǎ shou
敌 人	小 组	暗 淡	攀 登	蓬 勃	把 手

bài huài	shāng biāo	qián tú	tuǐ jiǎo	duì lì	shī gōng
败 坏	商 标	前 途	腿 脚	对 立	施 工

mín zú	xǐ shǒu	qìng zhù	xiāo yān	qí quán	xǔ jiǔ
民 族	洗 手	庆 祝	硝 烟	齐 全	许 久

shè huì	zhēng bīng	qín láo	xuǎn jǔ	shì yè	zhēn xī
社 会	征 兵	勤 劳	选 举	事 业	珍 惜

xún huán	lǐ xiǎng	yì shù	xī shōu	nóng lín	chǔ lǐ
循 环	理 想	艺 术	吸 收	农 林	处 理

jiè shào	bō xuē	zhé xué	xuè yè	tí zi	tī zi
介 绍	剥 削	哲 学	血 液	蹄 子	梯 子

tǎn zi	tàn zi	jǐ shí	jì shí	guǎn lǐ	guàn lì
毯 子	探 子	几 时	计 时	管 理	惯 例

dé tiān dú hòu	jū ān sī wēi	qīng ér yì jǔ	hán hú qí cí
得 天 独 厚	居 安 思 危	轻 而 易 举	含 糊 其 辞

qǐ yǒu cǐ lǐ	fāng xīng wèi ài	qì zhuàng shān hé	sī kōng jiàn guàn
岂 有 此 理	方 兴 未 艾	气 壮 山 河	司 空 见 惯

shēn móu yuǎn lǜ	yán nián yì shòu	bīng qiáng mǎ zhuàng	fēng tiáo yǔ shùn
深 谋 远 虑	延 年 益 寿	兵 强 马 壮	风 调 雨 顺

fēng chí diàn chè	nòng qiǎo chéng zhuō	wén cóng zì shùn	sān huáng wǔ dì
风 驰 电 掣	弄 巧 成 拙	文 从 字 顺	三 皇 五 帝

mù gǔ chén zhōng	céng chū bù qióng	zhuān xīn zhì zhì	xīn cháo péng pài
暮 鼓 晨 钟	层 出 不 穷	专 心 致 志	心 潮 澎 湃

lóng fēi fèng wǔ	hàn liú jiā bèi	fù tāng dǎo huǒ	zì lì gēng shēng
龙 飞 凤 舞	汗 流 浃 背	赴 汤 蹈 火	自 力 更 生

bì lěi sēn yán	yī mù liǎo rán	rú shì zhòng fù	chuān liú bù xī
壁 垒 森 严	一 目 了 然	如 释 重 负	川 流 不 息

117

课后作业4：普通话声调练习——绕口令

1. 一二三四五，上山找老虎，老虎找不到，找到小松鼠。松鼠有几只？让我数一数，数来又数去，一二三四五。

2. 男演员穿蓝制服，女演员穿棉制服，蓝制服是棉制服，棉制服是蓝制服。男演员穿蓝棉制服，女演员穿棉蓝制服。

3. 黄猫毛短戴长毛帽，花猫毛长戴短毛帽，不知短毛猫的长毛帽比长毛猫的短毛帽好，还是长毛猫的短毛帽比短毛猫的长毛帽好。

4. 王婆卖瓜又卖花，一边卖来一边夸，又夸花，又夸瓜，夸瓜大，大夸花，瓜大夸瓜，花大夸花，王婆夸瓜又夸花。

5. 齐小喜与戚小七是亲戚。戚小七是戏迷向齐小喜学戏。齐小喜要戚小七虚心学戏，细心学习，戚小七立雄心表决心学戏有信心。

6. 任命是任命，人名是人名，任命人名不能错，错了人名就下错了任命。

7. 一颗星，孤零零，两颗星，放光明。三四五六许多星，照得满天亮晶晶。

8. 打南边来了个白胡子老头，手里头拄着根白拐棒棍。

9. 白庙和白猫，白庙外蹲着一只白猫，白庙里有一顶白帽，白庙外的白猫看见了白帽，叼着白庙里的白帽跑出了白庙。

10. 安二哥家一群鹅，二哥放鹅爱唱歌。鹅有二哥不挨饿，没有二哥鹅挨饿，大鹅、小鹅伸长脖儿"嗷嗷喔喔"找二哥。

三、《普通话水平测试用普通话词语表》与《普通话水平测试用朗读作品》重点声调训练

《普通话水平测试用普通话词语表》重点声调训练

ài ren	bái tiān	bāo fu	bāo zǐ	bào fù	bèi zi
爱人	白天	包袱	孢子	报复	被子

第二章 普通话语音系统基础训练

běn shi/shì	bǐ jiào	biàn gé	bié rén	bìng rén	bō li
本事	比较	变革	别人	病人	玻璃
bō zhǒng/zhòng	bù dàng	bù fen	cān móu	cāng ying	chà bu duō
播种	不当	部分	参谋	苍蝇	差不多
chē zi	chén jī	chēng hu	chéng shí	chéng jī	chéng kè
车子	沉积	称呼	诚实	乘机	乘客
chóng fù	chū qù	chǔ jìng	chǔ yú	cì jī	cōng míng
重复	出去	处境	处于	刺激	聪明
cuò zhé	dǎ ban	dǎ liang	dǎ suàn	dà rén	dào lǐ
挫折	打扮	打量	打算	大人	道理
dǐ xia	dì xià	duì wu	duì fu	duì bu qǐ	duō me
底下	地下	队伍	对付	对不起	多么
duō shǎo	fǎn zhèng	fù qīn	gān jìng	gǎn jī	gào su
多少	反正	父亲	干净	感激	告诉
gē da	gōng rén	gōng píng	gù zhí	gū niang	guī ju
疙瘩	工人	公平	固执	姑娘	规矩
guò lái	hòu miàn	huó pō	jī huì	jī qì	jì de
过来	后面	活泼	机会	机器	记得
jiā huo	jiā jù	jiǎng jiū	jiē shi	jué de	kàn jiàn
家伙	家具	讲究	结实	觉得	看见
ké sou	kè qi	kè rén	kǒu dai	kuài huo	kùn nan
咳嗽	客气	客人	口袋	快活	困难
lǎ ba	lǎo po	lǎo rén jiā	lì liàng	luó jí	mǎ tóu
喇叭	老婆	老人家	力量	逻辑	码头
méi yǒu	míng zi	míng bai	mó hu	mǔ qīn	nà lǐ
没有	名字	明白	模糊	母亲	那里
nǐ men	niàn tou	nǚ xù	pèi fu	qī zǐ/zi	qì fēn
你们	念头	女婿	佩服	妻子	气氛
qǐ lái	qián miàn	qīng chu	qíng xù	quán tou	rè nao
起来	前面	清楚	情绪	拳头	热闹
rén men	rèn wù	shě bu de	shì qing	shū jì	shú xi
人们	任务	舍不得	事情	书记	熟悉
tā men	tài dù	tài yáng	tè wu	tòng kuài	wài biān
他们	态度	太阳	特务	痛快	外边
wài miàn	wǎn shang	wěi qu	wèi zhi	wén zi	xī guā
外面	晚上	委屈	位置	蚊子	西瓜
xí fu	xǐ huan	xiān sheng	xiǎn de	xiāng xia	xiāo xi
媳妇	喜欢	先生	显得	乡下	消息
xiǎo dé	xiào hua	xiè xie	xīn lǐ	xíng li	xué sheng
晓得	笑话	谢谢	心里	行李	学生

119

普通话训练与测试教程

xué wen	yǎn jing	yáo huàng	yī fu	yī shang	yǐ jīng
学问	眼睛	摇晃	衣服	衣裳	已经

zhào piàn	bǔ ding	bù de liǎo	bù yóu de	cái zhu	cái feng
照片	补丁	不得了	不由得	财主	裁缝

gào shi	jiē zhòng	jiē gǎn	jiē fang	jiè zhi	jǐn zǎo
告示	接种	秸秆	街坊	戒指	尽早

mí wǎng	pū kè
迷惘	扑克

《普通话水平测试用朗读作品》重点声调训练

作品 1 号：

guī ju	chà·bù duō	shí hou	jiǎo zi	chān huo
规矩	差不多	时候	饺子	掺和

hái zi men	fēng zheng	huān xǐ	shén me de
孩子们	风筝	欢喜	什么的

作品 2 号：

pàn wàng zhe	lái le	yī qiè	yàng zi	yuán zi	fēng zheng	shū huó
盼望着	来了	一切	样子	园子	风筝	舒活

dǒu sǒu	tā men
抖擞	他们

作品 3 号：

gào su	rì zi	wèi shén me	zǎo shang
告诉	日子	为什么	早上

作品 4 号：

yī dàn	dīng zi	qí shí	zhī dào	gào su	bù duàn	xiǎo shí	zài yú
一旦	钉子	其实	知道	告诉	不断	小时	在于

作品 5 号：

qù guo	bǐ rú
去过	比如

作品 6 号：

yàn zi	yè zi	fēng xuě zài tú	gǔ zi	zhī shi
燕子	叶子	风雪载途	谷子	知识

作品 7 号：

gào su
告 诉

作品 8 号：

zhè shí hou　　pí·pa
这 时 候　　琵 琶

作品 9 号：

chú le
除 了

作品 10 号：

wǒ zhù de dì fang　　yě rèn de yī xiē xīng xing　　wǒ de péng you　　zài hǎi·shàng
我 住 的 地 方　　也 认 得 一 些 星 星　　我 的 朋 友　　在 海 上

wǒ de yǎn jing mó hu le　　rèn shi de xīng　　jué de zì jǐ shì yī gè xiǎo hái
我 的 眼 睛 模 糊 了　　认 识 的 星　　觉 得 自 己 是 一 个 小 孩

kàn qīng chu le
看 清 楚 了

作品 11 号：

děng zhe　　pàn zhe
等 着，盼 着

作品 12 号：

yuán zi　　jiǎo dǐ·xia　　yè zi　　yī dìng　　kě yǐ
园 子　　脚 底 下　　叶 子　　一 定　　可 以

作品 13 号：

yīn wèi tā shì huó dòng de　　měi dāng yī pái pái bō làng yǒng qǐ de shí hou
因 为 它 是 活 动 的　　每 当 一 排 排 波 浪 涌 起 的 时 候

yǒng le guò·lái　　shēn hóng de yán sè biàn chéng le fēi hóng　　fēi hóng yòu biàn
涌 了 过 来　　深 红 的 颜 色 变 成 了 绯 红，绯 红 又 变

wéi qiǎn hóng
为 浅 红

yóu qí shì wéi rào zài hǎi gǎng zhōu wéi shān pō·shàng de nà yī piàn dēng guāng
尤其是围绕在海港周围山坡上的那一片灯光

xīng dǒu　　hùn hé
星斗　　混合

作品 14 号：

wǒ men　zhī dào　bǐ jiào xiǎo　yáng guāng suī rán wéi shēng mìng suǒ bì xū
我们　知道　比较小　阳光虽然为生命所必需

作品 15 号：

tā men
它们

作品 16 号：

shú xi　guān xi　pō yǒu yì si　lián zhe
熟悉　关系　颇有意思　连着

作品 17 号：

nǎi nai　qián miàn　ā yí　sōng kāi shǒu　shí hou　mā ma
奶奶　前面　阿姨　松开手　时候　妈妈

chā·bù duō　hù shi　mǔ qīn
差不多　护士　母亲

作品 18 号：

shén me shí hou
什么时候

作品 19 号：

rén men　bù fen　nà me　kàn zhe　mǔ qīn　kě shì　zhī shi　duì yú
人们　部分　那么　看着　母亲　可是　知识　对于

作品 20 号：

pāi zi　jiàn jiàn
拍子　渐渐

第二章　普通话语音系统基础训练

作品 21 号：

rén men　qīn qiè hé shú xi　wéi zhī gǎn shòu hěn shēn de Táng Zhāo tí Sì
人们　亲切和熟悉　为之感受很深的唐招提寺

dōng xi　yǒu yì　léi léi　rì zi　péng you　yòng de zháo
东西　友谊　累累　日子　朋友　用得着

作品 22 号：

shén me yě wù　bái huà shù
什么野物　白桦树

作品 23 号：

pú sà　pí pa
菩萨　琵琶

作品 24 号：

yīn wèi
因为

作品 25 号：

dú dú　jué de　shén me dōng xi　dì fang
独独　觉得　什么东西　地方

作品 26 号：

dōng xi　wén yì　gǎo zi　jí hé tǐ　bù dàn　mù dì
东西　文艺　稿子　集合体　不但　目的

作品 27 号：

zǐ xì xiǎng xiang　shí zài　zhè me　pèi fú　rén men　jù tǐ
仔细想想　实在　这么　佩服　人们　具体

hēi xīng xing
黑猩猩

作品 28 号：

fù qīn　xǐ huan　wǒ men liǎ　shén me dì fang　bàn tiān
父亲　喜欢　我们俩　什么地方　半天

123

作品 29 号：

　xǐ zǎo　xiǎo xiǎo de　mó gu　lí ba　lè qù
　洗澡　小小的　蘑菇　篱笆　乐趣

作品 30 号：

　tā men
　他们

作品 31 号：

　zěn me　tíng zi　wèi shén me　yòng tú huà lái bǐ fang　zài hu
　怎么　亭子　为什么　用图画来比方　在乎

　jiàng shī men　jué de　shí tou
　匠师们　觉得　石头

作品 32 号：

　shān tóu　zhè zhǒng xiǎng tou　Dài zōng fāng　Dòu mǔ gōng　zhèr
　山头　这种想头　岱宗坊　斗母宫　这儿

　yī juàn lì shǐ gǎo běn
　一卷历史稿本

作品 33 号：

　zhī shi　wèi lán sè　hǎi shuǐ　nà me qīng róu　wán quán
　知识　蔚蓝色　海水　那么轻柔　完全

作品 34 号：

　shí hou　xiān sheng　huí xiǎng qǐ lai　wǒ men　jǐn jǐn　yì si　hái zi men
　时候　先生　回想起来　我们　仅仅　意思　孩子们

　xǐ huan　nǚ péng you　zěn me
　喜欢　女朋友　怎么

作品 35 号：

　xǐ huan　dì fang　kǎn kě　yú shì　yǒng gǎn
　喜欢　地方　坎坷　于是　勇敢

第二章　普通话语音系统基础训练

作品 36 号：

shí hou　chèn zhe　yā zi　zǒu zou　nà me
时候　衬着　鸭子　走走　那么

作品 37 号：

wǒ men de chuán　péng you　yǎn jing　dì fang　rè nao
我们的船　朋友　眼睛　地方　热闹

作品 38 号：

wū zi　shéng zi　yǎn jing　ěr duo　sài shàng　zhī dào　qīng chu
屋子　绳子　眼睛　耳朵　塞上　知道　清楚

作品 39 号：

shí hou　yī fú　shēng yi rén　shàng miàn　rè nao　diàn pù　zuō fang
时候　一幅　生意人　上面　热闹　店铺　作坊

lái lái wǎng wǎng　zuì yǒu yì si de　jiào zi　mǎ lóng tou
来来往往　最有意思的　轿子　马笼头

作品 40 号：

míng zi　mìng míng　yàng zi　xué sheng men　xǐ huan
名字　命名　样子　学生们　喜欢

作品 41 号：

chuī lái　bǎo tǎ　zhè me duō de shī zi
吹来　宝塔　这么多的狮子

作品 42 号：

kāi shǐ　mǔ qīn　yǐ hòu　gù shi　fàng zhe　jù zi　dú guo
开始　母亲　以后　故事　放着　句子　读过

作品 43 号：

yī bù yī bù
一步一步

125

作品 44 号：

shì qing　chuān qǐ·lái　gǔ shí hou　pián yi
事 情　穿 起 来　古 时 候　便 宜

作品 45 号：

dì fang　jǐ liáng　dì chǔ　gān zhe
地 方　脊 梁　地 处　甘 蔗

作品 46 号：

tián lǒng　péng you　tā men　méi·yǒu　chù sheng　dì fang　kàn kan
田 垄　朋 友　它 们　没 有　畜 牲　地 方　看 看
rén men　xià zhǒng　shí hou　shí mò　shōu cheng　wěi ba　ěr duo　cāng ying
人 们　下 种　时 候　石 磨　收 成　尾 巴　耳 朵　苍 蝇

作品 47 号：

gǔ dài
古 代

作品 48 号：

dì fang　shén me yàng zi　shì zi　zhǔ yi　bìng bù zěn yàng　pián yi
地 方　什 么 样 子　柿 子　主 意　并 不 怎 样　便 宜

作品 49 号：

dà dà xiǎo xiǎo de　gū niang men　yǐ jí
大 大 小 小 的　姑 娘 们　以 及

作品 50 号：

méi·yǒu　sàn luò　zhuāng jia
没 有　散 落　庄 稼

四、易混淆声调综合训练

àn shí　àn shì　　　bāo wéi　bǎo wèi　　　cān yù　cán yú
按 时—暗 示　　　包 围—保 卫　　　参 与—残 余

第二章　普通话语音系统基础训练

chú fáng　chū fǎng	gēng gǎi　gěng gài	fú lǔ　fú lù
厨房—出访	更改—梗概	俘虏—福禄
gū lì　gǔ lì	huān yíng　huàn yǐng	jiāng jiu　jiàng jiǔ
孤例—谷粒	欢迎—幻影	将就—酱酒
jiē chù　jié chū	kè jī　kē jì	shěng lǐ　shèng lì
接触—杰出	客机—科技	省里—胜利
xià jí　xià jì	lùn zhèng　lùn zhēng	yán sè　yǎn sè
下级—夏祭	论证—论争	颜色—眼色
shēn cái　shén cǎi	wù lǐ　wǔ lì	tiāo jiǎn　tiáo jiàn
身材—神采	物理—武力	挑拣—条件
róng huà　róng huā	píng fán　píng fān	nǎ ge　nà ge
融化—绒花	平凡—平番	哪个—那个
máo jīn　mào jìn	biān zhì　biǎn zhí	dān zi　dàn zi
毛巾—冒进	编制—贬值	单子—担子
wū huì　wú huǐ	zhēng qì　zhèng qì	xiāng jiāo　xiàng jiāo
污秽—无悔	蒸汽—正气	香蕉—橡胶
gē wǔ　gé wù	qiān shǔ　qiān shù	shí shī　shì shí
歌舞—格物	签署—千树	实施—适时
huàn lè　huān lè	yuǎn fēng　yuán fēng	huá xiáng　huā xiāng
幻乐—欢乐	远峰—原封	滑翔—花香
jì xiàng　jí xiáng	Huá běi　huā bei	nán miǎn　nán mián
迹象—吉祥	华北—花呗	难免—难眠
píng tǎn　píng tān	hǎo mài　hào mài	tōng zhī　tóng zhì
平坦—平摊	好卖—号脉	通知—同志
zhǐ biāo　zhì biǎo	fáng zhǐ　fǎng zhī	tú dì　tǔ dì
指标—制表	防止—纺织	徒弟—土地
xìn yǎng　xìn yáng	qìng hè　qīng hé	gàn bù　gān bù
信仰—信阳	庆贺—青禾	干部—肝部
zhǎng shēng　zhāng shēng	guǎng bō　guǎng bó	zhǐ nán　zhí nán
掌声—张生	广播—广博	指南—直男
qǐ háng　qī xíng	gǔ diǎn　gǔ diān	wú jù　wǔ jù
启航—七行	鼓点—古滇	无惧—舞剧
wēi xíng　wèi xīng	jiāng dī　jiàng dī	qí wén　qì wēn
微型—卫星	江堤—降低	奇闻—气温
zī rǔ　zì rú	zhèng quàn　zhèng quán	xī qū　xì qǔ
孳乳—自如	证券—政权	西区—戏曲
shī fàn　shì fàn		
师范—示范		

第三章　普通话音变训练

在这一部分你将学到：

1. 什么是普通话的轻声、儿化、连读变调、"啊""一""不"的音变、轻重音，它们的本质、特征和历史演变。

2. 普通话的轻声、儿化、连读变调、"啊""一""不"的音变、轻重音的规律与例外。

3. 这些现象对应的例词和相关练习。

第一节　轻声训练

一、什么是轻声

在普通话的音变中，轻声是南方方言区考生最难把握的一项。

普通话轻声的特色，是指声调失去原来的调类，而被读成一个又轻又短的调子，即原来声调的变异体，听上去感觉轻短模糊。轻声是与"阴平、阳平、上声、去声"等非轻声相对立的一个调类，例如"奶奶""木头"。汉语的语助词如"的、地、得、了、着、过"，语气词如"吧、吗、嘛"，动词、形容词后表示趋向的词如"来、去、上"等都读为轻声。轻声属于形态音位，与一般声调一样有区别意义和词性的作用，如"地道"读成 dì dào 时，指地面下掘成的交通坑道，读成 di dao 时指知名产地出产的产品；"兄弟"读成 xiōng dì 时指哥哥和弟弟，读成 xiōng di 时指男子自称；"大意"读成 dà yì 时指主要意思，读成 dà yi 时指疏忽。汉语普通话的轻声词数量很多，以《现代汉语词典》为例，共有双音节词 32 540 个，其中双音节轻声词达到 2 750 个，占比 8%。

比较下面这些轻声与非轻声词的意义与词性。

表5　普通话部分轻声与非轻声词对比

轻声	非轻声	轻声	非轻声	轻声	非轻声	轻声	非轻声
自在	自在	爱人	爱人	故事	故事	大意	大意
是非	是非	买卖	买卖	垫子	电子	眼睛	眼镜
帘子	莲子	码头	马头	上午	晌午	开通	开通
对头	对头	东西	东西	精神	精神	厉害	利害
老子	老子	把子	把子	本事	本事	兄弟	兄弟
汉子	汉字	字据	字句	运动	运动	公道	公道
花费	花费	自然	自然	干事	干事	主义	主意

声调性质主要取决于音高。而轻声的调值、调型均发生变化，轻声的性质并不主要取决于音强，音长缩短是轻声的重要表现，轻声音节的音长是重音音节音长的 50%—60%。发音时用力特别小，音强特别弱，音长变短，音色变弱。调形的升降也起作用，但是比较小，音长和音高变化最大，轻声音节的时长平均比对应非轻声音节的时长缩短 50%—60%。

轻声音节的音色也发生变化。韵母元音声学空间减小，元音向央元音 [ə] 移动，例如"饺子""柱子""儿子"的"子"尾元音央化，"棉花""黄瓜""溜达""云彩"向央元音靠拢。复合元音的动程减少，韵母的韵尾常常不到位，听起来比较含混，个别音节甚至整个韵母脱落，例如"包袱""大夫""对付""埋伏"的 [u] 脱落，同理，还有"清楚""害处""难处"。另外，"见识""冒失""瓷实""粮食""道士"等韵母 [ɿ]，"东西""出息""关系""奸细""和气""阔气""力气"的韵母舌面元音 [i] 脱落，同理，还有"甘蔗""来着""拉扯""耽搁""秧歌"的韵母脱落，声母辅音发音不到位，摩擦和破裂的动作减弱或消失，清辅音容易浊化为浊辅音，例如"萝卜""免得""蘑菇""算盘""脾气""活泼""痛快""茄子"弱化成相应的浊声母。

轻声读得轻而短，其音高由前面的音节决定，其音强也与前一音节的声调有关。普通话轻声具备以下规律：

1. 阴平后面的轻声由 55 变为半低调 2。

差事　苍蝇　巴掌　高粱　开通　关系　帮手　锅子　丫头　姑娘
清楚　车子　挖苦　跟头　张罗　玻璃

2. 阳平后面的轻声字由 35 变成中调 3。

营生　池子　脖子　伯伯　棉花　财主　蛾子　蛤蟆　迷糊　旗子
含糊　聋子　谁的　名堂　和尚　石头

3. 上声后面的轻声由 214 变为半高调 4。

火烧　谷子　脑子　比划　嫂子　暖和　姐姐　晌午　躺下　哑巴
老实　眨巴　我的　稿子　嘴巴　里头

4. 去声后面的轻声由 51 变为低调 1。

地道　大发　柜子　棒槌　后头　簸箕　坏的　对头　院子　道士
地方　缎子　运气　热和　坐下　木头

实验语音学的研究表明，轻声音节收尾音高明显分为两个层次，因此也可以据此分为两类：上声后的调形为中平或者微升，调值约为 33 或 34，阴平、阳平和去声后的调形为中降或低降，调值约为 31 或 21。

词语声调的注音，轻声采取了三种形式：1. 非轻声音节，标声调符号，例如：标准 biāo zhǔn、普通 pǔ tōng。2. 轻声音节，不标声调符号，例如：听了 tīng le、太太 tàitai。3. "一般轻读，间或重读"的音节，标声调符号，并且在其音节前加"中圆点"，例如看见 kàn·jiàn、知道 zhī·dào。从《现代汉语词典》开始就有这样的处理。

二、轻声的规律

普通话轻声处于急剧的变化中，很难用明确的规律来概括哪些词读轻声，哪些词不能读轻声。一般学术界认为轻声可以分为可类推（语法轻声词）与不可类推（词汇轻声词）两类，但是实际规律并不完全如此。普通话轻声的规律可以大致分为以下几条：

1. 名词后面的方位词，动词后面表示方位、趋向或结果的词，如

"上、下、里、边、面、来、去、起来、出来、下来、上来、过来、出去、进去、下去、过去"。这些基本都标记为"一般轻读，间或重读"。例如：

地里	半岛上	操场上	草坪上	跑出来	落下来	推出去
站起来	蹲下去	拿过去	飞起来	冲过来	活下去	掌上
书上	杯里	别墅里	电话里	垃圾桶里	大地上	地面上
飞机上	风筝上	高原上	海面上	桌子上	嘴里	天底下
山上	心里头	肩上	走上去	前边	后边	班上
船上	外边	墙上	地上	村里	背上来	送过去
方桌上	抬起	夜里	暗地里	东边	考上	坐下
看出	集市上	锦标赛上	课本上	实际上	世界上	树梢上
心上	四月里	院子里	前面	外面	穿上	放下
打下	树上	家里	上边	左边	这边	下面
上头	后头	过去	扑去	铲去	闭上	穿上
蒙上	添上	做下去	夺回来	蓝天下	晚上	脚底下
阳光下	山上	树下	枕头下	醒来	偷来	里头
拿来	带来	送上	绣上	抱进来	吹进来	走过来
出来	跳跃起来	混进来	塞进来	倒出去	跑出去	运出去
追出去	走过去	赶回去	开过去	跑过去		

2.结构助词（的地得）、动态助词（着了过）、语气助词（啊吗吧呢啦）、量词"个"。这些属于必读轻声音节。

唱戏的	干活儿的	好的	读书的	他的
北方的	似的	普通的	尽情地	巧妙地
轻飘飘地	笔直的	吃的	他知道的	唱歌的
广阔的原野	拿纸扇的	健壮的身体	轻轻地	愉快地
显得	晓得	安静地	不动地	记得
懒得	懂得	落得	免得	舍得
使得	不解地	不由得	不自觉地	渐渐地
默默地	卖得	认得	慢慢地	愉快地
讲得来				

普通话训练与测试教程

坐着	有着	跑着	插着	穿着	想着	念着
紧着	来着	向着	悠着	保持着	沉睡着	呼吸着
躺着	盘算着	说着	微笑着	对抗着	看着	笑着
坐着	拿着	吃过饭	看过	来过	看了	去了
钟响了	天晴了	听了	不多了	调制了	绣上了	喝了
转向了	摊了	补过	说过	来了	睡了	算了
好吗	知道吗	东西呢	走吧	来啊	你吃饭了吧	
他到哪去了呢		停吧	值吗	她呢	你呀	放心吧
热情吧	怎么呢	什么呢	危险啊	是啊	跑啊	好啊
好啦	一个	五个	这个	哪个		

3. 某些名词性、代词性后缀：子、头、们、么。《普通话水平测试用必读轻声词语表》中"子"缀词有200条以上，"头"缀词有20余条，"们"缀词有7条，"么"缀词有5条。这些属于必读轻声音节。

bǎ zi 把子	bí zi 鼻子	zhuō zi 桌子	yǐ zi 椅子	tái zi 台子	bāo zi 包子
bān zi 班子	bǎn zi 板子	bàng zi 棒子	bào zi 豹子	bēi zi 杯子	bù zi 步子
cháng zi 肠子	dài zi 袋子	dòu zi 豆子	dīng zi 钉子	dǐ zi 底子	dí zi 笛子
bǐng zi 饼子	fáng zi 房子	guì zi 柜子	bèi zi 被子	gǔ zi 谷子	kuài zi 筷子
lán zi 篮子	lín zi 林子	gē zi 鸽子	hái zi 孩子	nǎo zi 脑子	rì zi 日子
luó zi 骡子	pái zi 牌子	pāi zi 拍子	piàn zi 骗子	chí zi 池子	píng zi 瓶子
qún zi 裙子	shā zi 沙子	shǎ zi 傻子	chē zi 车子	yǐng zi 影子	yòu zi 柚子
yuàn zi 院子	zhái zi 宅子	zhài zi 寨子	zhuǎ zi 爪子	dù zi 肚子	lú zi 炉子
niàn tou 念头	chú tou 锄头	duì tou 对头	shí tou 石头	guàn tou 罐头	shé tou 舌头
shàng tou 上头	xià tou 下头	mù tou 木头	mán tou 馒头	gēn tou 跟头	gǔ tou 骨头
fēng tou 风头	lǐ tou 里头	qián tou 前头	zhuàn tou 赚头	hòu tou 后头	mǎ tou 码头

miáo tou	pīn tou	quán tou	rì tou	tián tou	xíng tou
苗头	姘头	拳头	日头	甜头	行头

yā tou	zhào tou	zhěn tou			
丫头	兆头	枕头			

nǐ men	rén men	tā men	tā men	tā men	wǒ men
你们	人们	他们	它们	她们	我们

zán men	nǚ shì men	xiān sheng men			
咱们	女士们	先生们			

duō me	nà me	shén me	zěn me	zhè me	yào me
多么	那么	什么	怎么	这么	要么

以上规律也存在例外，下面这些词并不读为轻声：

西头　南头　桥头　尽头　烟头儿　砖头　零头儿　线头儿

4. 单音节重叠动词中间的"一、不"，中心词与趋向补语、形容词补语之间的"得、不"，动词后的"不得""么着"。这些基本都标记为"一般轻读，间或重读"。

kàn yi kàn	qù bu qù	hǎo bu hǎo	shě bu de	gù bu de
看一看	去不去	好不好	舍不得	顾不得

kàn bu míng	kàn bu guàn	zuò bu zuò	xiǎng yi xiǎng	kàn de chū
看不明	看不惯	做不做	想一想	看得出

xiǎng bu dào	xiě bu hǎo	bǎi bu píng	xiǎng de miào	zuò de piào liang
想不到	写不好	摆不平	想得妙	做得漂亮

jiǎng de hǎo	xiě de hǎo	bǎo bu dìng	chī de kāi	bā bu de
讲得好	写得好	保不定	吃得开	巴不得

guài bu de	tīng yi tīng	tán yi tán	shì yi shì	chá yi chá
怪不得	听一听	谈一谈	试一试	查一查

xǐ yi xǐ	zuò yi zuò	zhè me zhe	nà me zhe	zěn me zhe
洗一洗	坐一坐	这么着	那么着	怎么着

5. 叠音词。包括单音节动词、名词重叠，四音节动词 ABAB 式、形容词、象声词重叠。这些基本都标记为"一般轻读，间或重读"。

xīng xing	diào diao	shuō shuo	kàn kan	dú du	xīng xing
猩猩	调调	说说	看看	读读	星星

xiǎng xiang	shì shi	jiǎng jiang	hā ha	huā hua	xiě xie
想想	试试	讲讲	哈哈	哗哗	写写

tīng ting	rāng rang	qū qu	dāo dao	dòng dong	xǐ xi
听听	嚷嚷	蛐蛐	叨叨	动动	洗洗

zuò zuo	pǎo pao	quàn quan	wán wan	xiè xie	zǒu zou
坐坐	跑跑	劝劝	玩玩	谢谢	走走

普通话训练与测试教程

xiào xiao	tán tan	guǎn guan	yǎng yang	guō guo	huí hui
笑笑	谈谈	管管	痒痒	蝈蝈	回回

yán jiu yán jiu	zhēn cha zhēn cha	guǎn li guǎn li	qìng zhu qìng zhu
研究研究	侦察侦察	管理管理	庆祝庆祝

shāng liang shāng liang	biǎo yan biǎo yan	liǎo jie liǎo jie	xiū xi xiū xi
商量商量	表演表演	了解了解	休息休息

tǎo lun tǎo lun	hé ji hé ji	diào cha diào cha	fǎn xing fǎn xing
讨论讨论	合计合计	调查调查	反省反省

dǒu sou dǒu sou
抖擞抖擞

6. 有一定规律的"类词缀"轻声。有些双音节词，往往是由一个相同的语素作为轻声音节，构成一类轻声词，这个作轻声的语素的词汇一般已经不同程度地虚化，产生了涵盖一类事物的类化意义，具有构词率高或能标志词的语法功能的特点。如"乎、悠、巴、净、当、夫、性、和、家、匠、坊、钱、快、量、腾、气、分、人、识、实、爷、打、糊、弄、处、度"等。也有人提出"士、咕、呼、溜、叨、付"等也是"类后缀"。

乎：黏乎(nián hu) 热乎(rè hu) 近乎(jìn hu) 邪乎(xié hu) 温乎(wēn hu)

悠：逛悠(guàng you) 飘悠(piāo you) 转悠(zhuàn you) 颤悠(chàn you) 晃悠(huàng you)

巴：尾巴(wěi ba) 下巴(xià ba) 哑巴(yǎ ba) 眨巴(zhǎ ba) 嘴巴(zuǐ ba) 干巴(gàn ba) 结巴(jiē ba)

净：素净(sù jing) 匀净(yún jing)

当：行当(háng dang) 妥当(tuǒ dang) 稳当(wěn dang) 停当(tíng dang) 顺当(shùn dang) 便当(biàn dang)

手：扳手(bān shou) 打手(dǎ shou) 帮手(bāng shou)

夫：大夫(dài fu) 工夫(gōng fu) 功夫(gōng fu) 姐夫(jiě fu) 丈夫(zhàng fu)

性：忘性(wàng xing) 德性(dé xing) 气性(qì xing) 记性(jì xing)

和：暖和(nuǎn huo) 软和(ruǎn huo) 热和(rè huo)

家：东家(dōng jia) 娘家(niáng jia) 婆家(pó jia) 亲家(qìng jia) 人家(rén jia) 公家(gōng jia) 行家(háng jia) 冤家(yuān jia)

第三章　普通话音变训练

匠：鞋匠(xié jiang)　皮匠(pí jiang)　瓦匠(wǎ jiang)　木匠(mù jiang)　石匠(shí jiang)　铁匠(tiě jiang)

坊：作坊(zuō fang)　染坊(rǎn fang)　街坊(jiē fang)

钱：月钱(yuè qian)　租钱(zū qian)

快：凉快(liáng kuai)　勤快(qín kuai)　爽快(shuǎng kuai)　松快(sōng kuai)

量：打量(dǎ liang)　商量(shāng liang)　思量(sī liang)　比量(bǐ liang)　端量(duān liang)

腾：折腾(zhē teng)　蹿腾(cuān teng)　闹腾(nào teng)　扑腾(pū teng)　踢腾(tī teng)

气：福气(fú qi)　客气(kè qi)　阔气(kuò qi)　力气(lì qi)　脾气(pí qi)　小气(xiǎo qi)　秀气(xiù qi)　运气(yùn qi)　霸气(bà qi)　手气(shǒu qi)

分：生分(shēng fen)　部分(bù fen)　福分(fú fen)　辈分(bèi fen)　情分(qíng fen)

人：爱人(ài ren)　媒人(méi ren)　丈人(zhàng ren)

识：知识(zhī shi)　认识(rèn shi)　见识(jiàn shi)　意识(yì shi)　熟识(shú shi)

实：结实(jiē shi)　密实(mì shi)　踏实(tā shi)　老实(lǎo shi)　扎实(zhā shi)　壮实(zhuàng shi)

爷：老爷(lǎo ye)　少爷(shào ye)

打：打扮(dǎ ban)　打点(dǎ dian)　打发(dǎ fa)　打算(dǎ suan)　打听(dǎ ting)　打招呼(dǎ zhāo hu)

糊：迷糊(mí hu)　模糊(mó hu)　黏糊(nián hu)　烂糊(làn hu)

弄：捏弄(niē nong)　团弄(tuán nong)　撺弄(cuān nong)　糊弄(hù nong)

处：好处(hǎo chu)　害处(hài chu)　难处(nán chu)　坏处(huài chu)　长处(cháng chu)　益处(yì chu)　苦处(kǔ chu)　用处(yòng chu)

度：长度(cháng du)　程度(chéng du)　尺度(chǐ du)　季度(jì du)　速度(sù du)

以上"类词缀"也存在例外，下面这些词皆不读为轻声：

本性　必然性　秉性　急性　品性　艺术性　倾向性　理论家

哲学家　数学家　船家　店家　道家　法家　儒家

7. 除以上规律外，还可将一些轻声词按照内容来分类，这些轻声词均属于必读轻声音节。

（1）常见的亲属称谓

ài ren 爱人	dà ye 大爷	dì xiong 弟兄	guī nü 闺女	lǎo po 老婆	nǚ xu 女婿
xí fu 媳妇	xiōng di 兄弟	zhàng fu 丈夫	zhàng ren 丈人	qìng jia 亲家	qīn qi 亲戚
sǎo zi 嫂子	bà ba 爸爸	dì di 弟弟	gē ge 哥哥	gōng gong 公公	gū gu 姑姑
jiě jie 姐姐	jiù jiu 舅舅	lǎo lao 姥姥	wá wa 娃娃	mèi mei 妹妹	mā ma 妈妈
nǎi nai 奶奶	tài tai 太太	bó bo 伯伯	shū shu 叔叔	pó po 婆婆	yé ye 爷爷
wài sheng 外甥	yā tou 丫头	shū bai 叔伯	jiě fu 姐夫	mèi fu 妹夫	gū ye 姑爷

（2）动物

| chù sheng 畜生 | cāng ying 苍蝇 | cì wei 刺猬 | luò tuo 骆驼 | hú li 狐狸 | há ma 蛤蟆 |
| tiào zao 跳蚤 | | | | | |

（3）植物

gān zhe 甘蔗	hé tao 核桃	luó bo 萝卜	hú luó bo 胡萝卜	shí liu 石榴	zhī ma 芝麻
gāo liang 高粱	liáng shi 粮食	zhuāng jia 庄稼	hú lu 葫芦	mó gu 蘑菇	mǔ dan 牡丹
yuè ji 月季	méi gui 玫瑰	sháo yao 芍药			

（4）器官相关

nǎo dai 脑袋	tóu fa 头发	méi mao 眉毛	yǎn jing 眼睛	zuǐ ba 嘴巴	shé tou 舌头
xià ba 下巴	ěr duo 耳朵	gē bo 胳膊	bā zhang 巴掌	zhǐ tou 指头	zhǐ jia 指甲
pì gu 屁股	wěi ba 尾巴	gǔ tou 骨头	jǐ liang 脊梁	tuò mo 唾沫	yá kou 牙口

（5）疾病相关

| ké sou 咳嗽 | lì ji 痢疾 | nüè ji 疟疾 | gē da 疙瘩 | gāo yao 膏药 | mí hu 迷糊 | mó hu 模糊 | hú tu 糊涂 |

第三章 普通话音变训练

(6) 职业

cái zhu	cái feng	dài fu	dào shi	hé shang	hù shi
财主	裁缝	大夫	道士	和尚	护士
huáng shang	huǒ ji	lǎ ma	méi ren	mù jiang	nú cai
皇上	伙计	喇嘛	媒人	木匠	奴才
shí jiang	tiě jiang	xiù cai	xué sheng	xiān sheng	
石匠	铁匠	秀才	学生	先生	

(7) 读轻声的连绵词

bō li	luò tuo	gē da	pú tao	lǎ ba	fēn fu
玻璃	骆驼	疙瘩	葡萄	喇叭	吩咐
shí liu	mù xu	dī gu	liū da	mó gu	zhuàn you
石榴	苜蓿	嘀咕	溜达	蘑菇	转悠
láo dao	duō suo	luō suo	wō nang	xù dao	dā la
唠叨	哆嗦	啰嗦	窝囊	絮叨	耷拉
dū nang	hán chen	dū lu	yāo he	guī zhi	niàn dao
嘟囔	寒碜	嘟噜	吆喝	归置	念叨
yá chen	yún liu	yún shi	sháo yao	miáo tiao	
牙碜	匀溜	匀实	芍药	苗条	

(8) 多音节的轻声词语

bù yóu de	bú zài hu	guài bu de	hèn bu de	kào de zhù	
不由得	不在乎	怪不得	恨不得	靠得住	
lái de jí	lǎo tài tai	lǎo tóu zi	liǎng kǒu zi	shě bu de	
来得及	老太太	老头子	两口子	舍不得	
lǎo dà ye	fā pí qi	wō nang fèi	hóng dēng long	hú luó bo	
老大爷	发脾气	窝囊废	红灯笼	胡萝卜	
yáng guǐ zi	hái zi qì	zǎo táng zi	gòu jiāo qing	bù hán hu	
洋鬼子	孩子气	澡堂子	够交情	不含糊	
xiǎo huǒ zi	yī bèi zi	yī lǎn zi			
小伙子	一辈子	一揽子			

(9) 部分连词的后一个音节

chú le	zài bu	zhēn shi	hái shi	yào shi	duō zan	héng shi
除了	再不	真是	还是	要是	多咱	横是

(10) 部分重叠式动词、形容词的第二个音节

kū ku tí ti	mà ma liē lie	dà da liē lie	màn man téng teng
哭哭啼啼	骂骂咧咧	大大咧咧	慢慢腾腾

(11) 部分四音节词语的衬字

xī li hú tú	jī li guā lā	pī li pā lā	huā bu lēng dēng	xī li huā lā
稀里糊涂	叽里呱啦	噼里啪啦	花不棱登	稀里哗啦

普通话训练与测试教程

以上分类多有重叠，并不完全准确合理，只是为了便于记忆。另外，还有部分词可轻声也可重读，如"老鼠""工人"。有些双音节轻声词组成三音节，轻声也会发生变化，"学生"的"生"读成轻声，"学生会"的"生"读为阴平，"学生气"的"生"读成轻声。"估摸""寻摸""约摸"的"摸"读轻声，"捉摸"的"摸"不读轻声。

复合词中，双音节词出现轻声的次数最高，联合式和偏正式是轻声的主要类型，如"尺寸""窗花""点缀""规矩""教训""点拨""名字""搅和""拉扯""风水""逛荡""动静""反正""厉害""妖精""帐篷""义气""首饰""扁担""寡妇""苍蝇""比方""扫帚""招牌""凑合"等。在联合式中，近义语素在意义上不存在互补关系时，有可能导致轻声现象，例如"裁缝"。联合式复合词不是语素意义的简单相加，意义改变，容易发生轻声现象。另外，口语体的词语比较容易轻声化，书面语色彩较浓的词语轻声化可能性很低，例如"思想""道路""语言"都不是轻声词。在偏正式中，轻声化的偏正式词语主要是名词性的，其中修饰成分的词性又分为三类：形容词性、名词性、动词性。人们对这些词语所给信息的关注焦点主要集中在修饰性成分，偏义复词弱化可能性更大，因而后面的语素多读成轻声。

三、不规律的常见轻声词

《普通话测试用必读轻声词语表》中，去掉有规律、可以推断记忆的轻声词语，另有不规律的常见轻声词二百余个。其中，"本事、大方、大意、地道、地方、东西、端详、废物、精神、开通、门道、铺盖、试探"有区别意义的轻声与非轻声两种读法。

bā jie	bái jing	bāng shou	bàng chui	bāo fu	běn shi
巴结	白净	帮手	棒槌	包袱	本事
bǐ fang	biǎn dan	biè niu	bò he	bò ji	bǔ ding
比方	扁担	别扭	薄荷	簸箕	补丁
bù fen	chāi shi	chái huo	chēng hu	chū xi	chuāng hu
部分	差事	柴火	称呼	出息	窗户
cì hou	còu he	dā la	dā ying	dà fang	dà yi
伺候	凑合	耷拉	答应	大方	大意

第三章　普通话音变训练

dān ge 耽搁	dān wu 耽误	dēng long 灯笼	dī fang 提防	dī shui 滴水	dí gu 嘀咕
dì dao 地道	dì fang 地方	diǎn xin 点心	dōng xi 东西	dòng jing 动静	dòng tan 动弹
dòu fu 豆腐	dū nang 嘟囔	duān xiang 端详	duì wu 队伍	duì fu 对付	duì tou 对头
duō suo 哆嗦	ěr duo 耳朵	fèi wu 废物	fēng zheng 风筝	fù yu 富余	gān zhe 甘蔗
gàn shi 干事	gāo liang 高粱	gāo yao 膏药	gào su 告诉	gē da 疙瘩	gū niang 姑娘
gù shi 故事	guǎ fu 寡妇	guài wu 怪物	guān xi 关系	guān si 官司	guān cai 棺材
guī ju 规矩	guī nü 闺女	hā qian 哈欠	hán hu 含糊	háng dang 行当	hé tong 合同
hé tao 核桃	hóng huo 红火	hòu dao 厚道	hú li 狐狸	hú qin 胡琴	hú tu 糊涂
huó po 活泼	huǒ hou 火候	jī ling 机灵	jì hao 记号	jì xing 记性	jiā huo 家伙
jià shi 架势	jià zhuang 嫁妆	jiàn shi 见识	jiāng jiu 将就	jiāo qing 交情	jiào huan 叫唤
jiē fang 街坊	jiè zhi 戒指	jiè mo 芥末	jīng shen 精神	kāi tong 开通	kǒu dai 口袋
kū long 窟窿	kuài huo 快活	kuò qi 阔气	lā che 拉扯	lǎ ba 喇叭	láo dao 唠叨
léi zhui 累赘	lí ba 篱笆	lì qi 力气	lì hai 厉害	lì luo 利落	lì suo 利索
lián lei 连累	liáng kuai 凉快	liáng shi 粮食	líng dang 铃铛	liū da 溜达	luō suo 啰嗦
luó bo 萝卜	luò tuo 骆驼	má fan 麻烦	má li 麻利	mǎ hu 马虎	mǎi mai 买卖
máng huo 忙活	mào shi 冒失	mén dao 门道	mī feng 眯缝	miáo tiao 苗条	míng tang 名堂
míng zi 名字	míng bai 明白	nán wei 难为	néng nai 能耐	niàn dao 念叨	nuǎn huo 暖和
pái lou 牌楼	pán suan 盘算	péng you 朋友	pì gu 屁股	pián yi 便宜	piào liang 漂亮
pū gai 铺盖	qī fu 欺负	qín kuai 勤快	qīng chu 清楚	rè nao 热闹	rèn shi 认识
sào zhou 扫帚	shàng si 上司	shāo bing 烧饼	shēng kou 牲口	shī fu 师父	shī fu 师傅

shí liu	shí chen	shí hou	shí zai	shí duo	shǐ huan
石榴	时辰	时候	实在	拾掇	使唤
shì gu	shì de	shì qing	shì tan	shōu cheng	shōu shi
世故	似的	事情	试探	收成	收拾
shǒu shi	shū fu	shū tan	shū hu	shuǎng kuai	sī liang
首饰	舒服	舒坦	疏忽	爽快	思量
sú qi	suàn ji	suì shu	tā shi	tè wu	tiāo ti
俗气	算计	岁数	踏实	特务	挑剔
tiào zao	tuǒ dang	wā ku	wèi zhi	wēn he	wěn dang
跳蚤	妥当	挖苦	位置	温和	稳当
wō nang	xī han	xǐ huan	xià hu	xiāng xia	xiàng sheng
窝囊	稀罕	喜欢	吓唬	乡下	相声
xiāo xi	xiǎo qi	xiào hua	xiē xi	xīn si	xíng li
消息	小气	笑话	歇息	心思	行李
xiù qi	xué wen	yá men	yān zhi	yān tong	yāng ge
秀气	学问	衙门	胭脂	烟筒	秧歌
yǎng huo	yāo he	yāo jing	yào shi	yī fu	yī shang
养活	吆喝	妖精	钥匙	衣服	衣裳
yì si	yìng chou	yuān wang	yuè bing	yuè liang	yún cai
意思	应酬	冤枉	月饼	月亮	云彩
yùn qi	zài hu	zhà lan	zhāng luo	zhàng peng	zhāo hu
运气	在乎	栅栏	张罗	帐篷	招呼
zhāo pai	zhē teng	zhī ma	zhī shi	zhú/zhǔ yi	zhuàn you
招牌	折腾	芝麻	知识	主意	转悠
zhuāng jia	zhuàng yuan	zì zai	zì hao	zǔ zong	zuō fang
庄稼	状元	自在	字号	祖宗	作坊
zuó mo	zuò zuo				
琢磨	做作				

四、轻声训练

1. 畜生　称呼　眉毛　眼睛　鼻子　舌头　脖子　喉咙　窟窿　困难
　　脊梁　鼻涕　咳嗽　呵欠　喷嚏　父亲　母亲　儿子　姑父　姐夫
　　外甥　孙女　徒弟　小姐　蹦跶　踢腾　这里　那里　哪里　荸荠
　　编辑　星星　走走　看看　听听　闻闻　烟筒　尝尝　想想　雅致
　　皮实　出去　进去　上去　下来　回去　出来　上来　回来　起来
　　翻腾　分析　刺激　凑合　粮食　烂糊　趔趄　芝麻　韭菜　冬瓜

豆腐	西瓜	葡萄	葫芦	核桃	太阳	早餐	来不及		拍打
掂掇	笑话	窝囊	师傅	收拾	招呼	乡下	扁担	别扭	周到
休息	头发	时候	舒服	行李	薄荷	不是	篱笆	糊涂	主意
尾巴	热闹	认识	意思	应酬	滑溜	馄饨	味道	月亮	态度
钥匙	风筝	硬朗	抽屉	哆嗦	人们	南边	馒头	本钱	打扮
耳朵	铃铛	骆驼	吓唬	报酬	伺候	耽误	客气	晃悠	倒腾
啰嗦	舒服	稳当	比量	补丁	掺和	翻腾	滑溜	考究	口袋
来路	味道	荒唐	告示	气氛	歇息				

2. 不分—部分　粒子—栗子　加火—家伙　蛇头—舌头

3. 请你把买来的这些摆设在房间各处摆设好。

他太大意了，把段落大意都写错了。

他家帘子上的图案画的是莲子。

你从这边往那边走。

你走过去把桌上的东西拿下来。

站了起来

亮了起来

第二节　儿化训练

一、什么是儿化

儿化是北方方言中普遍存在的、极富口语色彩的合音现象。除了北京，河北、河南、山东、山西、东北及内蒙古东部等地方言也存在儿化现象。儿化是普通话学习的难点，它既涉及语音形式，也涉及相关的形态功能，即形态音位。

儿化的实质是一个音节中的主要元音，即舌尖卷舌带来的儿音音色，介音不参与儿化。儿化时，韵尾为了适应儿化而有多种不同的表现形式，或者改变音色，或者放弃韵尾。比如，前鼻音韵尾在儿化时会放弃鼻音韵尾，主要元音并不发生鼻化，后鼻音韵尾则是主要元音鼻化，韵尾也弱化与前面的鼻化元音融合。也有原韵母不变，只是韵母后直接卷舌。例如小

141

普通话训练与测试教程

孩儿、瓜子儿、鲜花儿、馅儿饼、聊天儿、玩儿命、花猫儿。

从书面上看，儿化词是用两个汉字写成的，但儿化音节是一个，如画儿。儿化只是在前一个音节末尾加上一个卷舌动作，并不是独立的音节。儿化是汉语中唯一的不成音节的后缀语素。

普通话的儿化主要是由词尾"儿"变化而来的。词尾"儿"本是一个独立的音节，由于在口语中处于轻读的地位，长期与前面的音节流利地连读而产生音变，词根语素和后缀"儿"合并在一个音节中，[—er]韵母与其他韵母结合成一个音节，并使这个音节的韵母变为卷舌韵母。普通话中，可以"儿化"的音节占总音节数的三分之一以上。儿化的过程包含了附加、脱落、弱化、央化、鼻化等多种语流音变。

儿化可以区别词性与词义，例如，盖是动词，盖儿是名词，画是动词，画儿是名词。儿化后，所指的事物改变，例如，口指人体器官，口儿指裂缝，头指人体器官，头儿指上司。儿化后，具体事物发生了抽象化，例如，门指出入口，门儿指门路，谱指音乐作品，谱儿指标准、规则。

试比较下面"非儿化"与"儿化"词的词性和词义。

表6　普通话部分轻声与非轻声词对比

非儿化	儿化	非儿化	儿化	非儿化	儿化	非儿化	儿化
盖	盖儿	活	活儿	罩	罩儿	错	错儿
尖	尖儿	眼	眼儿	画	画儿	堆	一堆儿
一块（点心）	一块儿（玩）	一点（意见）	一点儿（累）	火星	火星儿	头	头儿
面	面儿	尖	尖儿	方	方儿	天	天儿
大气	大气儿	水牛	水牛儿	台风	台风儿	拍	拍儿
冻	冻儿	戳	戳儿	垫	垫儿	弯	弯儿
破烂	破烂儿	好	好儿	短	短儿	块	块儿
转	转儿	颠	颠儿	捆	捆儿	心	心儿
卷	卷儿	刺	刺儿	包	包儿	扣	扣儿

"儿"的构词功能是改变词的语法义或概念义，以及表达感情义、口语义，口语色彩非常强烈。以《现代汉语词典》为例，56 000余条词中，儿化词约350条，区别词义和词性的有170条，240条是书面上有时儿化，有

时不儿化，口语里必须儿化的词。

儿化词一般带有"细小、喜爱、亲切、随意"的感情色彩，例如：小米儿、小孩儿、花猫儿、好玩儿、小辫儿、玩意儿、小门儿、小雀儿、小刀儿、盆儿、小鸟儿、小事儿。

也有的词儿化后不明显改变词义或词性，不带明显的感情色彩，这类儿化词的"儿"比较自由，口头说"儿"，书面也可以省略"儿"，它们的发音即使不儿化，去掉儿音尾也不会或基本不会影响正常交际。因此在使用中逐渐丢了儿音尾标记，变得可儿化可不儿化，书面语一般不标出"儿"字。也即，儿化与非儿化是两可的，"儿"的意义被虚化，实际上反映了一种北京口语的风格色彩，例如：

床单儿、饭馆儿、大院儿、门口儿、字儿、窟窿儿、自行车儿、静悄悄儿、跑堂儿、片儿汤、片儿警、猫儿眼、玩儿完、花儿、鸟儿、歌儿、字儿、事儿、球儿、拍儿、眼神儿、河鲜儿、随便儿、光棍儿、走后门儿、抠门儿、加班儿、小偷儿、刺儿头、傻帽儿、败家子儿、开小差儿、病根儿、床单儿、饭馆儿、胶水儿、蝈蝈儿、蛐蛐儿、雅座儿、饭馆儿、冰棍儿、香肠儿、被窝儿、车份儿、帽檐儿、玩意儿、够本儿、钢镚儿、存折儿、执照儿、语文儿、理科儿、书本儿、公园儿、环境儿、时候儿、派头儿、试点儿、地名儿、照样儿、当面儿、对口儿、没事人儿、站干岸儿。

儿化词可以分为多种词类，比如时间词：今儿、明儿、昨儿、后儿、这会儿、那会儿；代词：这儿、那儿、哪儿、多会儿；副词：慢慢儿、悄悄儿、远远儿、好好儿；状态形容词：高高儿的、大大方方儿的、颤悠悠儿的、蔫不唧儿的；方位词：东边儿、西边儿、上边儿、下边儿、当间儿；数词：大年三十儿、百儿八十、零儿；拟声词：咯儿咯儿笑。

普通话里，部分儿化词来源于"里""日"等语素的虚化，例如：这儿、那儿、哪儿、今儿、明儿、昨儿、前儿、后儿。

从汉语史来看，"儿"词缀至少在唐代就产生了，宋以后比较普遍，一直沿用至现代汉语，但是"儿"化韵在明代中期以后产生，可以说已有三百年的历史了。

"儿"作为名词，最早指"小儿"，而后意义逐渐虚化。在唐代多用于表示动物的名词，表示小或可爱，例如：鱼儿、龟儿、鸭儿、雀儿，表示动物之外的事物只有很少几个。宋代以后广泛用于一般名词后，仍保留表示小或可爱的意义。到了元代，"儿"用于表示小或可爱的词的数量大大增加。

　　大概在明清时期，儿化韵产生。《金瓶梅》《红楼梦》《儿女英雄传》等多次出现儿化词。明代末年，反映了北京话的韵书徐孝的《合并字学集韵》中儿类字有单独的韵母，是零声母。清代初年，赵绍箕的《拙庵韵悟》（1676年）也记录了儿化音。半个世纪以来，儿化现象的演变过程仍然没有完结，处于一种无序变异阶段。北京话的儿化词仍处在不断变化中，总的趋势是数量逐渐减少，各个元音所能构成的韵母数量也是不等的。

　　儿化词从具有字调的独立音节、构词语素发展为音节轻声弱化、构词形态，它的语音形式逐步弱化，从独立音节发展为在前一个音节末尾添加一个卷舌韵尾，不独立成音节。原本一音节一义的词根末字音节与原本一音节一义的后缀儿合并为一个音节。

　　儿化词的"儿"一般没有实在意义、没有独立音节，[—er]与前面音节融成一体，它的元音总是央元音，不会变成别的元音，所以可以出现任何声母，当然也有零声母。在有些情况下，"儿"也具备独立音节，这时它的前面永远不会出现声母。

　　1."儿"具备独立的音韵地位，有协调节律、调整音节结构、强化节奏感的作用，常用于诗歌歌曲等韵文中。

　　云儿见它让路，小树见它招手，禾苗见它弯腰，花儿见它点头。

　　弯弯的月儿小小的船，小小的船两头尖，我在小小的船里坐，看见闪闪的星星蓝蓝的天。

　　太阳热热地晒着，蝉儿高唱，稻花飘香。亮亮的，暖暖的，手儿捧不住，臂儿搂不住，阳光啊，您真好！

　　花儿离不开土壤，鱼儿离不开海洋，瓜儿离不开秧。

　　叮叮当，叮叮当，铃儿响叮当。

　　姑娘好像花儿一样，小伙儿心胸多宽广。

　　清水河里，鱼儿不少。

　　东方白，月儿落。

　　2. 书面语中，"儿"具有庄重典雅的书面语色彩。

　　在这鸟儿勇敢的叫喊声里，乌云听到了欢乐。

我饿着，也不能叫鸟儿饿着！

我掩着面叹息，但是新来的日子的影儿又开始在叹息里闪过了。

最有趣的是在酷暑的中午，带着牛儿去水里游泳。

3. 用于人名之后，多用于文艺作品，使人名有温婉、亲昵的感情色彩，如平儿、萍儿、婉儿。

4. 它依附的音节多为单音节，一般不能带定语"小"。例如风儿读成一个音节或两个音节皆可，而小风儿只能读成两个音节，[—er] 不独立。

二、儿化的规律

1. 原韵母或韵尾音素是 a、o、e、u，韵母不变，直接加 [—er]，例如韵母 a、ia、ua、o、ao、uo、iao、e、u、ou、iou。比如下面的儿化词：

小伙儿、小猫儿、刀把儿、枣儿、核儿、纽扣儿、跳高儿、加油儿、门口儿、抓阄儿、小丑儿、牙签儿、招儿、罩儿、好儿、没救儿、错儿、零碎儿、邮戳儿、个儿、黑板擦儿、被窝儿、山坡儿、小道儿、小猴儿、小树儿、灯泡儿、高个儿、小妞儿、梨核儿、裤衩儿、牙刷儿、粉末儿、找茬儿、白兔儿、贝壳儿、号码儿、眼珠儿、花儿、煤球儿、打嗝儿、纸条儿、月牙儿、旦角儿、麦苗儿、开窍儿、跑调儿、猴儿王、挨个儿、芽儿、本色儿、唱歌儿、口诀儿、饭勺儿、小肚儿、水果刀儿、哥儿们、豆芽儿、推车儿、衣兜儿、小鸟儿、老头儿、线头儿、小褂儿、小车儿、红果儿、年味儿、破五儿、腊八儿、一股脑儿、饭桌儿、口罩儿、女孩儿、鲜花儿、逗乐儿、掉价儿、小偷儿、火锅儿、麻花儿、蜗牛儿、文格儿、小说儿、模特儿、做活儿、起步儿、面条儿、这儿、那儿、哪儿、蜜枣儿、皮球儿、头儿、半道儿、门路儿、没谱儿、碎步儿、红包儿、儿媳妇儿、颠儿、鱼漂儿、爆肚儿、泪珠儿、挑儿、扣儿、沓儿、画画儿、牙儿、调儿、牛儿、屋儿、活儿、坡儿、嘴儿、人家儿、末儿。

2. 原韵母或韵尾音素是 i、n（除了 in、ün、ui、un），丢掉 i、n，加 [—er]，例如韵母 ai、uai、ei、uei、an、ian、uan、üan、en。比如下面的儿化词：

差点儿、打盹儿、拐弯儿、杂拌儿、梗儿、馅儿、笔杆儿、味儿、心

145

肝儿、老蔫儿、心眼儿、墨水儿、书签儿、窍门儿、翻儿、片儿、破烂儿、后门儿、辫儿、没准儿、白干儿、圈儿、这阵儿、顶针儿、冰棍儿、扇面儿、收摊儿、冒尖儿、旋儿、一点儿、杂院儿、小孩儿、鞋带儿、走神儿、花盆儿、高跟儿鞋、较真儿、大婶儿、过门儿、美人儿、老本儿、书本儿、根儿、小辫儿、拉链儿、花瓣儿、小罐儿、老伴儿、小字辈儿、人缘儿、宝贝儿、露馅儿、香味儿、打转儿、摸黑儿、锅盖儿、笔尖儿、麦穗儿、烟卷儿、蒜瓣儿、倍儿棒、一块儿、手绢儿、椅子背儿、秆儿、过小年儿、写春联儿、来玩儿、小船儿、堆堆儿、短儿、马尾儿、管儿、汤圆儿、挂钱儿、春卷儿、脸蛋儿、画片儿

3. 原韵母或韵尾音素是 ng（除了 ing），丢掉 ng，加 [—er] 元音鼻化，例如韵母 ang、iang、uang、eng、ueng、ong、iong。比如下面的儿化词：

药方儿、整儿、水瓮儿、响儿、相儿、蛋黄儿、果冻儿、赶趟儿、没空儿、模样儿、瓜瓤儿、香肠儿、麻绳儿、小凳儿、娘儿俩、鼻梁儿、黄儿、透亮儿、抽空儿、帮忙儿、酒盅儿、小葱儿、胡同儿、脖颈儿、冻儿、钢镚儿、没声儿、唱腔儿、瓜秧儿、竹筐儿、小板凳儿、小熊儿、门缝儿、夹缝儿、胖儿、肩膀儿

4. 原韵母是 i、ü 的，韵母不变，直接加 [—er]，比如下面的儿化词：

垫底儿、肚脐儿、小曲儿、有趣儿、针鼻儿、玩意儿、小鸡儿、蛐蛐儿、痰盂儿、小鱼儿、毛驴儿、叶儿、仙女儿

5. 原韵母或韵尾音素是 ǐ 或 ê，丢掉 ǐ 或 ê，加 [—er]，例如韵母 i、ie、ye。比如下面的儿化词：

刺儿、半截儿、木头橛儿、粉皮儿、小吃儿、福字儿、词儿、瓜子儿、墨汁儿、气儿、丝儿、汁儿、树枝儿、毛刺儿、没事儿、台阶儿、棋子儿、年三十儿、锯齿儿、台阶儿、写字儿、细丝儿、粒儿、鸡翅儿、爷儿俩

6. 原韵母是 in、ün、ui、un 的，丢掉 i、n，加 [—er]，比如下面的儿化词：

耳垂儿、花裙儿、水印儿、飞轮儿、两份儿、开春儿、脚印儿、烟嘴儿、胖墩儿、杏仁儿、小树林儿、一对儿、一会儿、打滚儿、小慧儿、冰棍儿、口信儿、有劲儿、小金儿、混混儿、山村儿、木棍儿、合群儿、喜讯儿、彩云儿、围嘴儿、打盹儿、砂轮儿

7. 原韵母是 ing 的，丢掉 ng，加［—er］元音鼻化，比如下面的儿化词：

人影儿、电影儿、小瓶儿、明儿、蛋清儿、眼镜儿、图钉儿、体形儿、挺儿、水灵儿、猛劲儿、小玲儿

三、儿化训练

1. 读读下列儿化词

戏法儿	在哪儿	拐弯儿	找茬儿	小辫儿	打杂儿	大褂儿
名牌儿	照片儿	壶盖儿	加塞儿	一会儿	一块儿	垫底儿
碎步儿	坎肩儿	老本儿	把门儿	纳闷儿	裤衩儿	落款儿
玩儿	杏儿	有劲儿	脑瓜儿	男孩儿	女孩儿	小孩儿
踢球儿	打盹儿	桃儿	脸盘儿	大婶儿	在这儿	后跟儿
栅栏儿	快板儿	胖墩儿	老伴儿	做活儿	媳妇儿	蒜瓣儿
雨点儿	聊天儿	邮戳儿	收摊儿	药方儿	高跟儿鞋	打转儿
走味儿	烟卷儿	葡萄干儿	绝招儿	口哨儿	赶趟儿	果冻儿
小丑儿	瓜瓢儿	瓜子儿	肉馅儿	掉价儿	别针儿	名牌儿
豆芽儿	圆圈儿	天窗儿	脚印儿	门钉儿	记事儿	香味儿
糖块儿	笑话儿	心眼儿	跑调儿	抓阄儿	走神儿	长尾猴儿
鼻梁儿	小曲儿	透亮儿	图钉儿	蛋清儿	肚脐儿	刀刃儿
大伙儿	开窍儿	饭馆儿	蛋黄儿	夹缝儿	脖颈儿	耳垂儿
痰盂儿	耳膜儿	围嘴儿	开春儿	逗乐儿	挨个儿	有数儿
酒盅儿	灯泡儿	半道儿	年头儿	纽扣儿	线轴儿	大腕儿
跑腿儿	合群儿	小说儿	红包儿	蜜枣儿	锯齿儿	钢镚儿
提成儿	打鸣儿	小瓮儿				

2. 读下面的句子

过节放炮就为了听个响儿。

你就服个软儿，跟自己的父亲有什么过不去的？

打个转儿就回去了，根本没下车。

在锅里打个滚儿就捞上来了，没煮透。

合同都捏手里了，那还能有跑儿吗？

肚皮都翻上来了，肯定没救儿了。

这小孩儿多可爱呀！

这玩意儿多好玩儿！

马儿，你慢慢儿走，慢慢儿走……

小兔子乖乖，把门儿开开。

3. 读下面的绕口令

（1）小孩儿，小孩儿，上井台儿，摔了个跟头捡了个钱儿。又娶媳妇，又过年儿。穷太太儿，抱着个肩儿，吃完了饭儿，绕了个弯儿，又买槟榔，又买烟儿。出了门儿，阴了天儿。抱着肩儿，进茶馆儿；靠炉台儿，找个朋友寻俩钱儿。出茶馆儿，飞雪花儿。这老天竟和穷人闹着玩儿！

（2）吃葡萄不吐葡萄皮儿，不吃葡萄倒吐葡萄皮儿。吃吐鲁番葡萄，不吐吐鲁番葡萄皮儿，不吃吐鲁番葡萄，倒吐吐鲁番葡萄皮儿。

（3）安二哥家一群鹅，二哥放鹅爱唱歌。鹅有二哥不挨饿，没有二哥鹅挨饿，大鹅、小鹅伸长脖儿"嗷嗷"找二哥。

（4）有个小孩儿叫小兰儿，口袋里装着几个小钱儿，又打醋，又买盐儿，还买了一个小饭碗儿。小饭碗儿真好玩儿，红花绿叶镶金边儿，中间还有个小红点儿。

（5）八达岭下一山村儿，这个山村儿名叫向阳屯儿。向阳屯儿有位张大伯，他家小屋紧靠着大山根儿。

（6）进了门儿，倒杯水儿，喝了两口儿运运气儿，顺手儿拿起小唱本儿，唱一曲儿，又一曲儿，练完嗓子我练嘴皮儿，绕口令儿，练字音儿，还有单弦儿牌子曲儿，小快板儿，大鼓词儿，越说越唱我越带劲儿。

（7）鸡叫三声儿咯儿咯儿咯儿，陈班长带队出了小山村儿。屋里头留下了李小根儿。炊事员儿、李小根儿，挽挽袖口系围裙儿。淘大米儿小半盆儿，小白菜儿，剁了根儿，高碑店儿带来的豆腐丝儿。院里拖了捆柳树枝儿，一过秤，五十斤儿，一切准备得差不离儿，划根儿火柴点着了火门儿。

（8）小小子儿，不贪玩儿，画小猫儿，钻圆圈儿；画小狗儿，蹲小庙儿；画小鸡儿，吃小米儿；画个小虫儿，顶火星儿。

（9）酒糟鼻子赤红脸儿，光着膀子大裤衩儿。灯下残局还有缓儿，动动脑筋不偷懒儿。

黑白对弈真出彩儿，赢了半盒小烟卷儿。你问神仙都住哪儿，胡同儿里边儿四合院儿。

虽然只剩铺盖卷儿，不愿费心钻钱眼儿。南腔北调几个胆儿，几个老外几个色儿。

北京方言北京范儿，不卷舌头不露脸儿。

（10）有这么一个人儿，扛着袋面粉儿，拿着个面盆儿，还举着擀面棍儿。到了家进不去家门儿，急坏了这个人儿。放下面粉儿、面盆儿、擀面棍儿，打开门儿，抱起面粉儿，扛起面盆儿却忘了那根擀面棍儿。你说逗人儿不逗人儿？

第三节　连读变调训练

变调是指连读的音节中声调发生音变的现象，主要分为上声连读变调和"啊""一""不"的变调。上声变调属于音系变调，只出现在上声相连的语音环境中，无论它属于什么样的语素、词性或意义，只要是上声相连，第一个上声就一定会变调，而且分双音节连读和三音节连读两种情况。双音节连读变调，分同声调连读变调和异声调连读变调，我们通过实验语音学的研究可以证明连读变调的存在。上声的连读变调存在如下规律：

1. 双音节词的上声214＋上声——阳平35＋上声。

好马	起点	洗脸	请柬	引导	理解	美好	委婉	赶紧	许久
水土	铁塔	走访	导体	苟且	冷暖	卤水	满口	彼此	把柄
礼品	小丑	讲演	铁板	保险	转脸	雨伞	总理	稳产	允许
水果	小米	指导	打铁	老虎	米粉	腿脚	土产	了解	敏感
产品	橄榄	母体	脑海	土壤	守法	选举	尽管	海水	总得
美满	卡尺	影响	古老	笼统	保养	简短	本土	笔法	匕首
补考	补品	采访	草本	炒米	楚楚	打赌	打眼	胆敢	导管
诋毁	顶嘴	短语	躲闪	点火	典雅	斗胆	耳语	砝码	反悔
辅导	抚养	改悔	赶巧	感想	梗阻	古典	拐角	果脯	海产

普通话训练与测试教程

好比	缓缓	济济	检举	减免	讲稿	脚本	久仰	楷体	可耻
苦楚	傀儡	老本	冷眼	凛凛	鲁莽	旅馆	腼腆	母语	奶粉
恼火	努嘴	品种	普选	浅显	犬马	乳母	软骨	赏脸	省长
始祖	手软	爽口	水桶	所以	索取	体统	统属	腿脚	晚景
委婉	五彩	侮辱	洗雪	写法	选本	哑场	饮水	有底	友好
远景	眨眼	掌管	诊所	整理	主笔	转载	子女	组稿	嘴角

2. 双音节词的上声214＋非上声（阴平、阳平、去声）——半上声211＋非上声。

捕捉	保温	损失	抢收	感伤	晚餐	瓦斯	手枪	老张	起先
铁丝	野花	垦荒	减轻	小说	闪光	体贴	总之	转播	始终
草原	旅行	委员	美元	恐龙	挺拔	马达	走廊	网球	水流
笔谈	火柴	解除	考察	启程	导航	否决	美德	语言	海拔
举行	水泥	眼前	讽刺	努力	品质	打猎	忍耐	宇宙	岗位
场面	懒惰	比重	比赛	宝贵	索性	骨干	考试	窘迫	走漏
礼貌	演算								

3. 三音节连读时变调，按结构分为2＋1和1＋2两个音步，再用双音节连读变调规则进行变调。如果是2＋1的结构，则前面两个上声音节的调值都由214变成34；如果是1＋2的结构，则开头的上声音节处于被强调的逻辑重音，调值由214变成21，中间的上声调值由214变成34。试着读读如下音节：

选举法	贴铠甲	蒙古语	身体好	分水岭	小礼品	潜水艇
没有走	李小姐	很理想	跑马场	纸雨伞	打靶场	很美满
老古董	老领导	讲语法	虎鼓酒	有影响	手写体	买水果
有几种	小老虎	小两口	讲演稿	纸老虎	展览馆	水手长
往北走	了解我	品种少	耍笔杆	洗脸水	保险锁	

4. 多于三个音节的上声连读变调，可先根据停延切分成几个音步，即2＋3组合的音节，再根据双音节、三音节连读变调规则朗读。快速朗读，往往只将停延前一个音节读作原调，其余都变调。

我表姐也可以把手表转给厂领导

想买果脯

永远友好

小组长请你往北走

小李你给老首长打洗脸水

第四节 "啊""一""不"的音变

一、"啊"的音变及训练

"啊"单独读作 a，可以作叹词和语气助词，是一个表达语气感情的基本声音。叹词"啊"用于句前，均不发生音变。当用在句末作语助词时，它的读音要受它前面音节末尾音素的影响而发生变化，即被前一音节的音素同化或增音，使音节更加协调，发音方便。

主要有以下几种形式：

1. "啊"在 a、o、e、ê、i、ü 后，读作 ya，汉字写作"呀"。

我明白了啊！真大啊！他啊！他饿啊！真破啊！你说什么啊！天上的啊！

你写啊！注意啊！同学啊！提高警惕啊！好大的雪啊！你快说啊！快回去啊！

必须先把敌人的碉堡攻破啊！有的孩子在画画啊！您客气啊！吃鱼啊！他说啥啊！原来是鸟窝啊！小孩子饿啊！水中的影子原来是明月啊！这是怎样的一个惊心动魄的伟大啊！多么庄严，多么妩媚啊！

2. "啊"在 u、ao、iao 后面，读作 ua，汉字写作"哇"。

您好啊！谁在打鼓啊！我们的生活多么美好啊！

全托共产党的福啊！他们多么幸福啊！跳啊！怪物啊！别哭啊！

我们跳舞啊！快出啊！穿上棉袄啊！多么容易迷失方向和道路啊！

3. "啊"在 n 音素后面，读作 na，汉字写作"哪"。

我听不见啊！军民是一家人啊！我的亲人啊！你要小心啊！好好干啊！快看啊！

真难啊！好狠啊！好险啊！大家都来看啊！春天啊，你在哪里？

4. "啊"在 ng 音素后面，读作 nga，汉字写作"啊"。

一样啊！一家一起唱啊！他是英雄啊！妄想啊！他们玩得多高兴啊！这孩子多胖啊！

今天我们很忙啊！李琴说话很生硬啊！多可爱的小生灵啊！

多么令人兴奋的欣欣向荣的景象啊！

5. "啊"在 i（舌尖后元音 ʅ）时和 er 音素后面，读作 ra，汉字写作"啊"。

我的儿啊！是啊！无知啊！你倒是吃啊！有的孩子在朗诵诗啊！哪有这样的事儿啊！

人要好自为之啊！好好儿吃啊！我在背诗啊！红日啊！他还是个婴儿啊！

这是多么令人钦佩的高贵品质啊！请您唱个歌儿啊！今年六十二啊！几点上班儿啊！

给支烟卷儿啊！怎么不开门儿啊！那儿有几家儿啊！做个小牌儿啊！养几条小鱼儿啊！

6. "啊"在 zi 后面，读作 za，汉字写作"啊"。

这是谁写的字啊！真是乖孩子啊！哪能吃上一顿饺子啊！

"啊"的音变有着比较严整的变化规则，但决不是一条违反不得的"铁律"。林焘先生在《北京话的连读音变》中把"啊"区分为"不自由音变"和"自由音变"。"不自由音变"指只要音变条件出现，就必然产生音变现象，"自由音变"指虽然出现了音变现象，但并不一定产生音变。他认为，以下四种"啊"的音变是不自由的，即必须发生音变：

　　—n＋a　看啊—看哪
　　—i＋a　你啊—你呀
　　—y＋a　去啊—去呀
　　—a＋a　打啊—打呀

只要"啊"出现在［—n］［—i］［—y］［—a］之后与其他字词连读，就必须发生音变，读"哪"或"呀"，其他情况则可变可不变。

第三章　普通话音变训练

课后作业 5

朗读下面的句子。

1. 真破啊！快抓啊！天上的啊！别挂啊！好乖啊！过来啊！

这里需要进一步开发啊！同学们要早起啊！赶紧向他道谢啊！这是你的鞋啊！

快去找他啊！好啊！进屋啊！打鼓啊！报仇啊！别哭啊！真巧啊！跳舞啊！

他跳得多高啊！他口气可真不小啊！你在哪里住啊？上班啊！忘本啊！真甜啊！快看啊！

往前啊！真难啊！有缘啊！好狠啊！开恩啊！请不要吸烟啊！你猜得真准啊！

真冷啊！不行啊！妄想啊！冤枉啊！上当啊！真不中用啊！长江啊！

这幅画真漂亮啊！注意听啊！该死啊！老四啊！这些玩具多好玩儿啊！

快点吃啊！无知啊！这就是你的老师啊！幼儿园的这些孩子啊！会跳会唱真可爱啊！

烧茄子啊！你怎么撕了一地的纸啊！碟子啊，盘子啊，筷子啊摆了一桌子。

大家想啊，想啊，终于想出了一个好办法。

2. 动物园里的动物可真多啊，熊猫啊，斑马啊，大象啊，蛇啊，狮子啊，老虎啊，水禽啊，狐狸啊，猴儿啊，什么都有，快带孩子去看看吧！

3. 放寒假赶回家正好过年啊，爸爸妈妈准备的东西多好吃啊。什么鸡啊、鱼啊、肉啊、虾啊、粉丝啊、糖啊、饼啊、苹果啊、梨啊、海参啊、鸡翅啊、萝卜丝啊、盐啊、酱啊、辣椒啊。冷盘加热菜有多丰富啊，应有尽有啊，一定要多吃点啊！

4. 菜市场的货物真丰富：鸡啊，鸭啊，鱼啊，肉啊，油醋啊，生的熟的应有尽有。

5. 鸡啊，鸭啊，猫啊，狗啊，一块儿在水里游啊！牛啊，羊啊，马啊，骡啊，一块儿进鸡窝啊！狼啊，虫啊，虎啊，豹啊，一块儿街上跑啊！兔啊，鹿啊，鼠啊，孩子啊，一块儿上窗台儿啊！

153

二、"一""不"的音变及训练

"一""不"变调属于句法变调，因为"一"只有作为基数词，"不"作为否定副词时，变调才会发生。"一""不"在音变中有一些相同之处，即在单念和出现在词末或句末时，或前有序数词，或是省略序数词的时候，均不变调，例如下面这些词：

一二三　单一　第一　初一　五一　八一　万一　三百零一　专一　六一　说一不二　举一反三

一季度　一把手　划一　一楼　一级　统一　一车间　唯一　统一　初一　一连长　三百零一

七一　八一　六一　十一　五一　第一　万一　唯一　一年级　一幢　住一层

一万一千一百零一这个数不过总数的千分之一。

毫不　不朽　不许　不安　何不　不穿　就不　不堪　无不　不满
不挑　不浓　不填　不同　不行　不齿
不法　不少　不喝　不妨　不想　不如　不比　不管　不只　不许
不准　要不　绝不　好不　不吃
不说　不听　不高　不低　不黑　不说　不吃　不多　不长　不来
不平　不红　不白　不成　不理　不管　不久　不懂　不老　不好
不知所措　不寒而栗　不可思议　不动声色　不屈不挠　不折不扣
不伦不类　不偏不倚

要不，这事全由你办。

不，我会告诉你的。

偏不！我就不！

"一""不"在去声前均念阳平 35。

一定　一样　一串　一刻　一律　一寸　一致　一路　一句　一贯
一位　一页　一道　一切　一概　一半
一束　一线　一丈　一样　一气　一倍　一块　一对　一个　一旦
一共　一向

一次　一万　一下　一件　一发千钧　不可一世
不必　不是　不论　不快　不愧　不错　不定　不用　不见　不便
不但　不幸　不懈　不顺　不对　不要　不去　不大　不算　不孝
不怕　不力　不测　不至于　不锈钢　不配

"一""不"在非去声前念去声51。

一心　一只　一所　一车　一边　一头　一瞥　一百　一走　一株
一如　一连　一生　一端　一般　一举　一条　一天　一朝　一旁
一封　一年　一同　一碗　一团　一盘　一手　一种　一潭　一经
一身　一口　一发　一齐　一时　一圈　一想　一举　一晃　一点
一早　一群　一所　一起　一朵　一曲　一颗　一种　一旁　一名
一连　一窝蜂　一言堂　一场空　一团糟　一千　一家　一间　一边
一杯　一双　一包　一瓶　一直　一条　一台　一盒　一群　一瞧
一盘　一笔　一嘴　一举　一本　一伙　一帆风顺　一鸣惊人
一鼓作气　一五一十　一模一样　一板一眼　一时一刻
一尘不染　一成不变　一毛不拔　一丝不苟　不安　不说
不穿　不吃　不学　不光　不行　不写　不挑　不和　不能　不妨
不详　不浓　不甘　不填　不容　不屈　不良　不齿　不独　不堪
不法　不比　不少　不想　不满　不来　不许　不良　不如　不仅
不好　不敢　不走　不准

当"一""不"嵌在词的中间时可以读轻声，也可按变调规则读变调。

走一走　忍一忍　看一看　学一学　讲一讲　拼一拼　尝一尝
试一试　翻一翻　评一评　笑一笑
挤一挤　请一请　写一写　谈一谈　比一比　等一等　管一管
念一念　望一望　问一问
咬一咬　乐一乐　抄一抄　翻一翻　争一争　想一想
搞不搞　来不来　走不动　缺不缺　做不做　去不去　香不香
酸不酸
分不清　忙不忙　抱不平　高不高
好不好　谈不谈　用不着　多不多　行不行　吃不好　红不红
答不答　走不开　暖不暖

想不想　买不买　大不了　学不学　长不长　禁不住
吃不得　认不认
差不多　数不清　吃不消　累不垮　划不来　看不起　难不倒
了不起　来不及　赶不上　想不到　坐不下

第四章　朗读短文训练及命题说话训练

在这一部分你将学到：

"普通话水平测试"中"朗读短文"和"命题说话"的题目要求和应对技巧，50个"命题说话"题目和部分话题的提纲范例。

第一节　朗读短文训练

普通话水平测试测查考生的普通话规范程度和熟练程度，流畅即指普通话的熟练程度。

"朗读作品"总共50篇，充分考虑了作品的经典性、规范性、文化性、时代性、世界性等原则，大体覆盖普通话音系各要素和不同文体、年代和内容。规定时间内要读至双斜线前，即测试截止音节处。依据《汉语拼音正词法基本规则》：注音一般只标本调，不标变调，区分必读轻声音节和"一般轻读，间或重读的音节"，必读轻声音节，注音不标调号，"一般轻读，间或重读"的音节，加注调号并在拼音前加圆点予以提示。例如"身子"标为 shēn zi，"妈妈"标为 mā ma，"东西"标为 dōng xi，"历史上"标为 lì shǐ·shàng，"巢里"标为 cháo·lǐ，"下来"标为 xià·lái。作品中的儿化音节分为两种：一是书面上加"儿"，注音时在基本音节形式后加 r 作为提示，如"小孩儿"标为 xiǎo háir，"杂拌儿"标为 zá bànr，"零七八碎儿"标为 líng qī bā suìr，"玩意儿"标为 wán yìr。二是口语习惯儿化但书面形式没有加"儿"的音节，注音时也在基本形式后加 r 作为提示，例如"辣味"标为 là wèir，"打两个滚"标为 dǎ liǎng gè gǔnr。

"朗读作品" 50 篇详见第五章第一节。对每篇作品应熟读 3—5 遍,才有可能在考试中避免出现 "回读" "错读" "停练失当" 等失误。我们在第二章第二节、第三节、第四节分别设置了《普通话水平测试用朗读作品》重点训练部分,按照声母、韵母、声调分类,在学习声韵调后针对性强化练习。考生如果实在没有时间准备,可以重点练习书面语较多或儿化、轻声较多的篇目,难度较高的篇目有 25 篇,包括:1 号、2 号、3 号、5 号、8 号、10 号、11 号、12 号、13 号、18 号、19 号、20 号、22 号、23 号、27 号、29 号、30 号、31 号、34 号、36 号、39 号、41 号、44 号、46 号、48 号。

第二节 命题说话应试技巧及训练

一、话题分类与准备技巧

普通话水平测试最后一题难度最大,要求 3 分钟内完成指定题目的即兴演讲。难点在于即兴演讲很容易暴露考生本来的语音面貌,而且在没有准备的情况下,在 3 分钟内不间断地演讲,过程中很容易间断,所以这道题对考生的要求很高。命题说话用话题共 50 个,具体如下:

1. 我的一天
2. 老师
3. 珍贵的礼物
4. 假日生活
5. 我喜爱的植物
6. 我的理想(或愿望)
7. 过去的一年
8. 朋友
9. 童年生活
10. 我的兴趣爱好

11. 家乡（或熟悉的地方）

12. 我喜欢的季节（或天气）

13. 印象深刻的书籍（或报刊）

14. 难忘的旅行

15. 我喜欢的美食

16. 我所在的学校（或公司、团队、其他机构）

17. 尊敬的人

18. 我喜爱的动物

19. 我了解的地域文化（或风俗）

20. 体育运动的乐趣

21. 让我快乐的事情

22. 我喜欢的节日

23. 我欣赏的历史人物

24. 劳动的体会

25. 我喜欢的职业（或专业）

26. 向往的地方

27. 让我感动的事情

28. 我喜爱的艺术形式

29. 我了解的十二生肖

30. 学习普通话（或其他语言）的体会

31. 家庭对个人成长的影响

32. 生活中的诚信

33. 谈服饰

34. 自律与我

35. 对终身学习的看法

36. 谈谈卫生与健康

37. 对环境保护的认识

38. 谈社会公德（或职业道德）

39. 对团队精神的理解

40. 谈中国传统文化

41. 科技发展与社会生活

42. 谈个人修养

43. 对幸福的理解

44. 如何保持良好的心态

45. 对垃圾分类的认识

46. 网络时代的生活

47. 对美的看法

48. 谈传统美德

49. 对亲情（或友情、爱情）的理解

50. 小家、大家与国家

考试时一般会给出 2 个话题，供考生二选一。"命题说话"选用的话题具备开放性、时代性，让考生"有话可说"。同时"话题开放宽泛、避免话题间交叉、过于专业化、回避个人隐私及引发情绪波动"，尽量避免考生出现背稿、离题、说话难以继续、内容雷同、无效话语、缺时等表现。话题内容尽可能贴近生活，让考生讲述学习、工作、生活的经历。以思维和结构复杂度要求较低的叙述性、描述性话题为主，尽量避免结构复杂、要求较高的议论性、评论性话题。

以往有的考生背诵网上范文，但是考试时往往因为紧张不能顺利背诵，而且普通话水平测试要求规定对背稿子的要大量扣分。还有的考生鉴于话题太多索性放弃准备，其结果可想而知。

实际上，对命题说话的准备可以参考以下技巧：

1. 准备提纲，而非背诵范文或自己写文章背诵。实际上，不管是自己写的文章还是别人写的文章，都是书面语，并非口语，并不适合即兴演讲，而且在考场紧张严肃的氛围下，自己的文章往往背不下来，更何况别人的范文。在准备考试的过程中，有意识地训练自己根据话题写提纲，根据提纲即兴演讲，效果更佳。

2. 命题说话要有一定的结构。不管是写下来的文章，还是即兴的口语，叙述都要有一定的顺序，或是总分总，或者时间顺序，或是逻辑顺序。没有顺序，漫无目的地想到哪里说到哪里，很容易说不到 3 分钟。如果不按照一定的顺序准备自己的演讲，一般的在校大学生也只能说到 1 分 20 秒就说不下去了。相反，如果演讲论述整体结构合理，事先打好腹稿，很可能说不到腹稿的一半，3分钟就到了。命题说话环节并不要求把话题说完，而是要求3分钟内尽量不要过多地停顿。一般来讲，学生按照总分总的顺序来准备话题提纲更方便高效。

3. 避免选择导致情绪过于激动的素材。不管是令人兴奋的事件还是令人悲伤的事件，都尽量不要作为命题说话的素材。比如，有学生谈及自己的童年，想到童年时和爷爷生活在一起，但是由于自己学业繁忙没能见到爷爷最后一面，甚是遗憾，边说边哽咽。再如，有学生谈理想，提及自己戍守边疆多年没见的哥哥心情激动得说不下去。也有学生讲喜欢的明星，激动得语无伦次。这些都是选择了不适合作为命题说话的素材的表现。

4. 选择熟悉的素材，不要编造，不要想象。对于在校大学生来说，什么是熟悉的素材呢？身边的朋友、经历的事情、上过的课、看过的书等。比如，谈到"我喜爱的职业"时，有的学生说自己喜欢当医生，可是他的专业是中文，从来没有上过医学方面的课程，说了几句就没法继续，这是很遗憾的。针对这种情况，我们可以从反方向思考。我喜欢当医生，不喜欢当老师，为什么呢？可以谈谈喜欢当医生的原因，不喜欢当老师的原因，并从学过的专业课、大学期间参加活动的经历谈起，自然就可以顺利展开了。再如，对于正在工作的社会人士来说，熟悉的素材往往是正在做的工作，自己的家庭，面对的机遇或者困境，未来的选择等。

选择熟悉的话题，面对"我和体育""我尊敬的人"二选一的情况，大部分考生可能都会选"我尊敬的人"。因为这个话题可以讲身边的人，如父母、师友，或喜欢的明星、崇拜的伟人。而如果是体育特长生，则肯定会选"我和体育"了。

中国人最喜欢的、最熟悉的事情莫过于美食了。不管是节日大餐，还是家常小菜，说到美食，无人不会垂涎三尺。针对"谈谈美食""我的业余生活"这类话题，考生可以讲自己会做的一道菜，可以是番茄炒蛋也可以是虾饺菠萝包，更可以是日常吃的饭堂菜肴、路边摊、外卖美食等。素材不要设限，尽量放开思路。

对于广东的考生来说，当地节日习俗颇多，行花街、赛龙舟等丰富多彩，尤其潮汕的同学，说到"我喜欢的节日""我知道的风俗"这一类话题，更是滔滔不绝。

5. 尽量为话题分类。如果对50个话题全部进行细致准备，那真是个烧脑的工作。因此，可以为话题分类，用一个素材准备多个话题。例如"我的愿望（或理想）""我的学习生活""我喜爱的职业""我的业余生活""我的假日生活""我的成长之路""我所在的集体（学校、机关、公司）""我向往的地方"往往可以用一个素材准备。再如，"童年的记忆""难忘的旅行""我喜欢的季节（或天气）""我的家乡（或熟悉的地方）"也可以用一个素材准备。同理，根据个人习惯类推，为话题分类，事半功倍。

6. 适当使用修辞手法，多举例子，适当穿插诗词、歌词等。讲话中可以多举例子，丰富论述的内容，增加时长，也可以使用排比、比喻、拟人等修辞手法，使论述的内容更为生动形象。或者在命题说话中适当穿插熟悉的诗词、歌词。有的同学热爱古典诗词，可以随口征引，有的同学喜欢唱歌，心爱的歌词随口道来。但应尽量避免的是，为了说话生动强硬地引诗，紧张得回忆不起来这样的情况。

7. 尽量采用记叙的形式，而非描写的形式，尽量避免使用书面语或描绘景色等。有的同学刻意追求文采飞扬，实则走入误区。命题说话测试的是考生的语言面貌而非文章水平。例如"我喜爱的季节"，考生讲在喜欢的季节中做的事情（和同学旅游的经历、应季的服装、野餐等），远远比描绘喜欢的季节景色要容易，且更适合发挥。

8. 保持合理的语速，太快太慢都不适合。有的同学为了拖延时间，每个字都说得特别慢，一字一咬，以致话说得吞吞吐吐，这也很不合适。恰当的做法是使语速保持在平时说话速度的0.6—0.8倍之间。

9. 保持关注时政新闻的习惯。对个别话题，例如"谈谈卫生与健康""谈谈科技发展与社会生活""谈谈社会公德（或职业道德）""谈谈对环境保护的认识"等，大部分在校大学生都会手足无措。然而，如果多关注党和国家大事就会很熟悉"垃圾分类""最美逆行者"、钟南山院士的事迹等，自然而然在准备这类话题时就会得心应手。

10. 重视命题说话。在命题说话中，缺时11秒扣1分，缺时35秒扣2分，缺时1分钟扣3分，缺时2分钟10秒扣6分，说话不足30秒扣40分。可以看到，命题说话如果缺时，扣分要比读单音节字词和多音节字词严格得多。因此，对命题说话一定要提前准备，避免出现本来语音面貌很好，但是因为缺时而失分的现象。

二、话题提纲范例

下面，我们列举的话题的提纲，均是教学过程中学生练习命题说话时的提纲，口语性强，较为随意，可为考生准备命题说话提供一定的借鉴。

1. 话题1：我的一天（1）

我在学校的一天的生活主要是上课。今天上了《英语文学作品赏析》《现当代文学》和《普通话与教师口语》三门课。

《英语文学作品赏析》主要讲了……这些内容。

《现当代文学》是我最喜欢的一门课，主要讲了……这些内容。

《普通话与教师口语》主要讲了……这些内容。这门课对我今后做教师相关工作非常有用，是一门很重要的课。

2. 话题1：我的一天（2）

我一天的生活分为早上、中午、下午和晚上。

早上，起床后，我去吃早餐，上课。上了两节课后，我去操场边和小猫玩。操场边的小猫是我们的校猫，我经常过去喂它们……

中午，我经常点外卖，有时候也去食堂吃饭。在外卖中，学校附近的阿姨靓汤是我最爱……

下午，又是满满的四节课……

晚上，我去操场跑步，和朋友一起打羽毛球。回到宿舍后，我会听听音乐，看看视频，一般我最喜欢看的是动画片……

3. 话题4：假日生活（1）

假日生活丰富多彩，主要分为三方面：购物、看电影和电视剧、做作业。

我是一个网购达人，特别喜欢买衣服，我买衣服不是随随便便就下单的，而是在多个网站、商家比价。比如有一次，我买一箱橘子，就在淘宝、京东、拼多多等多个商家进行比较……

我最爱看的电视剧是古装剧，比如《御赐小仵作》《梦华录》《灼灼风

163

流》等。它们是关于……

4. 话题4：假日生活（2）

十一期间，我回到老家。一天早上，正睡得迷迷糊糊的，突然被师父叫起来，说要带我去台山醒狮，我睡眼蒙眬地被拉起来。在狮子出来之前，还要拜祖师爷。我们坐着师兄的车，到了旧蚬滩，还碰上出嫁女回娘家的盛况，到处都是穿着红色衣服的村民，热闹极了。敲锣打鼓，十分有趣。

舞狮前，师父突然跟我说，你来当狮尾，我很震惊，因为我从未当过狮尾。旁边胖胖的师兄说没事的，你弯着腰，一直抓住我的腰带就行了。

舞狮的时候，我在狮背里跟着师兄转来转去，一直弯着腰，腰酸背痛，晕头转向。舞狮结束后，开始大摆宴席。我们出来之后，师兄说我很多次踩了他的脚，我只好跟他道歉。村长给我们每人发了100元红包，我特别高兴。

下午，师兄们去钓鱼。师父告诉我，鬼针草可以治感冒，消暑气。晚上，我和师父、师兄们一起表演了武术。

今天我长了见识，收了红包，还蹭了饭，真是开心啊！

5. 话题4：假日生活（3）

暑假的生活丰富而有意义，比如"读万卷书，行万里路"。

"读万卷书"：读了什么书—梗概—感受（有《银河铁道之夜》《童话》《生死疲劳》，与历史相关的小说，轻小说等）

"行万里路"：旅行—地点—各地特色

重庆—山城—文化与智慧

成都—大运会—经济发展

贺州—自然风光—返璞归真

读+行：以写作的方式表达，通过写小说的方式表达感受。散文写作的感受：敏锐的观察与情感调动。调研报告的感受：实践能力，与人交流，查找资料的能力。

6. 话题8：朋友（1）

我有两个好朋友，一个是大力狮王，热爱表演，喜欢交朋友，尤其喜欢外国的帅哥。她做事细心，也很认真，除了有时候有点表演型人格。

另一个叫炫炫，她在我的下铺，她说话很直，经常把人气个半死。她很讲义气，喜欢看奇奇怪怪的搞笑视频，还经常分享给我们，她最喜欢熊猫，梦想着有一天自己能成为熊猫饲养员，我经常嘲笑她是痴心妄想！有一次我们去长隆野生动物园看熊猫……

总而言之，这两个朋友陪伴了我的大学时光，因为有她们，我的大学生活还是很丰富的。

7. 话题8：朋友（2）

我的朋友什么样性格的都有，回想起交朋友的经历，我觉得很美好。我最喜欢的朋友是我上小学四年级时的同学莹莹。

介绍外貌，结识过程。

认识她之后，我俩就一直形影不离，一直到小学毕业。

8. 话题11：家乡（或熟悉的地方）

我的家乡江门是海外华人华侨之乡，俗称侨都。江门到处都是河流、骑楼，骑楼都是华侨集资修建的，现在已经成为历史文化街区了。去年，热门的电视剧使三十三墟街成为众多游人的打卡地。三十三墟街没有华丽的装修，只有斑驳的城墙，褪色的字迹，如今到处都是游客和商家。我在那附近上初中，还记得那边好吃的肠粉店和卖各种零食的小卖铺，还有人声鼎沸的菜市场。

9. 话题13：印象深刻的书籍（或报刊）（1）

有一本书令我印象深刻，书名是《金阁寺》。我和姐姐打赌，姐姐说我看不懂，我不信，偏要去看，没想到竟然喜欢上了这本书。读完整本书，才发现这本书有如下特点：

之一：语言美。

之二：最初是读不懂，读到后面才发现是作者的传记。

之三：真实故事的二次创作。

10. 话题13：印象深刻的书籍（或报刊）（2）

《简爱》：英国女作家夏洛蒂·勃朗特的作品。

主要内容包括……

《简爱》曾经被改编为电影、电视剧，我都看过。

我看《简爱》电影的感想是……

11. 话题13：印象深刻的书籍（或报刊）（3）

让我印象深刻的一本书是福楼拜的《包法利夫人》，里面主要人物有一女三男。作品主要讲述的是一个受过贵族化教育的农家女爱玛的故事，她是地主家的女儿，瞧不起当乡镇医生的丈夫包法利，梦想着传奇式的爱情。可是她的两度偷情非但没有给她带来幸福，反而让她因为拿着家里的钱去外面挥霍，被高利贷者追债，最后走投无路，只好服毒自尽。她是一个沉溺幻想，不切实际的人。

12. 话题16：我所在的学校（或公司、团队、其他机构）（1）

我所在的学校是一所非常漂亮，又充满活力的大学。从学校正门进来，就是一条笔直、宽广的大道，道路两侧依次有一教、二教、图书馆……

再往前走，能看到清澈的相思河和浓密的树荫，让人十分舒服。往学生区有学生饭堂……

我们学校的猫也很多，它们的名字也很有特点，有肉松、核桃、奶昔……

13. 话题16：我所在的学校（或公司、团队、其他机构）（2）

我在广外云山学生勤工助学中心工作。云山学生勤工助学中心隶属于学生工作部的学生资助管理中心。云山学生勤工助学中心分为党支部和董事会两部分，董事会下面有审计监察部、品牌宣传部、人力资源部、行政部、财务部、采购部、校友联络会。在北校区的部门有云山兼职服务办公室、云山语言培训中心、云山优座咖啡屋、云山健身室、云山营养坊、云山咖啡屋、云山爱满屋、云山憩云轩、云山小站、云山印象、云山品阁。在南校区的部门有云山水榭、云山书吧、云山驿站、云山凉茶坊、云山咖啡阁、云山逸书亭、云山营养坊、云山公益服务栈、云山语言培训中心、云山兼职服务办公室、云山健身室 & 女生之家。

各部门的工作职责分别是……

14. 话题16：我所在的学校（或公司、团队、其他机构）（3）

我所在的广东外语外贸大学在白云山脚下，这里绿树成荫，鸟语花香。

之一：猫猫特别多。

之二：女生特别多。在语言类学校，男女比例达到三比七，甚至二比八。

之三：语言种类多。每天早上都有很多不同语种的同学在早读。

之四：外国留学生多。

之五：各种活动多。

广外有很多小语种，比如希伯来语、乌尔都语、波斯语等，我在广外第三年了，老师和同学都特别友好，我也渐渐爱上了这所学校。

15. 话题16：我所在的学校（或公司、团队、其他机构）（4）

我所在的学校是广东外语外贸大学。学校坐落在国家级风景区白云山脚下，空气清新，环境优美，相思河穿过校园。

校训：学贯中西，明德尚行（在学术方面要具备跨文化视野，追求明德和至善），求学氛围很好。

图书馆：阅读书籍；备考和写作业的绝佳场所，期末考试和考研前人特别多。我最喜欢四楼的 IC 空间，因为里面有电脑室。

体育场所：有两个大操场（财院操场和巨鹿操场）、体育馆、体育楼。

16. 话题24：劳动的体会（1）

我小时候读过一首诗《悯农》，这首诗真实地再现了农民的辛苦。农民真的是辛苦，不仅在身体，也是在心理。我的父母都是农民，我也做过农活，在家里，我插秧，还割麦子……

不仅田间劳作辛苦，而且在家里做家务也十分辛苦，比如扫地、拖地、洗碗、做饭、收拾屋子……

我不喜欢田间劳动，在家时经常偷懒。父母有时没有办法，只能让弟弟代替我做……

劳动有时候也带给人不一样的感受……

17. 话题24：劳动的体会（2）

古人云：民生在勤，勤则不匮。从祖辈开始，我们家就务农，家人的皮肤都是黝黑黝黑的。到了我这儿，就不一样了，我不喜欢务农，小时候，家人带我下地劳作，"背灼炎天光，力尽不知热"。日头很晒，阳光很猛，我躲在阴凉下，扇着蒲扇，一点都不想动，我求着爷爷，赶快放我走吧……

稍微长大一点的时候，我的弟弟都可以去喷农药了，而我则背着药箱，好像行尸走肉，没精打采的，家人都不理解我。即使是小活儿，比如捡地上的小青柑，我也不愿意。父母没办法，假期时让我去工厂里做地毯，我也不愿意。重复的工作做了又做，我看着身边的人，不知他们心里在想什么。

至于家务活，洗碗、晾衣服，我都不愿意做。不过我喜欢做饭，做得好吃时，还会得到大家的夸奖。

劳动最光荣吗？对我来说，劳动是一种精神的折磨，我爸爸经常问我，为什么愿意学习、愿意运动但是不愿意干活，我也不知道，希望别人不要学我。我只是天生懒罢了！没有创造性的劳动对我是一种精神折磨。

18. 话题24：劳动的体会（3）

说到劳动的体会，我可以讲以下方面的感受：

劳动节：起源（工人要求改善劳动条件）；日期（每年的五月一日）；目的（动员劳动人民、无产阶级，提倡人的自由解放）。

劳动精神：思想上认识到劳动法的意义；行动上积极参与劳动。

劳动行为：在家做饭，酿豆腐，我会做，并且擅长做酿豆腐。酿豆腐的做法很简单……

在学校，包括小学、初中、高中，我都是劳动委员，既做值日生，也安排值日表。我的工作包括检查卫生情况，收集可回收物，收班费……

19. 话题24：劳动的体会（4）

做蛋糕（时间、地点、买材料、称重、我的独家配方表、制作的过程，如打蛋、烤蛋糕）。

我的感悟和反思（蛋糕的成本不贵，还可以试一下黑森林、慕斯、千层糕、小饼干等）。

我的爸爸吃了我的蛋糕，觉得太难吃了。可是我的邻居一直夸赞我，说我的蛋糕很好吃。

20. 话题27：让我感动的事情（1）

让我感动的一件事情是三年前5月底的时候，广州暴发新冠肺炎疫情，我第一次去做核酸，天下着小雨，队伍很长，我的手机没电了，也没带伞。做检测的医护人员没有来，周围都是人，大家都很紧张，我也很焦虑。忽然有一把伞撑在我的头上，帮我遮住了雨，我不敢相信地回头确认后，才和对方致谢。他一直帮我遮雨，这把伞撑了两个小时，这就是来自陌生人的温暖。

21. 话题27：让我感动的事情（2）

让我感动的事情有很多。下面，我主要讲三件事。

大一的时候，刚上学一个月，将近两个月的时候，正好是我的生日，我正在宿舍里写作业，突然灯一黑，门开了，舍友们端着蛋糕走进来，给我戴上生日帽，齐声祝我生日快乐……这是上学以来收到的第一个惊喜。后来，我们也经常在一起过生日，但大一的这次我永生难忘。

大二的时候，在一次排球比赛中，我被推倒了，鼻子被磕到了，流血不止，裁判暂停了比赛。我一下场，队友们就赶忙围了过来，有的拿棉签，有的拿矿泉水……

还有一次，在大二下学期，我的腰受伤了，打不了球，没法参加训练和比赛，我就坐在场边为队友们加油呐喊。我们队赢了。结束的时候，我以为没有人知道我来了，正想离开，可是学姐过来拉着我的手一起去拍照。因为刚刚比完赛，她们还气喘吁吁的……

我很幸运，能够遇到这么多好朋友，她们真的很好，给我带来欢乐和感动。

22. 话题27：让我感动的事情（3）

在每个人的心底，一定会藏有一两件让自己感动的事情，比如，爸妈在一个风雨交加的夜晚送生病的你去医院；你的老师在你成长或学习的道路上给了你关怀与启发；你的朋友和你一起渡过了成长的难关等。我也有一段这样让我感动的经历。那是我初一的时候，我遇到了一位特别好的数学老师，她给了我成长道路上的关爱。我是典型的偏科生，对数学有一种天然的恐惧，也总是认为自己没有办法学好数学。我的数学老师，当时她是我们的班主任，在课后找我，竟然让我当数学科代表。我很惊讶地说："老师，我数学很糟糕，当不了科代表。"可是老师对我说："不试试怎么知道呢？"老师的信任和鼓励，让我信心倍增，并下定决心学好数学，我相信自己可以做好……

23. 话题29：我了解的十二生肖

十二生肖，指的是中国与十二地支相配的十二种动物，包括鼠、牛、虎、兔、龙、蛇、马、羊、猴、鸡、狗、猪。这些生肖是中国传统文化中的一种生动形象的纪年纪月方法。应该很少有人知道十二生肖是怎么样来的吧？提到十二生肖，必须提到一个传说。玉皇大帝定生肖，猫告诉老鼠，老鼠花枝招展，牛凭借蛮力冲了出来……

传说还有很多……

从我个人的角度来看，生肖这种东西可信可不信。有时候你会在一个人身上看到生肖属性所展现的东西。比如老鼠是机智灵活的代表，牛是勤劳耕作的代表，兔子意味着善良温顺，狗代表着忠诚，蛇代表智慧灵敏，当然，也不能以偏概全。

与生肖相关的物品和活动很多，还有与生肖相关的服饰和饰品。

24. 话题31：家庭对个人成长的影响（1）

每个人的成长过程都受到家庭的深远影响。不管是性格、价值观、社交技能、自尊心、学业，还是心理健康。家庭成员的性格特征、沟通方式、解决冲突的方式都会影响个人的处事方式。一个温和的家庭，会培养出一个温和体贴的孩子。家庭存在暴力或冲突，孩子会变得易怒和不耐烦。

要重视家庭价值观的培养，诚实、善良和责任感等道德观念，会一代一代传下去。我的家庭重视尝试新事物，克服挫折这些价值观，还有保持乐观和信心，拒绝自我怀疑和自卑，同时要求我们好好学习。

每个家庭的价值观都是独特的，是家庭成员、文化、社会价值观和环境的产物。

25. 话题31：家庭对个人成长的影响（2）

家庭是我们人生中的第一所学校，在我的成长过程中，家中的四个老师对我的影响最大。

爷爷：高龄老人，勤劳，闲不住，他喜欢干活，尽最大力量帮助儿女。

奶奶：识字不多，普通话不标准，敢于尝试，一个人游玩广州，坐地铁去赶集。

爸爸妈妈：开朗，真诚待人，朋友多，热心。

我：在成长过程中，我一直在向他们学习。学习爷爷勤劳，参加社会实践活动，做志愿者，在实践中锻炼身体和心灵。学习奶奶，勇敢接受新事物，多多探索未知世界，参加一些挑战性比赛，表演和戏剧。学习爸爸妈妈，真诚待人，乐于分享，广交朋友。

家庭对个人的影响是非常深远的，如果我以后有了一个小家庭，我也要继续把这些品质传承下去，形成良好的家风。

26．话题32：生活中的诚信（1）

契约精神。引入：人而无信，不知其可。言必信，行必果。与朋友交，言而有信。

不止是在亲人朋友的日常交流之间，还有在各种合作与交易中，也要言而有信，这被称为契约精神，它指的是双方遵守承诺和履行义务的精神。在维护公平、诚信与信任中，契约精神是很重要的，核心是守信。

合作方面需要有契约精神。事例：合作（文学社出社刊）。中学的时候文学社出社刊，社长：拖稿一次罚三千字。社员写稿，主编在社团群里催稿，封面设计和校对排版虽然像滑铲一样匆忙，但是都在约定的时间里完成任务，社刊按时印刷出来了。

关于个人线上交易：去年11月购买的海外商品，价格不贵，当时疫情原因，所购买的商品无法及时运输到国内。卖家一直不回复我，问了才知道东西已经到了国内，卖家又说没整理好，这之后又杳无音讯，拖了7个月后我选择退货退款。

生活的方方面面需要契约精神，自觉维护合作与交易的顺利进行。

27．话题32：生活中的诚信（2）

在我们日常生活中，无论是个人还是社会方面，诚信都非常重要。

首先，个人方面，一个诚实守信的人不仅会受到他人的尊重，还会得到更多的信任和合作机会。"人而无信，不知其可也。"如果一个人不讲信用，说话不算数，这个人就不可能做成什么事情，更不可能在社会上立身处世。

晏殊，14岁时被以"神童"身份推荐给朝廷。他本来可以直接得到官职，但他还是参加了考试，而正巧那次的考试题目是他曾经做过的，虽然因此轻松通过初试，但他并没有洋洋自得，而是在接受皇帝的复试时，把情况如实告知，请皇帝当堂另出题目考他。凭借着真才实学和质朴、诚实的品格，得到皇帝的高度赏识和信任，一路晋升官职，最终成为当朝宰相。

其次，诚信在社会方面也非常重要。一个诚实守信的社会，会给人们带来更多的安全感和信任感，有利于社会的和谐发展。可纵观现代社会，背信弃义的现象却很常见。小商小贩缺斤少两，欺骗顾客；一些不良商家为了牟取暴利，不顾他人的生命安全，生产假药。在生活中，影视名人学术造假事件和高考舞弊也时有发生。时代和科技虽然快速发展，但维持所有社会环境的有序同样重要。比如：租借共享单车、充电宝等物品，只有每个人都按时返还，这些物品才能被有序共享。

28. 话题32：生活中的诚信（3）

最早听到与诚信相关的名言，是在《猴王出世》中。

对社会而言，诚信是生产力，促进合作共赢，加强人与人之间的信任。

对市场建设而言，守信履约形成了市场经济循环的信用链条。

29. 话题37：对环境保护的认识（1）

第一，环境保护的重要性：好的环境是社会生产活动正常开展的基本条件；当下环境污染严重。

第二，环境保护的主体：不止是国家或者企业等，还有我们每个人。

第三，保护环境的做法：外出不坐私家车，坐公交车，步行或骑车；外出吃饭不使用一次性筷子；保护森林，节约用纸，纸张多次使用；超市购物时少用塑料袋，使用环保袋；节约水电。

总而言之，"保护环境，人人有责"。从我做起，从小事做起。

30. 话题37：对环境保护的认识（2）

第一，环境保护的重要性：环境问题屡见不鲜，也引起了人们的广泛关注，我们每一个人都要关注环境保护问题，培养环境意识，为环境保护贡献我们的一份绵薄之力

第二，环境与人类的关系：我们保护自然了吗？我们每个人都应当珍惜大自然给的恩赐。

第三，环境现状：工业不断发展，煤、石油等矿物燃料的大量使用，全球气温不断升高，引发了很多严重的后果，比如1998年的洪水和2012年日本大海啸，这是谁的责任？

第四，环境保护具体措施：应当尽量少用或不用一次性的用品，节俭用水，节俭用电，不乱扔垃圾，同时注意旧物回收和循环再利用。保护动物，保护植物，与其他生物和平相处。

第五，环境保护的深远意义：环境保护并不是一个人，一个国家的事情，每个人都应该从自己做起，从身边的小事做起，提高环境保护的意识。

31. 话题37：对环境保护的认识（3）

自然资源有限，但是人类的需求无限。首先，全球变暖问题（带来的影响有：南极的研究人员穿短袖运动，海岸城市逐渐消失，农业生产损失增多等）。

其次，垃圾回收问题（生活垃圾日益增多，环保是建设美丽乡村的一个重要部分，农村垃圾处理基础设施不完备。应统一焚烧，二次污染。除此之外是垃圾对海洋的影响，对海洋生物的生命造成威胁）。

最后，环境问题是全人类的问题（带来的后果有：酸雨污染，动物灭绝，不可再生资源短缺。针对环保问题，党中央推动生态文明建设，生态奇迹和绿色发展奇迹）。

环境保护问题可分为参与者、贡献者和引领者三个方面。

32. 话题37：对环境保护的认识（4）

介绍"保护环境，人人有责"和公益广告。

原因一：工业发展迅速，促进经济发展，具有双面性。对环境造成了严重的破坏。砍伐、过度畜牧，导致水土流失、土地荒漠化等，使我们失去河流、花草、娱乐场所。

解决方法：党的十九大报告提出，我们要建设的现代化是人与自然和谐共生的现代化。

习近平总书记提出：绿水青山就是金山银山。各企业共识：要紧跟国家规划与方针。

蓝天、碧水、青山，人类赖以生存的基础、财富，处理好人类与自然之间的关系是我们发展经济的基础。保护好环境，才能拥有更多的自然资源，生活才能更加的美好。

原因二：思想意识还需要提高。人们固有的思想、环保意识差。具体到个人，有人随意扔垃圾，在环境保护方面从不对子女进行教育。

解决方法：1. 家校合力才能让孩子树立环保意识；2. 进行严厉的处罚。在利益的刺激下，有些人违法乱纪，故意破坏生态环境，从不把国家民族利益放在第一位，只看到眼前的个人利益，对这类现象要严加管控。

呼吁：保护环境从你我做起，从现在做起！

33. 话题37：对环境保护的认识（5）

是什么——责任（环境保护，人人有责），常见的环境问题：随着社会的不断发展，人们的生活越来越美好，但是在环境方面却出现了不少的问题，全球气候变暖，野生动物濒临灭绝，大片森林消失，土地沙化等。

为什么——环保的意义。环境问题严重，环境保护，人人有责。地球只有一个，是我们人类共同的家园。

怎么做——具体措施（普通人、环境保护部门）：实施环境保护，不应该只停留在口头，而应该在日常生活中实践；环境保护机构应该监督——排放污水、垃圾；禁止乱砍滥伐；设立专门的排污厂；普通人应该减少使用一次性杯子、袋子，以及一次性餐具的使用，出门购物自备购物袋；节约资源，水、电资源，养成随手关灯关水的好习惯；保护动物，保护植物。

虽然看起来都是很微小的事情，但只要人人都付出一点努力，环境肯定会越来越好的。

34. 话题43：对幸福的理解（1）

对幸福的追求和热爱始终是一样的，对于幸福的理解与把握是一个人能否获得幸福的关键。幸福究竟是什么呢？仁者见仁，智者见智。幸福是一种内心的感受，而不是为了得到别人的认可。1. 要经常微笑。2. 不要在意别人的看法。别人夸奖你，你开心，别人无视你或者嘲笑你，你也不要不开心。这个世界只有三种事：自己的事、别人的事、老天的事。3. 不把时间浪费在恨任何人身上。幸福的人，往往明白：人生最大的修养是宽容。远离所有负面情绪，生活教会我们：没有任何人该对我们的人生负责，除了我们自己。4. 培养兴趣爱好。有兴趣爱好，才能显出一个人的真性情。有兴趣爱好的人，会更加幸福。5. 经常和朋友交流谈心。幸福的人，往往会经常跟朋友交流谈心，开心时，和朋友一起分享，快乐便会加倍，难过时，向朋友倾诉倾诉，烦恼便会少了很多。不交流，心结一直在，人自然抑郁不开心。多沟通，心结自然解开，人自然就轻松！

35. 话题43：对幸福的理解（2）

有人说幸福是物质的（有车有房、有钱有权、生活富足），有人说幸福是精神的（畅游在知识的海洋里，感悟人生哲理，追求真理）。我对于幸福的理解很普通，就是当我在学校或者工作得非常疲倦时，回家见见爸爸妈妈，吃一顿家常饭，再睡上一觉，醒来就觉得很幸福。上高中时，我在学校寄宿，作息时间统一：每天朝六晚十，人人的生活节奏整齐划一，非常无聊。学习上，很难，压力很大。因而，在学校生活感到很压抑。某一天，我无法再忍受，情绪很不好，我就请假回家了，在家里一下就放松了，感觉很幸福，又有动力去学校学习了。

36. 话题43：对幸福的理解（3）

幸福是什么？许多人有不同的答案。有的人认为，有钱就是幸福；有的人认为，家人健康、家庭和睦就是幸福；有的人认为，婚姻美满，就是幸福；有的人认为，别人幸福，他就幸福。幸福可以是得到自己没有的，也可以是坚守自己拥有的。求而不得是痛苦，得而复失也是痛苦，因此，幸福是心中的需求得到了满足。

感到幸福的人往往容易满足，容易满足的人往往更易感到幸福。有很多现代人不幸福就是因为不满足，但究竟因为什么不满足，很多人却说不上来。因此，当你感到不幸福时，停，想想你想要的究竟是什么。

37. 话题43：对幸福的理解（4）

幸福，对我而言就是想要什么样的生活。主要包括两部分。

第一，幸福的家庭。包括父母、妻子、儿女，他们都身体健康。父母能够颐养天年，让我放心，我能在他们身边照顾他们。家庭温馨、和睦，夫妻齐心，我能成为妻子的依靠，我能给我的孩子做榜样。我的小孩子能拥有无忧无虑的生活，可以成长、成才。

第二，和自然、和自我有对话的空间。看了徐云流浪中国的事情，我很想去领略世界风光，与自然对话，去体验看到秀丽风光时的激情澎湃，感悟宁静之中世界与我的联系。

38. 话题44：如何保持良好的心态（1）

如何保持良好的心态呢？

第一，保持良好的心态是相当重要的。

第二，我的情绪起伏很大，开心难过都是受到外界影响，不太自信。遇到挫折的时候，容易灰心，会想要放弃。顺风顺水的时候也会自我怀疑，别人对我委以重任，我常常会预设自己会失败。

第三，我怎么办呢？我觉得人不能害怕犯错，因为改正错误也是学习过程中的一环。我常常因为紧张而自责，这时我会安慰自己，你做得很好了，已经付出了努力，不要过于责备自己。我会转移注意力，看小说，听音乐，逛街，也会放空大脑，重新思考。

39. 话题44：如何保持良好的心态（2）

在现代社会，人们经常会面对各式各样的问题，感受到来自各个方面的压力，一不小心内心就会崩溃，因此，如何保持良好的心态就显得尤为重要。

第一，认清自己的心态，了解自己是一个什么样的人，有着怎样的性格特点和心理状况。先正确认识自己，再寻找方法调节。

第二，保持积极的心态，在做任何事情的过程中，都应保持积极的态度。不将事情往消极方面想，多想想积极的方面。

第三，学会调节情绪，当遇到不顺心的事情或者心情低落的时候，我们可以通过适当地改变自己的心境来缓解压力，不管是在学习还是在生活中，一定要留出一段可以放松的时间。

第四，培养良好的生活习惯，良好的生活习惯能够帮助我们更好地管理自己的情绪和心态。早睡早起，不要熬夜，不要沉迷电子设备等。

第五，学会合理发泄。运动和与朋友倾诉都是很好的方法。

40. 话题44：如何保持良好的心态（3）

平常心；多读历史，多看纪录片；拥有健康的生活。

41. 话题44：如何保持良好的心态（4）

第一，要允许一切发生（比如第二天要跑步比赛，紧张得不得了，头一天晚上睡不着，手脚冰凉，上场的时候四肢发软）。

第二，不要太依赖社会带给你的各种各样的价值观，要有自己的想法。

第三，适当地放松。我之前参加勤工助学活动，管理培训很多，整个人都很紧张，我会喝一点酒放松，但是不要过量。

42. 话题46：网络时代的生活（1）

如今，网络非常发达，上网成了人们生活中必不可少的事情。网络可以使人不出门就能了解到外面的情况。网络可以帮你解决掉难题。可以说网络时代将我们的生活与互联网紧密相连，一部手机，给我们的衣食住行带来众多便利。

衣：划算、便宜（买家秀）＋店铺多；食：优选＋外卖；住：租房、买房、卖房；行：导航＋租车。

弊端：网络诈骗盛行、信息茧房普遍、信息泄露问题到处都是。

43. 话题46：网络时代的生活（2）

网购：吃上海南的芒果、梅州的柚子、山东的苹果。

了解别的地区别的国家的文化，比如当地的特色小吃、特色景点，人不用到，就可以预先感受一番。

和远在俄罗斯的朋友见面聊天，她是我留学时的舍友，可以跨越时差，跨越大山大海。

网络的坏处：信息太多让人变得浮躁，习惯了碎片化阅读，就像我不能沉下心阅读长篇小说。另外，真真假假的信息太多难以区分。有人利用网络宣传正能量的事情，比如呼吁网友帮助一些残疾人的生活，也有人利用网络满足自己的私欲，开直播拍视频作秀，表面一套背后一套，利用网络信息传输的单向性把网友的善良当成圈钱的道具。

对于网络，我们应该有节制地利用，理性地利用。

44. 话题46：网络时代的生活（3）

网络无处不在，把我们的生活连接在一起。

信息传播、知识共享，网络好像顺风耳、千里眼，打开手机，连上Wi-Fi，我们便能知晓天下事。

网络除了提供了便利，也有危害。好事不出门，坏事传千里。网络谣言兴起，传播更迅速广泛，后果更严重，造谣成本更低。

45. 话题46：网络时代的生活（4）

随着现代科技的发展，人类早已进入网络时代，因此，人们的网络生活越来越丰富多彩。当然，网络在为我们提供便利的同时，也少不了它具有的阴暗面。网络的优点有：第一，我们可以找到许许多多的朋友，不管是国内还是国外的。第二，网络给人们提供机会，有更多的人利用网络成功，比如直播产业造就了不少富人。第三，网络使我们的生活更加方便了，网购、移动支付、点外卖等。

与此同时，网络也让我们面临很多问题。许多人利用网络随意攻击辱骂别人，键盘侠很多，以为别人不知道他是谁。除此之外，很多人沉迷网络世界。我希望，大家能把网络游戏看作一种娱乐方式，空闲时间充实一下自己的生活，但千万不要沉迷网络，甚至走上歧途。

46. 话题46：网络时代的生活（5）

成因：电子计算机的发展、因特网的发展。

好处：便利性（阅读、观影、娱乐）。

网络时代的生活与以前的对比。以前：阅读（图书馆借书、借了很多书，可以在书店待很久），观影（电视、碟片、电影院），娱乐（线下费时费力）。现在：电子书，流媒体观看，线上转播，方便更多的人参与。

坏处：会形成信息茧房和网络暴力，造谣一张嘴，辟谣跑断腿，还有版权问题、网络诈骗和信息安全问题。

现状：最基本的是一些在网络时代的"移民"无法适应，进一步说就是疫情结束后线下活动的恢复甚至更火爆，反映着线下交流具有独特性，不会完全被线上活动替代。

总结：在网络时代更需要有独立思考的能力而不是人云亦云，对网络需要最大程度地发挥其便利性，使网络适应人，而不是被排除在网络时代外。

47. 话题46：网络时代的生活（6）

在网络时代，生活离不开网络，现实和网络太不一样了。早上起床，我睁开眼睛就刷手机，在网络上沟通交流，记录和分享生活，一直到晚上，看电影、刷剧、看短视频等，还可以在网络上交友。我喜欢打网游，和几个小伙伴约好,一起打王者荣耀。网络最重要的功能还有网购,衣服、吃喝玩乐的都可以在网上解决。网络还可以买票,电影票、音乐节票、演唱会票、飞机票、高铁票等。我们上过很长一段时间网课,我们可以在网络上看病,可以在网络上办公,看网络直播和世界各地的新闻。

因为信息太多了,也会鱼龙混杂,网络上也有坏人,也会网暴,传播不实言论和信息。

48. 话题47:对美的看法(1)

什么是美?每个人都有不同的看法。对人,有些人认为女生瘦白才美,男生要高大健壮才美。现在,文化更加开放,对美的定义也更加开放了,我们现在可以不用太在意别人的看法。女生可以不用追求瘦、白,男生可以不用追求高,可以不拥有八块腹肌。只要你能够找到让自己舒服的状态,变得自信从容,你可以去热闹的商业区看看,你会发现各种各样的打扮,各种各样的长相都有美的地方。

同样,对于景物,其实也可以随性一点,用眼睛去看看,有些人会觉得大山大河美,可是谁规定小山坡小溪不能是美的呢?只要你喜欢,它们就是美的。我曾经爬过一座很原始的山,它没有铺山路,还是黄泥路,路两边有各种树各种草。但是我觉得这座山生机勃勃,同样很美。相比于设施完备的白云山,它有一种原始的粗犷的自然美。

美并不高大上,美就存在于我们的生活中,不妨去仔细观察一下身边的人,你可能会发现同学今天戴的项链很美,你可能会发现宿舍楼里晒太阳的小猫很美。你可能会发现教学楼地砖里长出来的小草很美。

美不应该被定义,也不应该高高在上。我们要善于发现美,大方地接受不一样的美。

49. 话题47:对美的看法(2)

随着时代的发展,物质生活水平的提高,人们对于美的追求和认识也有了新的发展,那么,在现实社会里,究竟应该怎样看待美?下面,我想谈谈我的想法。第一,尊重任何一种美。美的标准从来不是统一的,我们不要老是以大众所谓的美的标准来严格要求自己。现在很多人觉得瘦才是美的,许多人就疯狂减肥,事实上他可能根本就不胖。没有人规定瘦才是美的，我觉得健康才是最美的。

第二，多关注心灵美。好看的皮囊千篇一律，有趣的灵魂万里挑一。内心美更加值得我们赞颂。

第三，我们要有发现美的眼睛。罗丹说过："美是到处都有的，对于我们的眼睛，不是缺少美，而是缺少发现。"还有很多时候，我们会容易忽略这些就隐藏在我们身边的美，一个东西美不美，更多的是在个人的看法和心情。

50. 话题47：对美的看法（3）

如此，随着时代的发展，物质生活水平的提高，人们对于美的追求和认识也有了新的发展。在这个多元化的世界里，我觉得，现实里并不缺少美，而是缺少发现。

美在我们的生活中随处可见：幽静美丽的公园、各种前卫时尚的辅食、优美欢快的音乐等。我认为，要想发现美，就要先搞清楚美从哪里来。首先，美来自自然，人的外表美与生俱来，不需要使用昂贵的化妆品也能达到真正的美。其次，美来自内心。心灵美最重要。

51. 话题47：对美的看法（4）

美体现在很多方面：生活、建筑、人、家。提倡"健康美"，不等于白瘦，而是内在美。

正例：普拉提、瑜伽、体态。反例：种族歧视、妆容。

52. 话题47：对美的看法（5）

美是做自己，美不能被定义。这世上也不是只有一种美，自然赋予了我们各种各样的美。树会变壮，花会开。不追逐世俗潮流审美，可爱性感帅气的美。美是健壮有力的身躯，是温柔闪亮的眼神，是自信的、勇敢的、快乐的，不只是女生，男生也可以。生活中处处都是美，拥有看见美的眼睛。美不是外在，而是内心。

53. 话题49：对亲情（或友情、爱情）的理解（1）

亲情是港湾，是血脉相通，是相濡以沫，是荣辱与共。首先，内心的幸福感：包括妈妈做的好吃的，妈妈帮我搭配春夏秋冬的衣服，妈妈很时尚，我戏称她为"时尚小姐"。在家里面，妈妈做饭，爸爸打扫卫生，刷碗，他们互相扶持。其次，爸爸妈妈帮助我成为更好的人。不管是学习还是体育上，爸爸都为我制定目标，并在下班后，陪我打乒乓球和羽毛球，我一直不喜欢运动，不过爸爸还是鼓励我积极参与。最后，家人是彼此的精神力量。

54. 话题49：对亲情（或友情、爱情）的理解（2）

我认为，事业和爱情相比，事业更重要。在事业上，我会觉得忙碌要有意义，如果整天忙于无意义的琐事，就会感到绝望。当然，我们很难说一定会遇到非常理想的事业，所以我们必须重视自己的精神生活。

我希望未来能找到一份能发挥个人特长，真正做教育的工作。未来我的选择可能更倾向于当乡村教师或者创业，当全职公益人之类的，虽然辛苦，薪资低，但是有意义，能给我带来幸福感。

至于爱情，找一个能够理解我、能够相互陪伴的人，能有一个温馨的小家，这就是来自心底的幸福。

第五章　普通话水平测试用朗读作品

在这一部分你将学到：

《普通话水平测试用朗读作品》和补充朗读作品，以及三份"普通话水平测试"模拟试题。你可以练习这些朗读作品，并试着做模拟试题。

第一节　普通话水平测试用朗读作品及补充作品

一、普通话水平测试用朗读作品

作品1号

照北京的老规矩，春节差不多在腊月的初旬就开始了。"腊七腊八，冻死寒鸦"，这是一年里最冷的时候。在腊八这天，家家都熬腊八粥。粥是用各种米，各种豆，与各种干果熬成的。这不是粥，而是小型的农业展览会。

除此之外，这一天还要泡腊八蒜。把蒜瓣放进醋里，封起来，为过年吃饺子用。到年底，蒜泡得色如翡翠，醋也有了些辣味，色味双美，使人忍不住要多吃几个饺子。在北京，过年时，家家吃饺子。

孩子们准备过年，第一件大事就是买杂拌儿。这是用花生、胶枣、榛子、栗子等干果与蜜饯掺和成的。孩子们喜欢吃这些零七八碎儿。第二件大事是买爆竹，特别是男孩子们。恐怕第三件事才是买各种玩意儿——风筝、空竹、口琴等。

孩子们欢喜，大人们也忙乱。他们必须预备过年吃的、喝的、穿的、用的,好在新年时显出万象更新的气象。

腊月二十三过小年,差不多就是过春节的"彩排"。天一擦黑儿,鞭炮响起来,便有了过年的味道。这一天,是要吃糖的,街上早有好多卖麦芽糖与江米糖的,糖形或为长方块或为瓜形,又甜又黏,小孩子们最喜欢。

过了二十三,大家更忙。必须大扫除一次,还要把肉、鸡、鱼、青菜、年糕什么的都预备充足——店//铺多数正月初一到初五关门,到正月初六才开张。

节选自老舍《北京的春节》

Zuò pǐn 1 Hào

  Zhào Běijīng de lǎo guīju, Chūnjié chà·bùduō zài làyuè de chūxún jiù kāishǐ le. "Làqī Làbā, dòngsǐ hányā", zhè shì yī nián·lǐ zuì lěng de shíhou. Zài Làbā zhè tiān, jiājiā dōu áo làbāzhōu. Zhōu shì yòng gè zhǒng mǐ, gè zhǒng dòu, yǔ gè zhǒng gānguǒ áochéng de. Zhè bù shì zhōu, ér shì xiǎoxíng de nóngyè zhǎnlǎnhuì.

  Chú cǐ zhī wài, zhè yī tiān hái yào pào làbāsuàn. Bǎ suànbànr fàngjìn cù·lǐ, fēng qǐ·lái, wèi guònián chī jiǎozi yòng. Dào niándǐ, suàn pào de sè rú fěicuì, cù yě yǒule xiē làwèir, sè wèi shuāng měi, shǐ rén rěn·bùzhù yào duō chī jǐ gè jiǎozi. Zài Běijīng, guònián shí, jiājiā chī jiǎozi.

  Háizimen zhǔnbèi guònián, dì-yī jiàn dàshì jiù shì mǎi zábànr. Zhè shì yòng huāshēng, jiāozǎo, zhēnzi, lìzi děng gānguǒ yǔ mìjiàn chānhuo chéng de. Háizimen xǐhuan chī zhèxiē língqī-bāsuìr. Dì-èr jiàn dàshì shì mǎi bàozhú, tèbié shì nánháizimen. Kǒngpà dì-sān jiàn shì cái shì mǎi gè zhǒng wányìr——fēngzheng, kōngzhú, kǒuqín děng.

  Háizimen huānxǐ, dà·rénmen yě mángluàn. Tāmen bìxū yùbèi guònián chīde, hēde, chuānde, yòngde, hǎo zài xīnnián shí xiǎnchū wànxiàng-gēngxīn de qìxiàng.

  Làyuè èrshísān guò xiǎonián, chà·bùduō jiù shì guò Chūnjié de "cǎipái". Tiān yī cāhēir, biānpào xiǎng qǐ·lái, biàn yǒule guònián de wèi·dào. Zhè yī tiān, shì yào chī táng de, jiē·shàng zǎo yǒu hǎoduō mài

183

màiyátáng yǔ jiāngmǐtáng de, tángxíng huò wéi chángfāngkuàir huò wéi guāxíng, yòu tián yòu nián, xiǎoháizimen zuì xǐhuan.

Guòle èrshísān, dàjiā gèng máng. Bìxū dàsǎochú yī cì, hái yào bǎ ròu、jī、yú、qīngcài、niángāo shénme de dōu yùbèi chōngzú——diàn//pù duōshù zhēngyuè chūyī dào chūwǔ guānmén, dào zhēngyuè chūliù cái kāizhāng.

Jiéxuǎn zì Lǎo Shě《Běijīng de Chūnjié》

作品 2 号

盼望着，盼望着，东风来了，春天的脚步近了。

一切都像刚睡醒的样子，欣欣然张开了眼。山朗润起来了，水涨起来了，太阳的脸红起来了。

小草偷偷地从土里钻出来，嫩嫩的，绿绿的。园子里，田野里，瞧去，一大片一大片满是的。坐着，躺着，打两个滚，踢几脚球，赛几趟跑，捉几回迷藏。风轻悄悄的，草软绵绵的。

……

"吹面不寒杨柳风"，不错的，像母亲的手抚摸着你。风里带来些新翻的泥土的气息，混着青草味儿，还有各种花的香，都在微微湿润的空气里酝酿。鸟儿将巢安在繁花绿叶当中，高兴起来了，呼朋引伴地卖弄清脆的喉咙，唱出宛转的曲子，跟轻风流水应和着。牛背上牧童的短笛，这时候也成天嘹亮地响着。

雨是最寻常的，一下就是三两天。可别恼。看，像牛毛，像花针，像细丝，密密地斜织着，人家屋顶上全笼着一层薄烟。树叶儿却绿得发亮，小草儿也青得逼你的眼。傍晚时候，上灯了，一点点黄晕的光，烘托出一片安静而和平的夜。在乡下，小路上，石桥边，有撑起伞慢慢走着的人，地里还有工作的农民，披着蓑戴着笠。他们的房屋，稀稀疏疏的，在雨里静默着。

天上风筝渐渐多了，地上孩子也多了。城里乡下，家家户户，老老小小，//也赶趟儿似的，一个个都出来了。舒活舒活筋骨，抖擞抖擞精神，各做各的一份儿事去。"一年之计在于春"，刚起头儿，有的是工夫，有的是希望。

春天像刚落地的娃娃，从头到脚都是新的，它生长着。

春天像小姑娘，花枝招展的，笑着，走着。

春天像健壮的青年，有铁一般的胳膊和腰脚，领着我们上前去。

节选自朱自清《春》

Zuòpǐn 2 Hào

Pànwàngzhe, pànwàngzhe, dōngfēng lái le, chūntiān de jiǎobù jìn le.

Yīqiè dōu xiàng gāng shuìxǐng de yàngzi, xīnxīnrán zhāngkāile yǎn. Shān lǎngrùn qǐ·lái le, shuǐ zhǎng qǐ·lái le, tài·yáng de liǎn hóng qǐ·lái le.

Xiǎocǎo tōutōu de cóng tǔ·lǐ zuān chū·lái, nènnèn de, lǜlǜ de. Yuánzi·lǐ, tiányě·lǐ, qiáo·qù, yī dà piàn yī dà piàn mǎn shì de. Zuòzhe, tǎngzhe, dǎ liǎng gè gǔnr, tī jǐ jiǎo qiúr, sài jǐ tàng pǎo, zhuō jǐ huí mícáng. Fēng qīngqiāoqiāo de, cǎo ruǎnmiánmián de.

……

"Chuī miàn bù hán yángliǔ fēng", bùcuò de, xiàng mǔ·qīn de shǒu fǔmōzhe nǐ. Fēng·lǐ dàilái xiē xīn fān de nítǔ de qìxī, hùnzhe qīngcǎo wèir, hái yǒu gè zhǒng huā de xiāng, dōu zài wēiwēi shīrùn de kōngqì·lǐ yùnniàng. Niǎo'ér jiāng cháo ān zài fánhuā-lǜyè dāngzhōng, gāoxìng qǐ·lái le, hūpéng-yǐnbàn de mài·nòng qīngcuì de hóu·lóng, chàngchū wǎnzhuǎn de qǔzi, gēn qīngfēng-liúshuǐ yìnghèzhe. Niúbèi·shàng mùtóng de duǎndí, zhè shíhou yě chéngtiān liáoliàng de xiǎngzhe.

Yǔ shì zuì xúncháng de, yīxià jiù shì sān-liǎng tiān. Kě bié nǎo. Kàn, xiàng niúmáo, xiàng huāzhēn, xiàng xìsī, mìmì de xié zhīzhe, rénjiā wūdǐng·shàng quán lǒngzhe yī céng bóyān. Shùyèr què lǜ de fāliàng, xiǎocǎor yě qīng de bī nǐ de yǎn. Bàngwǎn shíhou, shàngdēng le, yīdiǎndiǎn huángyùn de guāng, hōngtuō chū yī piàn ānjìng ér hépíng de yè. Zài xiāngxia, xiǎolù·shàng, shíqiáo biān, yǒu chēngqǐ sǎn mànmàn zǒuzhe de rén, dì·lǐ hái yǒu gōngzuò de nóngmín, pīzhe suō dàizhe lì. Tāmen de fángwū, xīxīshūshū de, zài yǔ·lǐ jìngmòzhe.

普通话训练与测试教程

  Tiān·shàng fēngzheng jiànjiàn duō le, dì·shàng háizi yě duō le. Chéng·lǐ xiāngxia, jiājiāhùhù, lǎolǎoxiǎoxiǎo, // yě gǎntàngr shìde, yīgègè dōu chū·lái le. Shūhuó shūhuó jīngǔ, dǒusǒu dǒusǒu jīngshen, gè zuò gè de yī fènr shì·qù. "Yī nián zhī jì zàiyú chūn", gāng qǐtóur, yǒu de shì gōngfu, yǒu de shì xīwàng.

  Chūntiān xiàng gāng luòdì de wáwa, cóng tóu dào jiǎo dōu shì xīn de, tā shēngzhǎngzhe.

  Chūn tiān xiàng xiǎo gūniang, huāzhī-zhāozhǎn de, xiàozhe, zǒuzhe.

  Chūntiān xiàng jiànzhuàng de qīngnián, yǒu tiě yibān de gēbo hé yāojiǎo, lǐngzhe wǒmen shàngqián·qù.

              Jiéxuǎn zì Zhū Zìqīng《Chūn》

作品 3 号

  燕子去了，有再来的时候；杨柳枯了，有再青的时候；桃花谢了，有再开的时候。但是，聪明的，你告诉我，我们的日子为什么一去不复返呢？——是有人偷了他们罢：那是谁？又藏在何处呢？是他们自己逃走了罢：现在又到了哪里呢？

  去的尽管去了，来的尽管来着；去来的中间，又怎样地匆匆呢？早上我起来的时候，小屋里射进两三方斜斜的太阳。太阳他有脚啊，轻轻悄悄地挪移了；我也茫茫然跟着旋转。于是——洗手的时候，日子从水盆里过去；吃饭的时候，日子从饭碗里过去；默默时，便从凝然的双眼前过去。我觉察他去的匆匆了，伸出手遮挽时，他又从遮挽着的手边过去；天黑时，我躺在床上，他便伶伶俐俐地从我身上跨过，从我脚边飞去了。等我睁开眼和太阳再见，这算又溜走了一日。我掩着面叹息，但是新来的日子的影儿又开始在叹息里闪过了。

  在逃去如飞的日子里，在千门万户的世界里的我能做些什么呢？只有徘徊罢了，只有匆匆罢了；在八千多日的匆匆里，除徘徊外，又剩些什么呢？过去的日子如轻烟，被微风吹散了，如薄雾，被初阳蒸融了；我留着些什么痕迹呢？我何曾留着像游丝样的痕迹呢？我赤裸裸//来到这世界，转眼间也将赤裸裸的回去罢？但不能平的，为什么偏白白走这一遭啊？

186

第五章 普通话水平测试用朗读作品

你聪明的，告诉我，我们的日子为什么一去不复返呢？

节选自朱自清《匆匆》

Zuòpǐn 3 Hào

　　Yànzi qù le, yǒu zài lái de shí hou; yángliǔ kū le, yǒu zài qīng de shíhou; táohuā xiè le, yǒu zài kāi de shíhou. Dàn shì, cōng•míng de, nǐ gàosu wǒ, wǒmen de rìzi wèi shénme yī qù bù fù fǎn ne? ——Shì yǒu rén tōule tāmen ba: nà shì shuí? Yòu cáng zài héchù ne? Shì tāmen zìjǐ táo zǒule ba: xiànzài yòu dàole nǎ•lǐ ne?

　　Qù de jǐnguǎn qù le, lái de jǐnguǎn láizhe; qù-lái de zhōngjiān, yòu zěnyàng de cōngcōng ne? Zǎoshang wǒ qǐ•lái de shíhou, xiǎowū•lǐ shè jìn liǎng-sān fāng xiéxié de tài•yáng. Tài•yáng tā yǒu jiǎo a, qīngqīngqiāoqiāo de nuóyí le; wǒ yě mángmángrán gēnzhe xuánzhuǎn. Yúshì——xǐ shǒu de shíhou, rizi cóng shuǐpén•lǐ guò•qù; chī fàn de shíhou, rìzi cóng fànwǎn•lǐ guò•qù; mòmò shí, biàn cóng níngrán de shuāngyǎn qián guò•qù. Wǒ juéchá tā qù de cōngcōng le, shēnchū shǒu zhēwǎn shí, tā yòu cóng zhēwǎnzhe de shǒu biān guò•qù; tiān hēi shí, wǒ tǎng zài chuáng•shàng, tā biàn línglínglìlì de cóng wǒ shēn•shàng kuà•guò, cóng wǒ jiǎo biān fēiqù le. Děng wǒ zhēngkāi yǎn hé tài•yáng zàijiàn, zhè suàn yòu liūzǒule yī rì. Wǒ yǎnzhe miàn tànxī. Dànshì xīn lái de rìzi de yǐng' ér yòu kāishǐ zài tànxī•lǐ shǎn•guò le.

　　Zài táoqù rú fēi de rìzi•lǐ, zài qiānmén-wànhù de shìjiè•lǐ de wǒ néng zuò xiē shénme ne? Zhǐyǒu páihuái bàle, zhǐyǒu cōngcōng bàle; zài bāqiān duō rì de cōngcōng•lǐ, chú páihuái wài, yòu shèng xiē shénme ne? Guòqù de rìzi rú qīngyān, bèi wēifēng chuīsàn le, rú bówù, bèi chūyáng zhēngróng le; wǒ liúzhe xiē shénme hénjì ne? Wǒ hécéng liú zhe xiàng yóusī yàng de hénjì ne? Wǒ chìluǒluǒ//láidào zhè shìjiè, zhuǎnyǎnjiān yě jiāng chìluǒluǒ de huí•qù ba? Dàn bù néng píng de, wèi shénme piān báibái zǒu zhè yī zāo a?

　　Nǐ cōng•míng de, gàosu wǒ, women de rìzi wèi shénme yī qù bù fù

187

普通话训练与测试教程

fǎn ne?

Jiéxuǎn zì Zhū Zìqīng《Cōngcōng》

作品 4 号

　　有的人在工作、学习中缺乏耐性和韧性，他们一旦碰了钉子，走了弯路，就开始怀疑自己是否有研究才能。其实，我可以告诉大家，许多有名的科学家和作家，都是经过很多次失败，走过很多弯路才成功的。有人看见一个作家写出一本好小说，或者看见一个科学家发表几篇有分量的论文，便仰慕不已，很想自己能够信手拈来，妙手成章，一觉醒来，誉满天下。其实，成功的作品和论文只不过是作家、学者们整个创作和研究中的极小部分，甚至数量上还不及失败作品的十分之一。大家看到的只是他们成功的作品，而失败的作品是不会公开发表出来的。

　　要知道，一个科学家在攻克科学堡垒的长征中，失败的次数和经验，远比成功的经验要丰富、深刻得多。失败虽然不是什么令人快乐的事情，但也决不应该因此气馁。在进行研究时，研究方向不正确，走了些岔路，白费了许多精力，这也是常有的事。但不要紧，可以再调换方向进行研究。更重要的是要善于吸取失败的教训，总结已有的经验，再继续前进。

　　根据我自己的体会，所谓天才，就是坚持不断的努力。有些人也许觉得我在数学方面有什么天分，//其实从我身上是找不到这种天分的。我读小学时，因为成绩不好，没有拿到毕业证书，只拿到一张修业证书。初中一年级时，我的数学也是经过补考才及格的。但是说来奇怪，从初中二年级以后，我就发生了一个根本转变，因为我认识到既然我的资质差些，就应该多用点儿时间来学习。别人学一小时，我就学两小时，这样，我的数学成绩得以不断提高。

　　一直到现在我也贯彻这个原则：别人看一篇东西要三小时，我就花三个半小时。经过长期积累，就多少可以看出成绩来。并且在基本技巧烂熟之后，往往能够一个钟头就看懂一篇人家看十天半月也解不透的文章。所以，前一段时间的加倍努力，在后一段时间能收到预想不到的效果。

　　是的，聪明在于学习，天才在于积累。

节选自华罗庚《聪明在于学习，天才在于积累》

第五章　普通话水平测试用朗读作品

Zuòpǐn 4 Hào

　　Yǒude rén zài gōngzuò、xuéxí zhōng quēfá nàixìng hé rènxìng, tāmen yīdàn pèngle dīngzi, zǒule wānlù, jiù kāishǐ huáiyí zìjǐ shìfǒu yǒu yánjiū cáinéng. Qíshí, wǒ kěyǐ gàosu dàjiā, xǔduō yǒumíng de kēxuéjiā hé zuòjiā, dōu shì jīngguò hěn duō cì shībài, zǒuguo hěn duō wānlù cái chénggōng de. Yǒu rén kàn•jiàn yī gè zuòjiā xiěchū yī běn hǎo xiǎoshuō, huòzhě kàn•jiàn yī gè kēxuéjiā fābiǎo jǐ piān yǒu fèn•liàng de lùnwén, biàn yǎngmù-bùyǐ, hěn xiǎng zìjǐ nénggòu xìnshǒu-niānlái, miàoshǒu-chéngzhāng, yī jiào xǐnglái, yùmǎn-tiānxià. Qíshí, chénggōng de zuòpǐn hé lùnwén zhǐ bùguò shì zuòjiā、xuézhěmen zhěnggè chuàngzuò hé yánjiū zhōng de jí xiǎo bùfen, shènzhì shùliàng•shàng hái bù jí shībài zuòpǐn de shí fēn zhī yī. Dàjiā kàndào de zhǐ shì tāmen chénggōng de zuòpǐn, ér shībài de zuòpǐn shì bù huì gōngkāi fābiǎo chū•lái de.

　　Yào zhī•dào, yī gè kēxuéjiā zài gōngkè kēxué bǎolěi de chángzhēng zhōng, shībài de cìshù hé jīngyàn, yuǎn bǐ chénggōng de jīngyàn yào fēngfù、shēnkè de duō. Shībài suīrán bù shì shénme lìng rén kuàilè de shìqing, dàn yě juébù yīnggāi yīncǐ qìněi. Zài jìnxíng yánjiū shí, yánjiū fāngxiàng bù zhèngquè, zǒule xiē chàlù, báifèile xǔduō jīnglì, zhè yě shì cháng yǒu de shì. Dàn bù yàojǐn, kěyǐ zài diàohuàn fāngxiàng jìnxíng yánjiū. Gèng zhòngyào de shì yào shànyú xīqǔ shībài de jiàoxùn, zǒngjié yǐ yǒu de jīngyàn, zài jìxù qiánjìn.

　　Gēnjù wǒ zìjǐ de tǐhuì, suǒwèi tiāncái, jiù shì jiānchí bùduàn de nǔlì. Yǒuxiē rén yěxǔ jué•dé wǒ zài shùxué fāngmiàn yǒu shénme tiānfèn, // qíshí cóng wǒ shēn•shàng shì zhǎo•bù dào zhè zhǒng tiānfèn de. Wǒ dú xiǎoxué shí, yīn•wèi chéngjì bù hǎo, méi•yǒu nádào bìyè zhèngshū, zhǐ nádào yī zhāng xiūyè zhèngshū. Chūzhōng yī niánjí shí, wǒ de shùxué yě shì jīngguò bǔkǎo cái jígé de. Dànshì shuō lái qíguài, cóng chūzhōng èr niánjí yǐhòu, wǒ jiù fāshēngle yī gè gēnběn zhuǎnbiàn, yīn•wèi wǒ rènshi dào jìrán wǒ de zīzhì chà xiē, jiù yīnggāi duō yòng diǎnr shíjiān lái xuéxí. Bié•

rén xué yī xiǎoshí, wǒ jiù xué liǎng xiǎoshí, zhèyàng, wǒ de shùxué chéngjì déyǐ bùduàn tígāo.

　　Yī zhí dào xiànzài wǒ yě guànchè zhège yuánzé: bié·rén kàn yī piān dōngxi yào sān xiǎoshí, wǒ jiù huā sān gè bàn xiǎoshí. Jīngguò chángqī jīlěi, jiù duōshǎo kěyǐ kànchū chéngjì lái. Bìngqiě zài jīběn jìqiǎo lànshú zhīhòu, wǎngwǎng nénggòu yī gè zhōngtóu jiù kàndǒng yī piān rénjia kàn shítiān-bànyuè yě jiě·bù tòu de wénzhāng. Suǒyǐ, qián yī duàn shíjiān de jiābèi nǔlì, zài hòu yī duàn shíjiān néng shōudào yùxiǎng·bù dào de xiàoguǒ.

　　Shì de, cōng·míng zàiyú xuéxí, tiāncái zàiyú jīlěi.

　　Jiéxuǎn zì Huà Luógēng《Cōng·míng zàiyú Xuéxí, Tiāncái zàiyú Jīlěi》

作品 5 号

　　去过故宫大修现场的人，就会发现这里和外面工地的劳作景象有个明显的区别：这里没有起重机，建筑材料都是以手推车的形式送往工地，遇到人力无法运送的木料时，工人们会使用百年不变的工具——滑轮组。故宫修缮，尊重着"四原"原则，即原材料、原工艺、原结构、原型制。在不影响体现传统工艺技术手法特点的地方，工匠可以用电动工具，比如开荒料、截头。大多数时候工匠都用传统工具：木匠画线用的是墨斗、画签、毛笔、方尺、杖竿、五尺；加工制作木构件使用的工具有锛、凿、斧、锯、刨等等。

　　最能体现大修难度的便是瓦作中"苫背"的环节。"苫背"是指在房顶做灰背的过程，它相当于为木建筑添上防水层。有句口诀是三浆三压，也就是上三遍石灰浆，然后再压上三遍。但这是个虚数。今天是晴天，干得快，三浆三压硬度就能符合要求，要是赶上阴天，说不定就要六浆六压。任何一个环节的疏漏都可能导致漏雨，而这对建筑的损坏是致命的。

　　"工"字早在殷墟甲骨卜辞中就已经出现过。《周官》与《春秋左传》记载周王朝与诸侯都设有掌管营造的机构。无数的名工巧匠为我们留下了那么多宏伟的建筑，但却//很少被列入史籍，扬名于后世。

　　匠人之所以称之为"匠"，其实不仅仅是因为他们拥有了某种娴熟的技能，毕竟技能还可以通过时间的累积"熟能生巧"，但蕴藏在"手艺"之上的那种对建筑本身的敬畏和热爱却需要从历史的长河中去寻觅。

将壮丽的紫禁城完好地交给未来,最能仰仗的便是这些默默奉献的匠人。故宫的修护注定是一场没有终点的接力,而他们就是最好的接力者。

节选自单霁翔《大匠无名》

Zuòpǐn 5 Hào

　　Qùguo Gùgōng dàxiū xiànchǎng de rén, jiù huì fāxiàn zhè•lǐ hé wài•miàn gōngdì de láozuò jǐngxiàng yǒu ge míngxiǎn de qūbié: zhè•lǐ méi yǒu qǐzhòngjī, jiànzhù cáiliào dōu shì yǐ shǒutuīchē de xíngshì sòng wǎng gōngdì, yùdào rénlì wúfǎ yùnsòng de mùliào shí, gōngrénmen huì shǐyòng bǎinián-búbiàn de gōngjù——huálúnzǔ. Gùgōng xiūshàn, zūnzhòngzhe "Si-Yuán" yuánzé, jí yuán cáiliào、yuán gōngyì、yuán jiégòu、yuán xíngzhì. Zài bù yǐngxiǎng tǐxiàn chuántǒng gōngyì jìshù shǒufǎ tèdiǎn de dìfang, gōngjiàng kěyǐ yòng diàndòng gōngjù, bǐrú kāi huāngliào、jié tóu. Dàduōshù shíhou gōngjiàng dōu yòng chuántǒng gōngjù: mùjiang huà xiàn yòng de shì mòdǒu、huàqiān、máobǐ、fāngchǐ、zhànggān、wǔchǐ; jiāgōng zhìzuò mùgòujiàn shǐyòng de gōngjù yǒu bēn、záo、fǔ、jù、bào děngděng.

　　Zuì néng tǐxiàn dàxiū nándù de biàn shì wǎzuò zhōng "shànbèi" de huánjié. "Shànbèi" shì zhǐ zài fángdǐng zuò huībèi de guòchéng, tā xiāngdāngyú wèi mùjiànzhù tiān•shàng fángshuǐcéng. Yǒu jù kǒujué shì sānjiāng-sānyā, yě jiù shì shàng sān biàn shíhuíjiāng, ránhòu zài yā•shàng sān biàn. Dàn zhè shì ge xūshù. Jīntiān shì qíngtiān, gān de kuài, sānjiāng-sānyā yìngdù jiù néng fúhé yāoqiú, yàoshi gǎn•shàng yīntiān, shuō•búdìng jiù yào liùjiāng-liùyā. Rènhé yī ge huánjié de shūlòu dōu kěnéng dǎozhì lòuyǔ, ér zhè duì jiànzhù de sǔnhuài shì zhìmìng de.

　　"Gōng" zì zǎo zài Yīnxū jiǎgǔ bǔcí zhōng jiù yǐ•jīng chūxiànguo. 《Zhōu guān》yǔ《Chūnqiū Zuǒzhuàn》jìzǎi Zhōu wángcháo yǔ zhūhóu dōu shèyǒu zhǎngguǎn yíngzào de jīgòu. Wúshù de mínggōng-qiǎojiàng wèi wǒmen liú•xiàle nàme duō hóngwěi de jiànzhù, dàn què//hěn shǎo bèi lièrù shǐjí, yángmíng yú hòushì.

　　Jiàngrén zhīsuǒyǐ chēng zhī wéi "jiàng", qíshí bù jǐnjǐn shì yīn·wèi tāmen yōngyǒule mǒu zhǒng xiánshú de jìnéng, bìjìng jìnéng hái kěyǐ tōngguò shíjiān de lěijī "shúnéngshēngqiǎo", dàn yùncáng zài "shǒuyì" zhī shàng de nà zhǒng duì jiànzhù běnshēn de jìngwèi hé rè'ài què xūyào cóng lìshǐ de chánghé zhōng qù xúnmì.

　　Jiāng zhuànglì de Zǐjìnchéng wánhǎo de jiāo gěi wèilái, zuì néng yǎngzhàng de biàn shì zhèxiē mòmò fèngxiàn de jiàngrén. Gùgōng de xiūhù zhùdìng shì yī chǎng méi·yǒu zhōngdiǎn de jiēlì, ér tāmen jiù shì zuì hǎo de jiēlìzhě.

　　　　　　　　Jiéxuǎn zì Shàn Jìxiáng《Dà Jiàng Wú Míng》

作品6号

　　立春过后，大地渐渐从沉睡中苏醒过来。冰雪融化，草木萌发，各种花次第开放。再过两个月，燕子翩然归来。不久，布谷鸟也来了。于是转入炎热的夏季，这是植物孕育果实的时期。到了秋天，果实成熟，植物的叶子渐渐变黄，在秋风中簌簌地落下来。北雁南飞，活跃在田间草际的昆虫也都销声匿迹。到处呈现一片衰草连天的景象，准备迎接风雪载途的寒冬。在地球上温带和亚热带区域里，年年如是，周而复始。

　　几千年来，劳动人民注意了草木荣枯、候鸟去来等自然现象同气候的关系，据以安排农事。杏花开了，就好像大自然在传语要赶快耕地；桃花开了，又好像在暗示要赶快种谷子。布谷鸟开始唱歌，劳动人民懂得它在唱什么："阿公阿婆，割麦插禾。"这样看来，花香鸟语，草长莺飞，都是大自然的语言。

　　这些自然现象，我国古代劳动人民称它为物候。物候知识在我国起源很早。古代流传下来的许多农谚就包含了丰富的物候知识。到了近代，利用物候知识来研究农业生产，已经发展为一门科学，就是物候学。物候学记录植物的生长荣枯，动物的养育往来，如桃花开、燕子来等自然现象，从而了解随着时节//推移的气候变化和这种变化对动植物的影响。

　　　　　　　　　　　　节选自竺可桢《大自然的语言》

第五章　普通话水平测试用朗读作品

Zuòpǐn 6 Hào

　　Lìchūn guò hòu, dàdì jiànjiàn cóng chénshuì zhōng sūxǐng guò · lái. Bīngxuě rónghuà, cǎomù méngfā, gè zhǒng huā cìdì kāifàng. Zài guò liǎng gè yuè, yànzi piānrán guīlái. Bùjiǔ, bùgǔniǎo yě lái le. Yúshì zhuǎnrù yánrè de xiàjì, zhè shì zhíwù yùnyù guǒshí de shíqī. Dàole qiūtiān, guǒshí chéngshú, zhíwù de yèzi jiànjiàn biàn huáng, zài qiūfēng zhōng sùsù de luò xià · lái. Běiyàn-nánfēi, huóyuè zài tiánjiān-cǎojì de kūnchóng yě dōu xiāoshēng-nìjì. Dàochù chéngxiàn yī piàn shuāicǎo-liántiān de jǐngxiàng, zhǔnbèi yíngjiē fēngxuě-zàitú de hándōng. Zài dìqiú · shàng wēndài hé yàrèdài qūyù · lǐ, niánnián rú shì, zhōu'érfùshǐ.

　　Jǐ qiān nián lái, láodòng rénmín zhùyìle cǎomù-róngkū、hòuniǎo-qùlái děng zìrán xiànxiàng tóng qìhòu de guānxi, jù yǐ ānpái nóngshì. Xìnghuā kāi le, jiù hǎoxiàng dàzìrán zài chuányù yào gǎnkuài gēng dì; táohuā kāi le, yòu hǎoxiàng zài ànshì yào gǎnkuài zhòng gǔzi. Bùgǔniǎo kāishǐ chànggē, láodòng rénmín dǒng · dé tā zài chàng shénme: "Āgōng āpó, gē mài chā hé." Zhèyàng kànlái, huāxiāng-niǎoyǔ, cǎozhǎng-yīngfēi, dōu shì dàzìrán de yǔyán.

　　Zhèxiē zìrán xiànxiàng, wǒguó gǔdài láodòng rénmín chēng tā wéi wùhòu. Wùhòu zhīshi zài wǒguó qǐyuán hěn zǎo. Gǔdài liúchuán xià · lái de xǔduō nóngyàn jiù bāohánle fēngfù de wùhòu zhīshi. Dàole jìndài, lìyòng wùhòu zhīshi lái yánjiū nóngyè shēngchǎn, yǐ · jīng fāzhǎn wéi yī mén kēxué, jiù shì wùhòuxué. Wùhòuxué jìlù zhíwù de shēngzhǎng-róngkū, dòngwù de yǎngyù-wǎnglái, rú táohuā kāi、yànzi lái děng zìrán xiànxiàng, cóng'ér liǎojiě suízhe shíjié// tuīyí de qìhòu biànhuà hé zhè zhǒng biànhuà duì dòng-zhíwù de yǐngxiǎng.

　　　　　　　　　　　　Jiéxuǎn zì Zhú Kězhēn《Dàzìrán de Yǔyán》

作品 7 号

　　当高速列车从眼前呼啸而过时，那种转瞬即逝的感觉让人们不得不发问：高速列车跑得那么快，司机能看清路吗？

普通话训练与测试教程

  高速列车的速度非常快,最低时速标准是二百公里。且不说能见度低的雾霾天,就是晴空万里的大白天,即使是视力好的司机,也不能保证正确识别地面的信号。当肉眼看到前面有障碍时,已经来不及反应。

  专家告诉我,目前,我国时速三百公里以上的高铁线路不设置信号机,高速列车不用看信号行车,而是通过列控系统自动识别前进方向。其工作流程为,由铁路专用的全球数字移动通信系统来实现数据传输,控制中心实时接收无线电波信号,由计算机自动排列出每趟列车的最佳运行速度和最小行车间隔距离,实现实时追踪控制,确保高速列车间隔合理地安全运行。当然,时速二百至二百五十公里的高铁线路,仍然设置信号灯控制装置,由传统的轨道电路进行信号传输。

  中国自古就有"千里眼"的传说,今日高铁让古人的传说成为现实。

  所谓"千里眼",即高铁沿线的摄像头,几毫米见方的石子儿也逃不过它的法眼。通过摄像头实时采集沿线高速列车运行的信息,一旦//出现故障或者异物侵限,高铁调度指挥中心监控终端的界面上就会出现一个红色的框将目标锁定,同时,监控系统马上报警显示。调度指挥中心会迅速把指令传递给高速列车司机。

节选自王雄《当今"千里眼"》

Zuòpǐn 7 Hào

  Dāng gāosù lièchē cóng yǎnqián hūxiào ér guò shí, nà zhǒng zhuǎnshùnjíshì de gǎnjué ràng rénmen bù·débù fāwèn: gāosù lièchē pǎo de nàme kuài, sījī néng kànqīng lù ma?

  Gāosù lièchē de sùdù fēicháng kuài, zuì dī shísù biāozhǔn shì èrbǎi gōnglǐ. Qiě bù shuō néngjiàndù dī de wùmáitiān, jiùshì qíngkōng-wànlǐ de dàbáitiān, jíshǐ shì shìlì hǎo de sījī, yě bù néng bǎozhèng zhèngquè shíbié dìmiàn de xìnhào. Dāng ròuyǎn kàndào qián·miàn yǒu zhàng'ài shí, yǐ jīng lái·bùjí fǎnyìng.

  Zhuānjiā gàosù wǒ, mùqián, wǒguó shísù sānbǎi gōnglǐ yǐshàng de gāotiě xiànlù bù shèzhì xìnhàojī, gāosù lièchē bù yòng kàn xìnhào xíngchē, ér shì tōngguò liè-kòng xìtǒng zìdòng shíbié qiánjìn fāngxiàng. Qí gōngzuò liúchéng wéi, yóu tiělù zhuānyòng de quánqiú shùzì yídòng tōngxìn xìtǒng lái shíxiàn shùjù chuánshū, kòngzhì zhōngxīn shíshí jiēshōu wúxiàn diànbō xìnhào, yóu jìsuànjī zìdòng páiliè chū měi tàng lièchē de zuì jiā yùnxíng sùdù hé zuì xiǎo xíngchē jiàngé jùlí, shíxiàn shíshí zhuīzōng kòngzhì, quèbǎo gāosù lièchē jiàngé hélǐ de ānquán yùnxíng. Dāngrán, shísù èrbǎi zhì èrbǎi wǔshí gōnglǐ de gāotiě xiànlù, réngrán shèzhì xìnhàodēng kòngzhì zhuāngzhì, yóu chuántǒng de guǐdào diànlù jìnxíng xìnhào chuánshū.

Zhōngguó zìgǔ jiù yǒu "qiānlǐyǎn" de chuánshuō, jīnrì gāotiě ràng gǔrén de chuánshuō chéngwéi xiànshí.

Suǒwèi "qiānlǐyǎn", jí gāotiě yánxiàn de shèxiàngtóu, jǐ háomǐ jiànfāng de shízǐr yě táo•bù guò tā de fǎyǎn. Tōngguò shèxiàngtóu shíshí cǎijí yánxiàn gāosù lièchē yùnxíng de xìnxī, yīdàn//chūxiàn gùzhàng huòzhě yìwù qīnxiàn, gāotiě diàodù zhǐhuī zhōngxīn jiānkòng zhōngduān de jièmiàn•shàng jiù huì chūxiàn yī gè hóngsè de kuàng jiāng mùbiāo suǒdìng, tóngshí, jiānkòng xìtǒng mǎshàng bàojǐng xiǎnshì. Diàodù zhǐhuī zhōngxīn huì xùnsù bǎ zhǐlìng chuándì gěi gāosù lièchē sījī.

　　　　　Jiéxuǎn zì Wáng Xióng《Dāngjīn "Qiānlǐyǎn"》

作品 8 号

　　从肇庆市驱车半小时左右，便到了东郊风景名胜鼎湖山。下了几天的小雨刚停，满山笼罩着轻纱似的薄雾。

　　过了寒翠桥，就听到淙淙的泉声。进山一看，草丛石缝，到处都涌流着清亮的泉水。草丰林茂，一路上泉水时隐时现，泉声不绝于耳。有时几股泉水交错流泻，遮断路面，我们得寻找着垫脚的石块跳跃着前进。愈往上走树愈密，绿阴愈浓。湿漉漉的绿叶，犹如大海的波浪，一层一层涌向山顶。泉水隐到了浓阴的深处，而泉声却更加清纯悦耳。忽然，云中传来钟声，顿时山鸣谷应，悠悠扬扬。安详厚重的钟声和欢快活泼的泉声，在雨后宁静的暮色中，汇成一片美妙的音响。

　　我们循着钟声，来到了半山腰的庆云寺。这是一座建于明代、规模宏大的岭南著名古刹。庭院里繁花似锦，古树参天。有一株与古刹同龄的茶花，还有两株从斯里兰卡引种的、有二百多年树龄的菩提树。我们决定就在这座寺院里借宿。

入夜，山中万籁俱寂，只有泉声一直传送到枕边。一路上听到的各种泉声，这时候躺在床上，可以用心细细地聆听、辨识、品味。那像小提琴一样轻柔的，是草丛中流淌的小溪的声音；那像琵琶一样清脆的，//是在石缝间跌落的涧水的声音；那像大提琴一样厚重回响的，是无数道细流汇聚于空谷的声音；那像铜管齐鸣一样雄浑磅礴的，是飞瀑急流跌入深潭的声音。还有一些泉声忽高忽低，忽急忽缓，忽清忽浊，忽扬忽抑，是泉水正在绕过树根，拍打卵石，穿越草丛，流连花间⋯⋯

蒙眬中，那滋润着鼎湖山万木，孕育出蓬勃生机的清泉，仿佛汩汩地流进了我的心田。

节选自谢大光《鼎湖山听泉》

Zuòpǐn 8 Hào

　　Cóng Zhàoqìng Shì qūchē bàn xiǎoshí zuǒyòu, biàn dàole dōngjiāo fēngjǐng míngshèng Dǐnghú Shān. Xiàle jǐ tiān de xiǎoyǔ gāng tíng, mǎn shān lǒngzhàozhe qīngshā shìde bówù.

　　Guòle Háncuìqiáo, jiù tīngdào cóngcóng de quánshēng. Jìn shān yī kàn, cǎocóng shífèng, dàochù dōu yǒngliúzhe qīngliàng de quánshuǐ. Cǎofēnglínmào, yīlù · shàng quánshuǐ shí yǐn shí xiàn, quánshēng bùjuéyú'ěr. Yǒushí jǐ gǔ quánshuǐ jiāocuò liúxiè, zhēduàn lùmiàn, wǒmen děi xúnzhǎozhe diànjiǎo de shíkuàir tiàoyuèzhe qiánjìn. Yù wǎng shàng zǒu shù yù mì, lùyīn yù nóng. Shīlùlù de lǜyè, yóurú dàhǎi de bōlàng, yī céng yī céng yǒngxiàng shāndǐng. Quánshuǐ yǐndàole nóngyīn de shēnchù, ér quánshēng què gèngjiā qīngchún yuè'ěr. Hūrán, yún zhōng chuán · lái zhōngshēng, dùnshí shān míng gǔ yìng, yōuyōuyángyáng. Ānxiáng hòuzhòng de zhōngshēng hé huānkuài huópo de quánshēng, zài yǔhòu níngjìng de mùsè zhōng, huìchéng yī piàn měimiào de yīnxiǎng.

　　Wǒmen xúnzhe zhōngshēng, láidàole bànshānyāo de Qìngyún Sì. Zhè shì yī zuò jiànyú Míngdài, guīmó hóngdà de Lǐngnán zhùmíng gǔchà. Tíngyuàn • lǐ fánhuā-sìjǐn, gǔshù-cāntiān. Yǒu yī zhū yǔ gǔchà tónglíng de cháhuā, hái yǒu liǎng zhū cóng Sīlǐlánkǎ yǐnzhòng de、yǒu èrbǎi duō nián shùlíng de pútíshù. Wǒmen juédìng jiù zài zhè zuò sìyuàn • lǐ jièsù.

Rùyè, shān zhōng wànlài-jùjì, zhǐ yǒu quánshēng yīzhí chuánsòng dào zhěnbiān. Yīlù • shàng tīngdào de gè zhǒng quánshēng, zhè shíhou tǎng zài chuáng • shàng, kěyǐ yòng xīn xìxì de língtīng、biànshí、pǐnwèi. Nà xiàng xiǎotíqín yīyàng qīngróu de, shì cǎocóng zhōng liútǎng de xiǎoxī de shēngyīn; nà xiàng pí • pá yīyàng qīngcuì de, //shì zài shífèngr jiān diēluò de jiànshuǐ de shēngyīn; nà xiàng dàtíqín yīyàng hòuzhòng huíxiǎng de, shì wúshù dào xìliú huìjù yú kōnggǔ de shēngyīn; nà xiàng tóngguǎn qímíng yīyàng xiónghún pángbó de, shì fēipù-jíliú diērù shēntán de shēngyīn. Hái yǒu yīxiē quánshēng hū gāo hū dī, hū jí hū huǎn, hū qīng hū zhuó, hū yáng hū yì, shì quánshuǐ zhèngzài rào • guò shùgēn, pāidǎ luànshí, chuānyuè cǎocóng, liúlián huājiān……

Ménglóng zhōng, nà zīrùnzhe Dǐnghú Shān wàn mù, yùnyù chū péngbó shēngjī de qīngquán, fǎngfú gǔgǔ de liújìnle wǒ de xīntián.

      Jiéxuǎn zì Xiè Dàguāng《Dǐnghú Shān Tīng Quán》

作品 9 号

  我常想读书人是世间幸福人，因为他除了拥有现实的世界之外，还拥有另一个更为浩瀚也更为丰富的世界。现实的世界是人人都有的，而后一个世界却为读书人所独有。由此我想，那些失去或不能阅读的人是多么的不幸，他们的丧失是不可补偿的。世间有诸多的不平等，财富的不平等，权力的不平等，而阅读能力的拥有或丧失却体现为精神的不平等。

  一个人的一生，只能经历自己拥有的那一份欣悦，那一份苦难，也许再加上他亲自闻知的那一些关于自身以外的经历和经验。然而，人们通过阅读，却能进入不同时空的诸多他人的世界。这样，具有阅读能力的人，无形间获得了超越有限生命的无限可能性。阅读不仅使他多识了草木虫鱼之名，而且可以上溯远古下及未来，饱览存在的与非存在的奇风异俗。

更为重要的是，读书加惠于人们的不仅是知识的增广，而且还在于精神的感化与陶冶。人们从读书学做人，从那些往哲先贤以及当代才俊的著述中学得他们的人格。人们从《论语》中学得智慧的思考，从《史记》中学得严肃的历史精神，从《正气歌》中学得人格的刚烈，从马克思学得人世//的激情，从鲁迅学得批判精神，从托尔斯泰学得道德的执着。歌德的诗句刻写着睿智的人生，拜伦的诗句呼唤着奋斗的热情。一个读书人，一个有机会拥有超乎个人生命体验的幸运人。

节选自谢冕《读书人是幸福人》

Zuòpǐn 9 Hào

　　Wǒ cháng xiǎng dúshūrén shì shìjiān xìngfú rén, yīn·wèi tā chúle yōngyǒu xiànshí de shìjiè zhīwài, hái yōngyǒu lìng yī gè gèngwéi hàohàn yě gèngwéi fēngfù de shìjiè. Xiànshí de shìjiè shì rénrén dōu yǒu de, ér hòu yī gè shìjiè què wéi dúshūrén suǒ dúyǒu. Yóu cǐ wǒ yǒu xiǎng, nàxiē shīqù huò bù néng yuèdú de rén shì duōme de bùxìng, tāmen de sàngshī shì bùkě bǔcháng de. Shìjiān yǒu zhūduō de bù píngděng, cáifù de bù píngděng, quánlì de bù píngděng, ér yuèdú nénglì de yōngyǒu huò sàngshī què tǐxiàn wéi jīngshén de bù píngděng.

　　Yī gè rén de yīshēng, zhǐnéng jīnglì zìjǐ yōngyǒu de nà yī fèn xīnyuè, nà yī fèn kǔnàn, yěxǔ zài jiā·shàng tā qīnzì wén zhī de nà yīxiē guānyú zìshēn yǐwài de jīnglì hé jīngyàn. Rán'ér, rénmen tōngguò yuèdú, què néng jìnrù bùtóng shíkōng de zhūduō tārén de shìjiè. Zhèyàng, jùyǒu yuèdú nénglì de rén, wúxíng jiān huòdéle chāoyuè yǒuxiàn shēngmìng de wúxiàn kěnéngxìng. Yuèdú bùjǐn shǐ tā duō shíle cǎo-mù-chóng-yú zhī míng, érqiě kěyǐ shàngsù yuǎngǔ xià jí wèilái, bǎolǎn cúnzài de yǔ fēicúnzài de qífēng-yìsú.

　　Gèng wéi zhòngyào de shì, dúshū jiāhuì yú rénmen de bùjǐn shì zhīshi de zēngguǎng, érqiě hái zàiyú jīngshén de gǎnhuà yǔ táoyě. Rénmen cóng dúshū xué zuòrén, cóng nàxiē wǎngzhé xiānxián yǐjí dāngdài cáijùn de zhùshù zhōng xuédé tāmen de réngé. Rénmen cóng《Lúnyǔ》zhōng xuédé zhìhuì de sīkǎo, cóng 《Shǐjì》 zhōng xuédé yánsù de lìshǐ jīngshén, cóng 《Zhèngqìgē》 zhōng xuédé réngé de gānglìè, cóng Mǎkèsī xuédé rénshì//de jīqíng, cóng Lǔ Xùn xuédé pīpàn jīngshén, cóng Tuō'ěrsītài xuédé dàodé de zhízhuó. Gēdé de shījù kěxiězhe ruìzhì de rénshēng, Bàilún de shījù hūhuànzhe fèndòu de rèqíng. Yī gè dúshūrén, yī gè yǒu jī·huì yōngyǒu chāohū gèrén shēngmìng tǐyàn de xìngyùn rén.

Jiéxuǎn zì Xiè Miǎn 《Dúshūrén Shì Xìngfú Rén》

作品 10 号

我爱月夜，但我也爱星天。从前在家乡七八月的夜晚在庭院里纳凉的时候，我最爱看天上密密麻麻的繁星。望着星天，我就会忘记一切，仿佛回到了母亲的怀里似的。

三年前在南京我住的地方有一道后门，每晚我打开后门，便看见一个静寂的夜。下面是一片菜园，上面是星群密布的蓝天。星光在我们的肉眼里虽然微小，然而它使我们觉得光明无处不在。那时候我正在读一些天文学的书，也认得一些星星，好像它们就是我的朋友，它们常常在和我谈话一样。

如今在海上，每晚和繁星相对，我把它们认得很熟了。我躺在舱面上，仰望天空。深蓝色的天空里悬着无数半明半昧的星。船在动，星也在动，它们是这样低，真是摇摇欲坠呢！渐渐地我的眼睛模糊了，我好像看见无数萤火虫在我的周围飞舞。海上的夜是柔和的，是静寂的，是梦幻的。我望着许多认识的星，我仿佛看见它们在对我眨眼，我仿佛听见它们在小声说话。这时我忘记了一切。在星的怀抱中我微笑着，我沉睡着。我觉得自己是一个小孩子，现在睡在母亲的怀里了。

有一夜，那个在哥伦波上船的英国人指给我看天上的巨人。他用手指着：//那四颗明亮的星是头，下面的几颗是身子，这几颗是手，那几颗是腿和脚，还有三颗星算是腰带。经他这一番指点，我果然看清楚了那个天上的巨人。看，那个巨人还在跑呢！

节选自巴金《繁星》

Zuòpǐn 10 Hào

Wǒ ài yuèyè, dàn wǒ yě ài xīngtiān. Cóngqián zài jiāxiāng qī-bāyuè de yèwǎn zài tíngyuàn・lǐ nàliáng de shíhou, wǒ zuì ài kàn tiān・shàng mìmì-mámá de fánxīng. Wàngzhe xīngtiān, wǒ jiù huì wàngjì yīqiè, fǎngfú huídàole mǔ・qīn de huái・lǐ shìde.

Sān nián qián zài Nánjīng wǒ zhù de dìfang yǒu yī dào hòumén, měi wǎn wǒ dǎkāi hòumén, biàn kàn・jiàn yī gè jìngjì de yè. Xià・miàn shì yī piàn càiyuán, shàng・miàn shì xīngqún mìbù de lántiān. Xīngguāng zài wǒmen de ròuyǎn・lǐ suīrán wēixiǎo, rán'ér tā shǐ wǒmen jué・dé guāngmíng wúchǔ-bùzài. Nà shíhou wǒ zhèngzài dú yīxiē tiānwénxué de shū, yě rènde yīxiē xīngxing, hǎoxiàng tāmen jiùshì wǒ de péngyou, tāmen chángcháng zài hé wǒ tánhuà yīyàng.

Rújīn zài hǎi・shàng, měi wǎn hé fánxīng xiāngduì, wǒ bǎ tāmen rènde hěn shú le. Wǒ tǎng zài cāngmiàn・shàng, yǎngwàng tiānkōng. Shēnlánsè de tiānkōng・lǐ xuánzhe wúshù bànmíng-bànmèi de xīng. Chuán zài dòng, xīng yě zài dòng, tāmen shì zhèyàng dī, zhēn shì yáoyáo-yùzhuì ne! Jiànjiàn de wǒ de yǎnjing móhu le, wǒ hǎoxiàng kàn・jiàn wúshù yínghuǒchóng zài wǒ de zhōuwéi fēiwǔ. Hǎi・shàng de yè shì róuhé de, shì jìngjì de, shì mènghuàn de. Wǒ wàngzhe xǔduō rènshi de xīng, wǒ fǎngfú kàn・jiàn tāmen zài duì wǒ zhǎyǎn, wǒ fǎngfú tīng・jiàn tāmen zài xiǎoshēng shuōhuà. Zhèshí wǒ wàngjìle yīqiè. Zài xīng de huáibào zhōng wǒ wēixiàozhe, wǒ chénshuìzhe. Wǒ jué・dé zìjǐ shì yī gè xiǎoháizi, xiànzài shuì zài mǔ・qīn de huái・lǐ le.

Yǒu yī yè, nàge zài Gēlúnbō shàng chuán de Yīngguórén zhǐ gěi wǒ kàntiān・shàng de jùrén. Tā yòng shǒu zhǐzhe: //nà sì kē míngliàng de xīng shì tóu, xià・miàn de jǐ kē shì shēnzi, zhè jǐ kē shì shǒu, nà jǐ kē shì tuǐ hé jiǎo, háiyǒu sān kē xīng suànshì yāodài. Jīng tā zhè yīfān zhǐdiǎn, wǒ guǒrán kàn qīngchule nàge tiān・shàng de jùrén. Kàn, nàge jùrén hái zài pǎo ne!

Jiéxuǎn zì BāJīn《Fánxīng》

作品 11 号

钱塘江大潮,自古以来被称为天下奇观。

农历八月十八是一年一度的观潮日。这一天早上,我们来到了海宁市的盐官镇,据说这里是观潮最好的地方。我们随着观潮的人群,登上了海塘大堤。宽阔的钱塘江横卧在眼前。江面很平静,越往东越宽,在雨后的阳光下,笼罩着一层蒙蒙的薄雾。镇海古塔、中山亭和观潮台屹立在江边。远处,几座小山在云雾中若隐若现。江潮还没有来,海塘大堤上早已人山人海。大家昂首东望,等着,盼着。

午后一点左右,从远处传来隆隆的响声,好像闷雷滚动。顿时人声鼎沸,有人告诉我们,潮来了!我们踮着脚往东望去,江面还是风平浪静,看不出有什么变化。过了一会儿,响声越来越大,只见东边水天相接的地方出现了一条白线,人群又沸腾起来。

那条白线很快地向我们移来,逐渐拉长,变粗,横贯江面。再近些,只见白浪翻滚,形成一堵两丈多高的水墙。浪潮越来越近,犹如千万匹白色战马齐头并进,浩浩荡荡地飞奔而来;那声音如同山崩地裂,好像大地都被震得颤动起来。

霎时,潮头奔腾西去,可是余波还在漫天卷地般涌来,江面上依旧风号浪吼。过了好久,钱塘江才恢复了//平静。看看堤下,江水已经涨了两丈来高了。

节选自赵宗成、朱明元《观潮》

Zuòpǐn 11 Hào

Qiántáng Jiāng dàcháo, zìgǔ yǐlái bèi chēngwéi tiānxià qíguān.

Nónglì bāyuè shíbā shì yī nián yī dù de guāncháorì. Zhè yī tiān zǎoshang, wǒmen láidàole Hǎiníng Shì de Yánguān Zhèn, jùshuō zhè • lǐ shì guāncháo zuì hǎo de dìfang. Wǒmen suízhe guāncháo de rénqún, dēng • shàngle hǎitáng dàdī. Kuānkuò de Qiántáng Jiāng héngwò zài yǎnqián. Jiāngmiàn hěn píngjìng, yuè wǎng dōng yuè kuān, zài yǔhòu de yángguāng • xià, lǒngzhàozhe yī céng méngméng de bówù. Zhènhǎi gǔtǎ、Zhōngshāntíng hé Guāncháotái yìlì zài jiāng biān. Yuǎnchù, jǐ zuò xiǎoshān zài yúnwù zhōng ruòyǐn-ruòxiàn. Jiāngcháo hái méi•yǒu lái, hǎitáng dàdī•shàng zǎoyǐ rénshān-rénhǎi. Dàjiā ángshǒu dōng wàng, děngzhe, pànzhe.

　　Wǔhòu yī diǎn zuǒyòu, cóng yuǎnchù chuánlái lónglóng de xiǎngshēng, hǎoxiàng mènléigǔndòng. Dùnshí rénshēng-dǐngfèi, yǒu rén gàosu wǒmen, cháolái le! Wǒmen diǎnzhe jiǎo wǎng dōng wàng•qù, jiāngmiàn háishi fēngpíng-làngjìng, kàn•bù chū yǒu shénme biànhuà. Guòle yīhuìr, xiǎng shēng yuè lái yuè dà, zhǐ jiàn dōng•biān shuǐtiān-xiāngjiē de dìfang chūxiànle yī tiáo báixiàn, rénqún yòu fèiténg qǐ•lái.

　　Nà tiáo báixiàn hěn kuài de xiàng wǒmen yí•lái, zhújiàn lā cháng, biàn cū, héngguàn jiāngmiàn. Zài jìn xiē, zhǐ jiàn báilàng fāngǔn, xíngchéng yī dǔ liǎng zhàng duō gāo de shuǐqiáng. Làngcháo yuè lái yuè jìn, yóurú qiān-wàn pǐ báisè zhànmǎ qítóu-bìngjìn, hàohàodàngdàng de fēibēn'érlái; nà shēngyīn rútóng shānbēng-dìliè, hǎoxiàng dàdì dōu bèi zhèn de chàndòng qǐ•lái.

　　Shàshí, cháotóu bēnténg xī qù, kěshì yúbō hái zài màntiān-juǎndì bān yǒng•lái, jiāngmiàn•shàng yījiù fēngháo-lànghǒu. Guòle hǎojiǔ, Qiántáng Jiāng cái huīfùle//píngjìng. Kànkan dī xià, jiāngshuǐ yǐjīng zhǎngle liǎng zhàng lái gāo le.

　　　　　　　　Jiéxuǎn zì Zhào Zōngchéng、Zhū Míngyuán《Guān Cháo》

作品 12 号

　　我和几个孩子站在一片园子里，感受秋天的风。园子里长着几棵高大的梧桐树，我们的脚底下，铺了一层厚厚的梧桐叶。叶枯黄，脚踩在上面，嘎吱嘎吱脆响。风还在一个劲儿地刮，吹打着树上可怜的几片叶子，那上面，就快成光秃秃的了。

　　我给孩子们上写作课，让孩子们描摹这秋天的风。以为他们一定会说寒冷、残酷和荒凉之类的，结果却出乎我的意料。

　　一个孩子说，秋天的风，像把大剪刀，它剪呀剪的，就把树上的叶子全剪光了。

第五章　普通话水平测试用朗读作品

我赞许了这个比喻。有二月春风似剪刀之说，秋天的风，何尝不是一把剪刀呢？只不过，它剪出来的不是花红叶绿，而是败柳残荷。

剪完了，它让阳光来住，这个孩子突然接着说一句。他仰向我的小脸，被风吹着，像只通红的小苹果。我怔住，抬头看树，那上面，果真的，爬满阳光啊，每根枝条上都是。失与得，从来都是如此均衡，树在失去叶子的同时，却承接了满树的阳光。

一个孩子说，秋天的风，像个魔术师，它会变出好多好吃的，菱角呀，花生呀，苹果呀，葡萄呀。还有桂花，可以做桂花糕。我昨天吃了桂花糕，妈妈说，是风变出来的。

我笑了。小可爱，经你这么一说，秋天的风，还真是香的。我和孩//子们一起嗅，似乎就闻见了风的味道，像块蒸得热气腾腾的桂花糕。

节选自丁立梅《孩子和秋风》

Zuòpǐn 12 Hào

Wǒ hé jǐ gè háizi zhàn zài yī piàn yuánzi·lǐ, gǎnshòu qiūtiān de fēng. Yuánzi·lǐ zhǎngzhe jǐ kē gāodà de wútóngshù, wǒmen de jiǎo dǐ·xià, pūle yī céng hòuhòu de wútóngyè. Yè kūhuáng, jiǎo cǎi zài shàng·miàn, gāzhī gāzhī cuìxiǎng. Fēng hái zài yīgèjìnr de guā, chuīdǎzhe shù·shàng kělián de jǐpiàn yèzi, nà shàng·miàn, jiù kuài chéng guāngtūtū de le.

Wǒ gěi háizimen shàng xiězuòkè, ràng háizimen miáomó zhè qiūtiān de fēng. Yǐwéi tāmen yīdìng huì shuō hánlěng、cánkù hé huāngliáng zhīlèi de, jiéguǒ què chūhū wǒ de yìliào.

Yī gè háizi shuō, qiūtiān de fēng, xiàng bǎ dà jiǎndāo, tā jiǎn ya jiǎn de, jiù bǎ shù·shàng de yèzi quán jiǎnguāng le.

Wǒ zànxǔle zhège bǐyù. Yǒu èryuè chūnfēng sì jiǎndāo zhī shuō, qiūtiān de fēng, hécháng bù shì yī bǎ jiǎndāo ne? Zhǐ bùguò, tā jiǎn chū·lái de bù shì huāhóng-yèlǜ, ér shì bàiliǔ-cánhé.

Jiǎnwán le, tā ràng yángguāng lái zhù, zhège háizi tūrán jiēzhe shuō yī jù. Tā yǎng xiàng wǒ de xiǎoliǎnr, bèi fēng chuīzhe, xiàng zhī tōnghóng de xiǎo píngguǒ. Wǒ zhèngzhù, tái tóu kàn shù, nà shàng·miàn, guǒzhēn de, pámǎn yángguāng a, měi gēn zhītiáo•shàng dōu shì. Shī yǔ dé, cónglái dōu shì rúcǐ jūnhéng, shù zài shīqù yèzi de tóngshí, què chéngjiēle mǎn shù de yángguāng.

Yī gè háizi shuō, qiūtiān de fēng, xiàng gè móshùshī, tā huì biànchū hǎoduō hǎochīde, língjiao ya, huāshēng ya, píngguǒ ya, pú•táo ya. Hái yǒu guìhuā, kěyǐ zuò guìhuāgāo. Wǒ zuótiān chīle guìhuāgāo, māma shuō, shì fēng biàn chū•lai de.

Wǒ xiào le. Xiǎo kě'ài, jīng nǐ zhème yī shuō, qiūtiān de fēng, hái zhēn shì xiāng de. Wǒ hé hái//zimen yīqǐ xiù, sìhū jiù wénjiànle fēng de wèi•dào, xiàng kuàir zhēng de rèqì-téngténg de guìhuāgāo.

Jiéxuǎn zì Dīng Lìméi《Háizi hé Qiūfēng》

作品 13 号

夕阳落山不久，西方的天空，还燃烧着一片橘红色的晚霞。大海，也被这霞光染成了红色，而且比天空的景色更要壮观。因为它是活动的，每当一排排波浪涌起的时候，那映照在浪峰上的霞光，又红又亮，简直就像一片片霍霍燃烧着的火焰，闪烁着，消失了。而后面的一排，又闪烁着，滚动着，涌了过来。

天空的霞光渐渐地淡下去了，深红的颜色变成了绯红，绯红又变为浅红。最后，当这一切红光都消失了的时候，那突然显得高而远了的天空，则呈现出一片肃穆的神色。最早出现的启明星，在这蓝色的天幕上闪烁起来了。它是那么大，那么亮，整个广漠的天幕上只有它在那里放射着令人注目的光辉，活像一盏悬挂在高空的明灯。

夜色加浓，苍空中的"明灯"越来越多了。而城市各处的真的灯火也次第亮了起来，尤其是围绕在海港周围山坡上的那一片灯光，从半空倒映在乌蓝的海面上，随着波浪，晃动着，闪烁着，像一串流动着的珍珠，和那一片片密布在苍穹里的星斗互相辉映，煞是好看。

在这幽美的夜色中，我踏着软绵绵的沙滩，沿着海边，慢慢地向前走去。海水，轻轻地抚摸着细软的沙滩，发出温柔的//刷刷声。晚来的海风，清新而又凉爽。我的心里，有着说不出的兴奋和愉快。

第五章　普通话水平测试用朗读作品

夜风轻飘飘地吹拂着，空气中飘荡着一种大海和田禾相混合的香味儿，柔软的沙滩上还残留着白天太阳炙晒的余温。那些在各个工作岗位上劳动了一天的人们，三三两两地来到这软绵绵的沙滩上，他们浴着凉爽的海风，望着那缀满了星星的夜空，尽情地说笑，尽情地休憩。

节选自峻青《海滨仲夏夜》

Zuòpǐn 13 Hào

Xīyáng luòshān bùjiǔ, xīfāng de tiānkōng, hái ránshāozhe yī piàn júhóngsè de wǎnxiá. Dàhǎi, yě bèi zhè xiáguāng rǎnchéngle hóngsè, érqiě bǐ tiānkōng de jǐngsè gèng yào zhuàngguān. Yīn·wèi tā shì huó·dòng de, měidāng yīpáipái bōlàng yǒngqǐ de shíhou, nà yìngzhào zài làngfēng·shàng de xiáguāng, yòu hóng yòu liàng, jiǎnzhí jiù xiàng yīpiànpiàn huòhuò ránshāozhe de huǒyàn, shǎnshuò zhe, xiāoshī le. Ér hòu·miàn de yī pái, yòu shǎnshuòzhe, gǔndòngzhe, yǒngle guò·lái.

Tiānkōng de xiáguāng jiànjiàn de dàn xià·qù le, shēnhóng de yánsè biànchéngle fēihóng, fēihóng yòu biànwéi qiǎnhóng. Zuìhòu, dāng zhè yīqiè hóngguāng dōu xiāoshīle de shíhou, nà tūrán xiǎn·dé gāo ér yuǎn le de tiānkōng, zé chéngxiàn chū yī piàn sùmù de shénsè. Zuì zǎo chūxiàn de qǐmíngxīng, zài zhè lánsè de tiānmù·shàng shǎnshuò qǐ·lái le. Tā shì nàme dà, nàme liàng, zhěng gè guǎngmò de tiānmù·shàng zhǐyǒu tā zài nà·lǐ fàngshèzhe lìng rén zhùmù de guānghuī, huóxiàng yī zhǎn xuánguà zài gāokōng de míngdēng.

Yèsè jiā nóng, cāngkōng zhōng de "míngdēng" yuè lái yuè duō le. Ér chéngshì gè chù de zhēn de dēnghuǒ yě cìdì liàngle qǐ·lái, yóuqí shì wéirào zài hǎigǎng zhōuwéi shānpō·shàng de nà yī piàn dēngguāng, cóng bànkōng dàoyìng zài wūlán de hǎimiàn·shàng, suízhe bōlàng, huàngdòngzhe, shǎnshuòzhe, xiàng yī chuàn liúdòngzhe de zhēnzhū, hé nà yīpiànpiàn mìbù zài cāngqióng·lǐ de xīngdǒu hùxiāng huīyìng, shà shì hǎokàn.

Zài zhè yōuměi de yèsè zhōng, wǒ tàzhe ruǎnmiánmián de shātān, yánzhe hǎibiān, mànmàn de xiàngqián zǒu·qù. Hǎishuǐ, qīngqīng de

205

fǔmōzhe xìruǎn de shātān, fāchū wēnróu de//shuāshuā shēng. Wǎnlái de hǎifēng, qīngxīn ér yòu liángshuǎng. Wǒ de xīn·lǐ, yǒuzhe shuō·bù chū de xīngfèn hé yúkuài.

Yèfēng qīngpiāopiāo de chuīfúzhe, kōngqì zhōng piāodàngzhe yī zhǒng dàhǎi hé tiánhé xiāng hùnhé de xiāngwèir, róuruǎn de shātān·shàng hái cánliúzhe bái·tiān tài·yáng zhìshài de yúwēn. Nàxiē zài gègè gōngzuò gǎngwèi·shàng láodòngle yī tiān de rénmen, sānsān-liǎngliǎng de láidào zhè ruǎnmiánmián de shātān·shàng, tāmen yùzhe liángshuǎng de hǎifēng, wàngzhe nà zhuīmǎnle xīngxing de yèkōng, jìnqíng de shuōxiào, jìnqíng de xiūqì.

Jiéxuǎn zì Jùn Qīng《Hǎibīn Zhòngxià Yè》

作品 14 号

　　生命在海洋里诞生绝不是偶然的，海洋的物理和化学性质，使它成为孕育原始生命的摇篮。

　　我们知道，水是生物的重要组成部分，许多动物组织的含水量在百分之八十以上，而一些海洋生物的含水量高达百分之九十五。水是新陈代谢的重要媒介，没有它，体内的一系列生理和生物化学反应就无法进行，生命也就停止。因此，在短时期内动物缺水要比缺少食物更加危险。水对今天的生命是如此重要，它对脆弱的原始生命，更是举足轻重了。生命在海洋里诞生，就不会有缺水之忧。

　　水是一种良好的溶剂。海洋中含有许多生命所必需的无机盐，如氯化钠、氯化钾、碳酸盐、磷酸盐，还有溶解氧，原始生命可以毫不费力地从中吸取它所需要的元素。

　　水具有很高的热容量，加之海洋浩大，任凭夏季烈日曝晒，冬季寒风扫荡，它的温度变化却比较小。因此，巨大的海洋就像是天然的"温箱"，是孕育原始生命的温床。

　　阳光虽然为生命所必需，但是阳光中的紫外线却有扼杀原始生命的危险。水能有效地吸收紫外线，因而又为原始生命提供了天然的"屏障"。

　　这一切都是原始生命得以产生和发展的必要条件。//

节选自童裳亮《海洋与生命》

第五章　普通话水平测试用朗读作品

Zuòpǐn 14 Hào

　　Shēngmìng zài hǎiyáng • lǐ dànshēng jué bù shì ǒurán de, hǎiyáng de wùlǐ hé huàxué xìngzhì, shǐ tā chéngwéi yùnyù yuánshǐ shēngmìng de yáolán.

　　Wǒmen zhī • dào, shuǐ shì shēngwù de zhòngyào zǔchéng bùfen, xǔduō dòngwù zǔzhī de hánshuǐliàng zài bǎi fēn zhī bāshí yǐshàng, ér yīxiē hǎiyáng shēngwù de hánshuǐliàng gāodá bǎi fēn zhī jiǔshíwǔ. Shuǐ shì xīnchén-dàixiè de zhòngyào méijiè, méi • yǒu tā, tǐnèi de yīxìliè shēnglǐ hé shēngwù huàxué fǎnyìng jiù wúfǎ jìnxíng, shēngmìng yě jiù tíngzhǐ. Yīncǐ, zài duǎn shíqī nèi dòngwù quē shuǐ yào bǐ quēshǎo shíwù gèngjiā wēixiǎn. Shuǐ duì jīntiān de shēngmìng shì rúcǐ zhòngyào, tā duì cuìruò de yuánshǐ shēngmìng, gèng shì jǔzú-qīngzhòng le. Shēngmìng zài hǎiyáng • lǐ dànshēng, jiù bù huì yǒu quē shuǐ zhī yōu.

　　Shuǐ shì yī zhǒng liánghǎo de róngjì. Hǎiyáng zhōng hányǒu xǔduō shēngmìng suǒ bìxū de wújīyán, rú lǜhuànà、lǜhuàjiǎ、tànsuānyán、línsuānyán, háiyǒu róngjiěyǎng, yuánshǐ shēngmìng kěyǐ háobù fèilì de cóngzhōng xīqǔ tā suǒ xūyào de yuánsù.

　　Shuǐ jùyǒu hěn gāo de rè róngliàng, jiāzhī hǎiyáng hàodà, rènpíng xiàjì lièrì pùshài, dōngjì hánfēng sǎodàng, tā de wēndù biànhuà què bǐjiào xiǎo. Yīncǐ, jùdà de hǎiyáng jiù xiàng shì tiānrán de "wēn xiāng", shì yùnyù yuánshǐ shēngmìng de wēnchuáng.

　　Yángguāng suīrán wéi shēngmìng suǒ bìxū, dànshì yángguāng zhōng de zǐwàixiàn què yǒu èshā yuánshǐ shēngmìng de wēixiǎn. Shuǐ néng yǒuxiào de xīshōu zǐwàixiàn, yīn'ér yòu wèi yuánshǐ shēngmìng tígōngle tiānrán de "píngzhàng".

　　Zhè yīqiè dōu shì yuánshǐ shēngmìng déyǐ chǎnshēng hé fāzhǎn de bìyào tiáojiàn. //

　　　　　　　　Jiéxuǎn zì Tóng Chángliàng《Hǎiyáng yǔ Shēngmìng》

普通话训练与测试教程

作品 15 号

  在我国历史地理中，有三大都城密集区，它们是：关中盆地、洛阳盆地、北京小平原。其中每一个地区都曾诞生过四个以上大型王朝的都城。而关中盆地、洛阳盆地是前朝历史的两个都城密集区，正是它们构成了早期文明核心地带中最重要的内容。

  为什么这个地带会成为华夏文明最先进的地区？这主要是由两个方面的条件促成的，一个是自然环境方面的，一个是人文环境方面的。

  在自然环境方面，这里是我国温带季风气候带的南部，降雨、气温、土壤等条件都可以满足旱作农业的需求。中国北方的古代农作物，主要是一年生的粟和黍。黄河中下游的自然环境为粟黍作物的种植和高产提供了得天独厚的条件。农业生产的发达，会促进整个社会经济的发展，从而推动社会的进步。

  在人文环境方面，这里是南北方、东西方大交流的轴心地区。在最早的六大新石器文化分布形势图中可以看到，中原处于这些文化分布的中央地带。无论是考古发现还是历史传说，都有南北文化长距离交流、东西文化相互碰撞的证据。中原地区在空间上恰恰位居中心，成为信息最发达、眼界最宽广、活动最//繁忙、竞争最激烈的地方。正是这些活动，推动了各项人文事务的发展，文明的方方面面就是在处理各类事务的过程中被开创出来的。

节选自唐晓峰《华夏文明的发展与融合》

Zuòpǐn 15 Hào

  Zài wǒguó lìshǐ dìlǐ zhōng, yǒu sān dà dūchéng mìjíqū, tāmen shì: Guānzhōng Péndì、Luòyáng Péndì、Běijīng Xiǎopíngyuán. Qízhōng měi yī gè dìqū dōu céng dànshēngguò sì gè yǐshàng dàxíng wángcháo de dūchéng. Ér Guānzhōng Péndì、Luòyáng Péndì shì qiáncháo lìshǐ de liǎng gè dūchéng mìjíqū, zhèng shì tāmen gòuchéngle zǎoqī wénmíng héxīn dìdài zhōng zuì zhòngyào de nèiróng.

  Wèi shénme zhège dìdài huì chéngwéi Huáxià wénmíng zuì xiānjìn de dìqū? Zhè zhǔyào shì yóu liǎng gè fāngmiàn de tiáojiàn cùchéng de, yī gè shì zìrán huánjìng fāngmiàn de, yī gè shì rénwén huánjìng fāngmiàn de.

Zài zìrán huánjìng fāngmiàn, zhè·lǐ shì wǒguó wēndài jìfēng qìhòudài de nánbù, jiàngyǔ、qìwēn、tǔrǎng děng tiáojiàn dōu kěyǐ mǎnzú hànzuò nóngyè de xūqiú. Zhōngguó běifāng de gǔdài nóngzuòwù, zhǔyào shì yīniánshēng de sù hé shǔ. Huánghé zhōng-xiàyóu de zìrán huánjìng wèi sù-shǔ zuòwù de zhòngzhí hé gāochǎn tígōngle détiān-dúhòu de tiáojiàn. Nóngyè shēngchǎn de fādá, huì cùjìn zhěnggè shèhuì jīngjì de fāzhǎn, cóng'ér tuīdòng shèhuì de jìnbù.

Zài rénwén huánjìng fāngmiàn, zhè·lǐ shì nán-běifāng、dōng-xīfāng dàjiāoliú de zhóuxīn dìqū. Zài zuì zǎo de liù dà xīn shíqì wénhuà fēnbù xíngshìtú zhōng kěyǐ kàndào, Zhōngyuán chǔyú zhèxiē wénhuà fēnbù de zhōngyāng dìdài. Wúlùn shì kǎogǔ fāxiàn háishì lìshǐ chuánshuō, dōu yǒu nán-běi wénhuà cháng jùlí jiāoliú、dōng-xī wénhuà xiānghù pèngzhuàng de zhèngjù. Zhōngyuán dìqū zài kōngjiān·shàng qiàqià wèijū zhōngxīn, chéngwéi xìnxī zuì fādá、yǎnjiè zuì kuānguǎng、huó·dòng zuì// fánmáng、jìngzhēng zuì jīliè de dìfang. Zhèng shì zhèxiē huó·dòng, tuīdòngle gè xiàng rénwén shìwù de fāzhǎn, wénmíng de fāngfāngmiànmiàn jiù shì zài chǔlǐ gè lèi shìwù de guòchéng zhōng bèi kāichuàng chū·lái de.

　　Jiéxuǎn zì Táng Xiǎofēng《Huáxià Wénmíng de Fāzhǎn yǔ Rónghé》

作品 16 号

　　于很多中国人而言，火车就是故乡。在中国人的心中，故乡的地位尤为重要，老家的意义非同寻常，所以，即便是坐过无数次火车，但印象最深刻的，或许还是返乡那一趟车。那一列列返乡的火车所停靠的站台边，熙攘的人流中，匆忙的脚步里，张望的目光下，涌动着的都是思乡的情绪。每一次看见返乡那趟火车，总觉得是那样可爱与亲切，仿佛看见了千里之外的故乡。上火车后，车启动的一刹那，在车轮与铁轨碰撞的"况且"声中，思乡的情绪便陡然在车厢里弥漫开来。你知道，它将驶向的，是你最熟悉也最温暖的故乡。再过几个或者十几个小时，你就会回到故乡的怀抱。这般感受，相信在很多人的身上都曾发生过。尤其在春节、中秋等传统节日到来之际，亲人团聚的时刻，更为强烈。

火车是故乡，火车也是远方。速度的提升，铁路的延伸，让人们通过火车实现了向远方自由流动的梦想。今天的中国老百姓，坐着火车，可以去往九百六十多万平方公里土地上的天南地北，来到祖国东部的平原，到达祖国南方的海边，走进祖国西部的沙漠，踏上祖国北方的草原，去观三山五岳，去看大江大河……

火车与空//间有着密切的联系，与时间的关系也让人觉得颇有意思。那长长的车厢，仿佛一头连着中国的过去，一头连着中国的未来。

节选自舒翼《记忆像铁轨一样长》

Zuòpǐn 16 Hào

　　Yú hénduō Zhōngguórén ér yán, huǒchē jiù shì gùxiāng. Zài Zhōngguórén de xīnzhōng, gùxiāng de dìwèi yóuwéi zhòngyào, lǎojiā de yìyì fēitóng-xúncháng, suǒyǐ, jíbiàn shì zuòguo wúshù cì huǒchē, dàn yìnxiàng zuì shēnkè de, huòxǔ hái shì fǎnxiāng nà yī tàng chē. Nà yīlièliè fǎnxiāng de huǒchē suǒ tíngkào de zhàntái biān, xīrǎng de rénliú zhōng, cōngmáng de jiǎobù·lǐ, zhāngwàng de mùguāng·xià, yǒngdòngzhe de dōu shì sīxiāng de qíngxù. Měi yī cì kàn·jiàn fǎnxiāng nà tàng huǒchē, zǒng jué·dé shì nàyàng kě'ài yǔ qīnqiè, fǎngfú kàn·jiànle qiānlǐ zhī wài de gùxiāng. Shàng huǒchē hòu, chē qǐdòng de yīchànà, zài chēlún yǔ tiěguǐ pèngzhuàng de "kuàngqiě" shēng zhōng, sīxiāng de qíngxù biàn dǒurán zài chēxiāng·lǐ mímàn kāi·lái. Nǐ zhī·dào, tā jiāng shǐxiàng de, shì nǐ zuì shú·xī yě zuì wēnnuǎn de gùxiāng. Zài guò jǐ gè huòzhě shíjǐ gè xiǎoshí, nǐ jiù huì huídào gùxiāng de huáibào. Zhèbān gǎnshòu, xiāngxìn zài hěnduō rén de shēn·shàng dōu céng fāshēngguo. Yóuqí zài Chūnjié、Zhōngqiū děng chuántǒng jiérì dàolái zhījì, qīnrén tuánjù de shíkè, gèngwéi qiángliè.

　　Huǒchē shì gùxiāng, huǒchē yě shì yuǎnfāng. Sùdù de tíshēng, tiělù de yánshēn, ràng rénmen tōngguò huǒchē shíxiànle xiàng yuǎnfāng zìyóu liúdòng de mèngxiǎng. Jīntiān de Zhōngguó lǎobǎixìng, zuòzhe huǒchē, kěyǐ qù wǎng jiǔbǎi liùshí duō wàn píngfāng gōnglǐ tǔdì・shàng de tiānnán-dìběi, láidào zǔguó dōngbù de píngyuán, dàodá zǔguó nánfāng de hǎibiān, zǒu・jìn zǔguó xībù de shāmò, tà・shàng zǔguó běifāng de cǎoyuán, qù guān sānshān-wǔyuè, qù kàn dàjiāng-dàhé……

Huǒchē yǔ kōng//jiān yǒuzhe mìqiè de liánxì, yǔ shíjiān de guānxì yě ràng rén jué・dé pō yǒu yìsi. Nà chángcháng de chēxiāng, fǎngfú yītóu liánzhe Zhōngguó de guòqù, yītóu liánzhe Zhōngguó de wèilái.

Jiéxuǎn zì Shū Yì《Jìyì Xiàng Tiěguǐ Yīyàng Cháng》

作品 17 号

　　奶奶给我讲过这样一件事：有一次她去商店，走在她前面的一位阿姨推开沉重的大门，一直等到她跟上来才松开手。当奶奶向她道谢的时候，那位阿姨轻轻地说："我的妈妈和您的年龄差不多，我希望她遇到这种时候，也有人为她开门。"听了这件事，我的心温暖了许久。

　　一天，我陪患病的母亲去医院输液，年轻的护士为母亲扎了两针也没有扎进血管里，眼见针眼处鼓起青包。我正要抱怨几句，一抬头看见了母亲平静的眼神——她正在注视着护士额头上密密的汗珠，我不禁收住了涌到嘴边的话。只见母亲轻轻地对护士说："不要紧，再来一次！"第三针果然成功了。那位护士终于长出了一口气，她连声说："阿姨，真对不起。我是来实习的，这是我第一次给病人扎针，太紧张了。要不是您的鼓励，我真不敢给您扎了。"母亲用另一只手拉着我，平静地对护士说："这是我的女儿，和你差不多大小，正在医科大学读书，她也将面对自己的第一个患者。我真希望她第一次扎针的时候，也能得到患者的宽容和鼓励。"听了母亲的话，我的心里充满了温暖与幸福。

　　是啊，如果我们在生活中能将心比心，就会对老人生出一份//尊重，对孩子增加一份关爱，就会使人与人之间多一些宽容和理解。

节选自姜桂华《将心比心》

Zuòpǐn 17 Hào

　　Nǎinai gěi wǒ jiǎngguo zhèyàng yī jiàn shì: yǒu yī cì tā qù shāngdiàn, zǒu zài tā qián・miàn de yī wèi āyí tuīkāi chénzhòng de dàmén, yīzhí děngdào tā gēn shàng·lái cái sōngkāi shǒu. Dāng nǎinai xiàng tā dàoxiè de shíhou, nà wèi āyí qīngqīng de shuō: "Wǒ de māma hé nín de niánlíng chà·bùduō, wǒ xīwàng tā yùdào zhèzhǒng shíhou, yě yǒu rén wèi tā kāimén." Tīngle zhè jiàn shì, wǒ de xīn wēnnuǎnle xǔjiǔ.

Yī tiān, wǒ péi huànbìng de mǔ·qīn qù yīyuàn shūyè, niánqīng de hùshi wèi mǔ·qīn zhāle liǎng zhēn yě méi·yǒu zhā jìn xuèguǎn·lǐ, yǎnjiàn zhēnyǎnr chù gǔqǐ qīngbāo. Wǒ zhèng yào bàoyuàn jǐ jù, yī tái tóu kàn·jiànle mǔ·qīn píngjìng de yǎnshén——tā zhèngzài zhùshìzhe hùshi étóu·shàng mìmì de hànzhū, wǒ bùjīn shōuzhùle yǒngdào zuǐ biān de huà. Zhǐ jiàn mǔ·qīn qīngqīng de duì hùshi shuō: "Bù yàojǐn, zài lái yī cì!" Dì-sān zhēn guǒrán chénggōng le. Nà wèi hùshi zhōngyú cháng chūle yī kǒu qì, tā liánshēng shuō: "Āyí, zhēn duì·bùqǐ. Wǒ shì lái shíxí de, zhè shì wǒ dì-yī cì gěi bìngrén zhā zhēn, tài jǐnzhāng le. Yào·bùshì nín de gǔlì, wǒ zhēn bù gǎn gěi nín zhā le." Mǔ·qīn yòng lìng yī zhī shǒu lāzhe wǒ, píngjìng de duì hùshi shuō: "Zhè shì wǒ de nǚ'ér, hé nǐ chà·bùduō dàxiǎo, zhèngzài yīkē dàxué dúshū, tā yě jiāng miànduì zìjǐ de dì-yī gè huànzhě. Wǒ zhēn xīwàng tā dì-yī cì zhā zhēn de shíhou, yě néng dédào huànzhě de kuānróng hé gǔlì." Tīngle mǔ·qīn de huà, wǒ de xīn·lǐ chōngmǎnle wēnnuǎn yǔ xìngfú.

Shì a, rúguǒ wǒmen zài shēnghuó zhōng néng jiāngxīn-bǐxīn, jiù huì duì lǎorén shēngchū yī fèn// zūnzhòng, duì háizi zēngjiā yī fèn guān'ài, jiù huì shǐ rén yǔ rén zhījiān duō yīxiē kuānróng hé lǐjiě.

Jiéxuǎn zì Jiāng Guìhuá《Jiāngxīn-bǐxīn》

作品18号

晋祠之美，在山，在树，在水。

这里的山，巍巍的，有如一道屏障；长长的，又如伸开的两臂，将晋祠拥在怀中。春日黄花满山，径幽香远；秋来草木萧疏，天高水清。无论什么时候拾级登山都会心旷神怡。

这里的树，以古老苍劲见长。有两棵老树：一棵是周柏，另一棵是唐

第五章　普通话水平测试用朗读作品

槐。那周柏，树干劲直，树皮皱裂，顶上挑着几根青青的疏枝，偃卧于石阶旁。那唐槐，老干粗大，虬枝盘屈，一簇簇柔条，绿叶如盖。还有水边殿外的松柏槐柳，无不显出苍劲的风骨。以造型奇特见长的，有的偃如老妪负水，有的挺如壮士托天，不一而足。圣母殿前的左扭柏，拔地而起，直冲云霄，它的树皮上的纹理一齐向左边拧去，一圈一圈，丝纹不乱，像地下旋起了一股烟，又似天上垂下了一根绳。晋祠在古木的荫护下，显得分外幽静、典雅。

这里的水，多、清、静、柔。在园里信步，但见这里一泓深潭，那里一条小渠。桥下有河，亭中有井，路边有溪。石间细流脉脉，如线如缕；林中碧波闪闪，如锦如缎。这些水都来自"难老泉"。泉上有亭，亭上悬挂着清代著名学者傅山写的"难老泉"三个字。这么多的水长流不息，日日夜夜发出叮叮咚咚的响声。水的清澈真令人叫绝，无论//多深的水，只要光线好，游鱼碎石，历历可见。水的流势都不大，清清的微波，将长长的草蔓拉成一缕缕的丝，铺在河底，挂在岸边，合着那些金鱼、青苔以及石栏的倒影，织成一条条大飘带，穿亭绕榭，冉冉不绝。当年李白来到这里，曾赞叹说："晋祠流水如碧玉。"当你沿着流水去观赏那亭台楼阁时，也许会这样问：这几百间建筑怕都是在水上漂着的吧！

节选自梁衡《晋祠》

Zuòpǐn 18 Hào

　　Jìncí zhī měi, zài shān, zài shù, zài shuǐ.

　　Zhè·lǐ de shān, wēiwēi de, yǒurú yī dào píngzhàng; chángcháng de, yòu rú shēnkāi de liǎngbì, jiāng Jìncí yōng zài huáizhōng. Chūnrì huánghuā mǎn shān, jìngyōu-xiāngyuǎn; qiūlái cǎomù xiāoshū, tiāngāo-shuǐqīng. Wúlùn shénme shíhou shèjí dēngshān dōu huì xīnkuàng-shényí.

　　Zhè·lǐ de shù, yǐ gǔlǎo cāngjìng jiàncháng. Yǒu liǎng kē lǎoshù: yī kē shì zhōubǎi, lìng yī kē shì tánghuái. Nà zhōubǎi, shùgàn jìngzhí, shùpí zhòuliè, dǐng·shàng tiǎozhe jǐ gēn qīngqīng de shūzhī, yǎnwò yú shíjiē páng. Nà tánghuái, lǎogàn cūdà, qiúzhī pánqū, yī cùcù róutiáo, lǜyè rú gài. Hái yǒu shuǐ biān diàn wài de sōng-bǎi-huái-liǔ, wúbù xiǎnchū cāngjìng

213

de fēnggǔ. Yǐ zàoxíng qítè jiàncháng de, yǒude yǎn rú lǎoyù fù shuǐ, yǒude tǐng rú zhuàngshì tuō tiān, bùyi'érzú. Shèngmǔdiàn qián de zuǒniūbǎi, bádì'érqǐ, zhíchōng-yúnxiāo, tā de shùpí·shàng de wénlǐ yīqí xiàng zuǒ·biān nǐngqù, yī quān yī quān, sīwén bù luàn, xiàng dì·xià xuánqǐle yī gǔ yān, yòu sì tiān·shàng chuíxiàle yī gēn shéng. Jìncí zài gǔmù de yìnhù xià, xiǎn·dé fènwài yōujìng、diǎnyǎ.

Zhè·lǐ de shuǐ, duō、qīng、jìng、róu. Zài yuán·lǐ xìnbù, dàn jiàn zhè·lǐ yī hóng shēntán, nà·lǐ yī tiáo xiǎoqú. Qiáo·xià yǒu hé, tíng zhōng yǒu jǐng, lù biān yǒu xī. Shí jiān xìliú mòmò, rú xiàn rú lǚ; lín zhōng bìbō shǎnshǎn, rú jǐn rú duàn. Zhèxiē shuǐ dōu láizì "Nánlǎoquán". Quán·shàng yǒu tíng, tíng·shàng xuánguàzhe Qīngdài zhùmíng xuézhě Fù Shān xiě de "Nánlǎoquán" sān gè zì. Zhème duō de shuǐ chángliú-bùxī, rìrìyèyè fāchū dīngdīngdōngdōng de xiǎngshēng. Shuǐ de qīngchè zhēn lìng rén jiàojué, wúlùn//duō shēn de shuǐ, zhǐyào guāngxiàn hǎo, yóuyú suìshí, lìlì kě jiàn. Shuǐ de liúshì dōu bù dà, qīngqīng de wēibō, jiāng chángcháng de cǎomàn lāchéng yī lǚlǚ de sī, pū zài hé dǐ, guà zài àn biān, hézhe nàxiē jīnyú、qīngtái yǐjí shílán de dàoyǐng, zhīchéng yī tiáotiáo dà piāodài, chuān tíng rào xiè, rǎnrǎn-bùjué. Dāngnián Lǐ Bái láidào zhè·lǐ, céng zàntàn shuō: "Jìncí liúshuǐ rú bìyù." Dāng nǐ yánzhe liúshuǐ qù guānshǎng nà tíng-tái-lóu-gé shí, yěxǔ huì zhèyàng wèn: zhè jǐ bǎi jiān jiànzhù pà dōu shì zài shuǐ·shàng piāozhe de ba!

Jiéxuǎn zì Liáng Héng《Jìncí》

作品 19 号

　　人们常常把人与自然对立起来，宣称要征服自然。殊不知在大自然面前，人类永远只是一个天真幼稚的孩童，只是大自然机体上普通的一部分，正像一株小草只是她的普通一部分一样。如果说自然的智慧是大海，那么，人类的智慧就只是大海中的一个小水滴，虽然这个水滴也能映照大海，但毕竟不是大海，可是，人们竟然不自量力地宣称要用这滴水来代替大海。

　　看着人类这种狂妄的表现，大自然一定会窃笑——就像母亲面对无知的孩子那样的笑。人类的作品飞上了太空,打开了一个个微观世界,于是人类沾沾自喜,以为揭开了大自然的秘密。可是,在自然看来,人类上下翻飞的这片巨大空间,不过是咫尺之间而已,就如同鲲鹏看待斥鷃一般,只是蓬蒿之间罢了。即使从人类自身智慧发展史的角度看,人类也没有理由过分自傲:人类的知识与其祖先相比诚然有了极大的进步,似乎有嘲笑古人的资本;可是,殊不知对于后人而言我们也是古人,一万年以后的人们也同样会嘲笑今天的我们,也许在他们看来,我们的科学观念还幼稚得很,我们的航天器在他们眼中不过是个非常简单的//儿童玩具。

节选自严春友《敬畏自然》

Zuòpǐn 19 Hào

Rénmen chángcháng bǎ rén yǔ zìrán duìlì qǐ·lái, xuānchēng yào zhēngfú zìrán. Shūbùzhī zài dàzìrán miànqián, rénlèi yǒngyuǎn zhǐ shì yī gè tiānzhēn yòuzhì de háitóng, zhǐ shì dàzìrán jītǐ·shàng pǔtōng de yī bùfen, zhèng xiàng yī zhū xiǎocǎo zhǐ shì tā de pǔtōng yī bùfen yīyàng. Rúguǒ shuō zìrán de zhìhuì shì dàhǎi, nàme, rénlèi de zhìhuì jiù zhǐ shì dàhǎi zhōng de yī gè xiǎo shuǐdī, suīrán zhège shuǐdī yě néng yìngzhào dàhǎi, dàn bìjìng bù shì dàhǎi, kěshì, rénmen jìngrán bùzìliànglì de xuānchēng yào yòng zhè dī shuǐ lái dàitì dàhǎi.

Kànzhe rénlèi zhè zhǒng kuángwàng de biǎoxiàn, dàzìrán yīdìng huì qièxiào ——jiù xiàng mǔ·qīn miànduì wúzhī de háizi nàyàng de xiào. Rénlèi de zuòpǐn fēi·shàngle tàikōng, dǎkāile yīgègè wēiguān shìjiè, yúshì rénlèi zhānzhān-zìxǐ, yǐwéi jiēkāile dàzìrán de mìmì. Kěshì, zài zìrán kànlái, rénlèi shàngxià fānfēi de zhè piàn jùdà kōngjiān, bùguò shì zhǐchǐ zhījiān éryǐ, jiù rútóng kūnpéng kàndài chìyàn yībān, zhǐ shì pénghāo zhījiān bàle. Jíshǐ cóng rénlèi zìshēn zhìhuì fāzhǎnshǐ de jiǎodù kàn, rénlèi yě méi·yǒu lǐyóu guòfèn zì'ào: rénlèi de zhīshi yǔ qí zǔxiān xiāngbǐ chéngrán yǒule jí dà de jìnbù, sìhū yǒu cháoxiào gǔrén de zīběn; kěshì, shūbùzhī duìyú hòurén ér yán wǒmen yě shì gǔrén, yīwàn nián yǐhòu de rénmen yě tóngyàng huì cháoxiào jīntiān de wǒmen, yěxǔ zài tāmen kànlái, wǒmen de kēxué guānniàn hái yòuzhì de hěn, wǒmen de hángtiānqì zài tāmen yǎnzhōng bùguò shì gè fēicháng jiǎndān de//értóng wánjù.

Jiéxuǎn zì Yán Chūnyǒu《Jìngwèi Zìrán》

作品 20 号

　　舞台上的幕布拉开了，音乐奏起来了。演员们踩着音乐的拍子，以庄重而有节奏的步法走到灯光前面来了。灯光射在他们五颜六色的服装和头饰上，一片金碧辉煌的彩霞。

　　当女主角穆桂英以轻盈而矫健的步子出场的时候，这个平静的海面陡然动荡起来了，它上面卷起了一阵暴风雨：观众像触了电似的迅即对这位女英雄报以雷鸣般的掌声。她开始唱了。她圆润的歌喉在夜空中颤动，听起来辽远而又切近，柔和而又铿锵。戏词像珠子似的从她的一笑一颦中，从她优雅的"水袖"中，从她婀娜的身段中，一粒一粒地滚下来，滴在地上，溅到空中，落进每一个人的心里，引起一片深远的回音。这回音听不见，却淹没了刚才涌起的那一阵热烈的掌声。

　　观众像着了魔一样，忽然变得鸦雀无声。他们看得入了神。他们的感情和舞台上女主角的感情融在了一起。女主角的歌舞渐渐进入高潮。观众的情感也渐渐进入高潮。潮在涨。没有谁能控制住它。这个一度平静下来的人海忽然又动荡起来了。戏就在这时候要到达顶点。我们的女主角在这时候就像一朵盛开的鲜花，观众想把这朵鲜花捧在手里，不让//它消逝。他们不约而同地从座位上立起来，像潮水一样，涌到我们这位艺术家面前。舞台已经失去了界限，整个的剧场成了一个庞大的舞台。

　　我们这位艺术家是谁呢？他就是梅兰芳同志。半个世纪的舞台生涯过去了，六十六岁的高龄，仍然能创造出这样富有朝气的美丽形象，表现出这样充沛的青春活力，这不能不说是奇迹。这奇迹的产生是必然的，因为我们拥有这样热情的观众和这样热情的艺术家。

节选自叶君健《看戏》

Zuòpǐn 20 Hào

　　Wǔtái・shàng de mùbù lākāi le, yīnyuè zòu qǐ・lái le. Yǎnyuánmen cǎizhe yīnyuè de pāizi, yǐ zhuāngzhòng ér yǒu jiézòu de bùfǎ zǒudào

第五章　普通话水平测试用朗读作品

dēngguāng qián • miàn lái le. Dēngguāng shè zài tāmen wǔyán-liùsè de fúzhuāng hé tóushì • shàng, yī piàn jīnbì-huīhuáng de cǎixiá.

　　Dāng nǚzhǔjué Mù Guìyīng yǐ qīngyíng ér jiǎojiàn de bùzi chūchǎng de shíhou, zhège píngjìng de hǎimiàn dǒurán dòngdàng qǐ • lái le, tā shàng • miàn juǎnqǐle yī zhèn bàofēngyǔ: guānzhòng xiàng chùle diàn shìde xùnjí duì zhè wèi nǚyīngxióng bào yǐ léimíng bān de zhǎngshēng. Tā kāishǐ chàng le. Tā yuánrùn de gēhóu zài yèkōng zhōng chàndòng, tīng qǐ • lái liáoyuǎn ér yòu qièjìn, róuhé ér yòu kēngqiāng. Xìcí xiàng zhūzi shìde cóng tā de yī xiào yī pín zhōng, cóng tā yōuyǎ de "shuǐxiù" zhōng, cóng tā ēnuó de shēnduàn zhōng, yī lì yī lì de gǔn xià • lái, dī zài dì • shàng, jiàndào kōngzhōng, luò • jìn měi yī gè rén de xīn • lǐ, yǐnqǐ yī piàn shēnyuǎn de huíyīn. Zhè huíyīn tīng • bù jiàn, què yānmòle gāngcái yǒngqǐ de nà yī zhèn rèliè de zhǎngshēng.

　　Guānzhòng xiàng zháole mó yīyàng, hūrán biàn de yāquè-wúshēng. Tāmen kàn de rùle shén. Tāmen de gǎnqíng hé wǔtái • shàng nǚzhǔjué de gǎnqíng róngzàile yīqǐ. Nǚzhǔjué de gēwǔ jiànjiàn jìnrù gāocháo. Guānzhòng de qínggǎn yě jiànjiàn jìnrù gāocháo. Cháo zài zhǎng. Méi • yǒu shuí néng kòngzhì zhù tā. Zhège yīdù píngjìng xià • lái de rénhǎi hūrán yòu dòngdàng qǐ • lái le. Xì jiù zài zhè shíhou yào dàodá dǐngdiǎn. Wǒmen de nǚzhǔjué zài zhè shíhou jiù xiàng yī duǒ shèngkāi de xiānhuā, guānzhòng xiǎng bǎ zhè duǒ xiānhuā pěng zài shǒu • lǐ, bù ràng//tā xiāoshì. Tāmen bùyuē'értóng de cóng zuòwèi • shàng lì qǐ • lái, xiàng cháoshuǐ yīyàng, yǒngdào wǒmen zhè wèi yìshùjiā miànqián. Wǔtái yǐ • jīng shīqùle jièxiàn, zhěnggè de jùchǎng chéngle yī gè pángdà de wǔtái.

　　Wǒmen zhè wèi yìshùjiā shì shuí ne? Tā jiù shì Méi Lánfāng tóngzhì. Bàn gè shìjì de wǔtái shēngyá guò • qù le, liùshíliù suì de gāolíng, réngrán néng chuàngzào chū zhèyàng fùyǒu zhāoqì de měilì xíngxiàng, biǎoxiàn chū zhèyàng chōngpèi de qīngchūn huólì, zhè bù néng bù shuō shì qíjì. Zhè qíjì de chǎnshēng shì bìrán de, yīn • wèi wǒmen yōngyǒu zhèyàng rèqíng de

217

guānzhòng hé zhèyàng rèqíng de yìshùjiā.

Jiéxuǎn zì Yè Jūnjiàn《Kàn Xì》

作品 21 号

十年，在历史上不过是一瞬间。只要稍加注意，人们就会发现：在这一瞬间里，各种事物都悄悄经历了自己的千变万化。

这次重新访日，我处处感到亲切和熟悉，也在许多方面发觉了日本的变化。就拿奈良的一个角落来说吧，我重游了为之感受很深的唐招提寺，在寺内各处匆匆走了一遍，庭院依旧，但意想不到还看到了一些新的东西。其中之一，就是近几年从中国移植来的"友谊之莲"。

在存放鉴真遗像的那个院子里，几株中国莲昂然挺立，翠绿的宽大荷叶正迎风而舞，显得十分愉快。开花的季节已过，荷花朵朵已变为莲蓬累累。莲子的颜色正在由青转紫，看来已经成熟了。

我禁不住想："因"已转化为"果"。

中国的莲花开在日本，日本的樱花开在中国，这不是偶然。我希望这样一种盛况延续不衰。

在这些日子里，我看到了不少多年不见的老朋友，又结识了一些新朋友。大家喜欢涉及的话题之一，就是古长安和古奈良。那还用得着问吗，朋友们缅怀过去，正是瞩望未来。瞩目于未来的人们必将获得未来。

我不例外，也希望一个美好的未来。

为了中日人民之间的友谊，我将不浪费今后生命的每一瞬间。//

节选自严文井《莲花和樱花》

Zuòpǐn 21 Hào

Shí nián, zài lìshǐ·shàng bùguò shì yī shùnjiān. Zhǐyào shāo jiā zhùyì, rénmen jiù huì fāxiàn: zài zhè yī shùnjiān·lǐ, gè zhǒng shìwù dōu qiāoqiāo jīnglìle zìjǐ de qiānbiàn-wànhuà.

Zhè cì chóngxīn fǎng Rì, wǒ chùchù gǎndào qīnqiè hé shú·xī, yě zài xǔduō fāngmiàn fājuéle Rìběn de biànhuà. Jiù ná Nàiliáng de yī gè jiǎoluò lái shuō ba, wǒ chóngyóule wéi zhī gǎnshòu hěn shēn de Táng Zhāotísì, zài sìnèi gè chù cōngcōng zǒule yī biàn, tíngyuàn yījiù, dàn yìxiǎng·bùdào hái kàndàole yīxiē xīn de dōngxi. Qízhōng zhīyī, jiùshì jìn jǐ nián cóng Zhōngguó yízhí lái de "yǒuyì zhī lián".

Zài cúnfàng Jiànzhēn yíxiàng de nàge yuànzi·lǐ, jǐ zhū Zhōngguó lián ángrán tǐnglì, cuìlǜ de kuāndà héyè zhèng yíngfēng ér wǔ, xiǎn·dé shífēn yúkuài. Kāihuā de jìjié yǐ guò, héhuā duǒduǒ yǐ biànwéi liánpéng léiléi. Liánzǐ de yánsè zhèngzài yóu qīng zhuǎn zǐ, kànlái yǐ·jīng chéngshú le.

Wǒ jīn·bùzhù xiǎng: "yīn" yǐ zhuǎnhuà wéi "guǒ".

Zhōngguó de liánhuā kāi zài Rìběn, Rìběn de yīnghuā kāi zài Zhōngguó, zhè bù shì ǒurán. Wǒ xīwàng zhèyàng yī zhǒng shèngkuàng yánxù bù shuāi.

Zài zhèxiē rìzi·lǐ, wǒ kàndàole bùshǎo duō nián bù jiàn de lǎopéngyou, yòu jiéshíle yīxiē xīn péngyou. Dàjiā xǐhuan shèjí de huàtí zhīyī, jiùshì gǔ Cháng'ān hé gǔ Nàiliáng. Nà hái yòngdezháo wèn ma, péngyoumen miǎnhuái guòqù, zhèngshì zhǔwàng wèilái. Zhǔmù yú wèilái de rénmen bìjiāng huòdé wèilái.

Wǒ bù lìwài, yě xīwàng yī gè měihǎo de wèilái.

Wèile Zhōng‐Rì rénmín zhījiān de yǒuyì, wǒ jiāng bù làngfèi jīnhòu shēngmìng de měi yī shùnjiān. //

　　　　　　Jiéxuǎn zì Yán Wénjǐng《Liánhuā hé Yīnghuā》

作品 22 号

　　我打猎归来，沿着花园的林阴路走着。狗跑在我前边。

　　突然，狗放慢脚步，蹑足潜行，好像嗅到了前边有什么野物。

　　我顺着林阴路望去，看见了一只嘴边还带黄色、头上生着柔毛的小麻雀。风猛烈地吹打着林阴路上的白桦树，麻雀从巢里跌落下来，呆呆地伏在地上，孤立无援地张开两只羽毛还未丰满的小翅膀。

　　我的狗慢慢向它靠近。忽然，从附近一棵树上飞下一只黑胸脯的老麻雀，像一颗石子似的落到狗的跟前。老麻雀全身倒竖着羽毛，惊恐万状，发出绝望、凄惨的叫声，接着向露出牙齿、大张着的狗嘴扑去。

　　老麻雀是猛扑下来救护幼雀的。它用身体掩护着自己的幼儿……但它整个小小的身体因恐怖而战栗着,它小小的声音也变得粗暴嘶哑,它在牺牲自己!

在它看来,狗该是多么庞大的怪物啊!然而,它还是不能站在自己高高的、安全的树枝上……一种比它的理智更强烈的力量,使它从那儿扑下身来。

我的狗站住了,向后退了退……看来,它也感到了这种力量。

我赶紧唤住惊慌失措的狗,然后我怀着崇敬的心情,走开了。

是啊,请不要见笑。我崇敬那只小小的、英勇的鸟儿,我崇敬它那种爱的冲动和力量。

爱,我//想,比死和死的恐惧更强大。只有依靠它,依靠这种爱,生命才能维持下去,发展下去。

节选自 [俄] 屠格涅夫《麻雀》,巴金译

Zuòpǐn 22 Hào

Wǒ dǎliè guīlái, yánzhe huāyuán de línyīnlù zǒuzhe. Gǒu pǎo zài wǒ qián·biān.

Tūrán, gǒu fàngmàn jiǎobù, nièzú-qiánxíng, hǎoxiàng xiùdàole qián·biān yǒu shénme yěwù.

Wǒ shùnzhe línyīnlù wàng·qù, kàn·jiànle yī zhī zuǐ biān hái dài huángsè、tóu·shàng shēngzhe róumáo de xiǎo máquè. Fēng měngliè de chuīdǎzhe línyīnlù·shàng de báihuàshù, máquè cóng cháo·lǐ diēluò xià·lái, dāidāi de fú zài dì·shàng, gūlì wúyuán de zhāngkāi liǎng zhī yǔmáo hái wèi fēngmǎn de xiǎo chìbǎng.

Wǒ de gǒu mànmàn xiàng tā kàojìn. Hūrán, cóng fùjìn yī kē shù·shàng fēi·xià yī zhī hēi xiōngpú de lǎo máquè, xiàng yī kē shízǐ shìde luòdào gǒu de gēn·qián. Lǎo máquè quánshēn dàoshùzhe yǔmáo, jīngkǒng-wànzhuàng, fāchū juéwàng、qīcǎn de jiàoshēng, jiēzhe xiàng lòuchū yáchǐ、dà zhāngzhe de gǒuzuǐ pū·qù.

Lǎo máquè shì měng pū xià·lái jiùhù yòuquè de. Tā yòng shēntǐ yǎnhùzhe zìjǐ de yòu'ér……Dàn tā zhěnggè xiǎoxiǎo de shēntǐ yīn kǒngbù ér zhànlìzhe, tā xiǎoxiǎo de shēngyīn yě biànde cūbào sīyǎ, tā zài xīshēng zìjǐ!

Zài tā kànlái, gǒu gāi shì gè duōme pángdà de guàiwu a! Rán'ér, tā háishi bùnéng zhàn zài zìjǐ gāogāo de、ānquán de shùzhī·shàng……Yī zhǒng bǐ tā de lǐzhì gèng qiángliè de lì·liàng, shǐ tā cóng nàr pū·xià shēn·lái.

Wǒ de gǒu zhànzhù le, xiàng hòu tuìle tuì……kànlái, tā yě gǎndàole zhè zhǒng lì·liàng.

Wǒ gǎnjǐn huànzhù jīnghuāng-shīcuò de gǒu, ránhòu wǒ huáizhe chóngjìng de xīnqíng, zǒukāi le.

Shì a, qǐng bùyào jiànxiào. Wǒ chóngjìng nà zhī xiǎoxiǎo de、yīngyǒng de niǎo'er, wǒ chóngjìng tā nà zhǒng ài de chōngdòng hé lì·liàng.

Ài, wǒ//xiǎng, bǐ sǐ hé sǐ de kǒngjù gèng qiángdà. Zhǐyǒu yīkào tā, yīkào zhè zhǒng ài, shēngmìng cái néng wéichí xià·qù, fāzhǎn xià·qù.

　　　　　　　　Jiéxuǎn zì〔É〕Túgénièfū《Máquè》, Bā Jīn yì

作品 23 号

　　在浩瀚无垠的沙漠里，有一片美丽的绿洲，绿洲里藏着一颗闪光的珍珠。这颗珍珠就是敦煌莫高窟。它坐落在我国甘肃省敦煌市三危山和鸣沙山的怀抱中。

　　鸣沙山东麓是平均高度为十七米的崖壁。在一千六百多米长的崖壁上，凿有大小洞窟七百余个，形成了规模宏伟的石窟群。其中四百九十二个洞窟中，共有彩色塑像两千一百余尊，各种壁画共四万五千多平方米。莫高窟是我国古代无数艺术匠师留给人类的珍贵文化遗产。

　　莫高窟的彩塑，每一尊都是一件精美的艺术品。最大的有九层楼那么高，最小的还不如一个手掌大。这些彩塑个性鲜明，神态各异。有慈眉善目的菩萨，有威风凛凛的天王，还有强壮勇猛的力士……

　　莫高窟壁画的内容丰富多彩，有的是描绘古代劳动人民打猎、捕鱼、耕田、收割的情景，有的是描绘人们奏乐、舞蹈、演杂技的场面，还有的是描绘大自然的美丽风光。其中最引人注目的是飞天。壁画上的飞天，有的臂挎花篮，采摘鲜花；有的反弹琵琶，轻拨银弦；有的倒悬身子，自天而降；有的彩带飘拂，漫天遨游；有的舒展着双臂，翩翩起舞。看着这些精美动人的壁画，就像走进了//灿烂辉煌的艺术殿堂。

莫高窟里还有一个面积不大的洞窟——藏经洞。洞里曾藏有我国古代的各种经卷、文书、帛画、刺绣、铜像等共六万多件。由于清朝政府腐败无能，大量珍贵的文物被外国强盗掠走。仅存的部分经卷，现在陈列于北京故宫等处。

莫高窟是举世闻名的艺术宝库。这里的每一尊彩塑、每一幅壁画、每一件文物，都是中国古代人民智慧的结晶。

节选自《莫高窟》

Zuòpǐn 23 Hào

Zài hàohàn wúyín de shāmò·lǐ, yǒu yī piàn měilì de lǜzhōu, lǜzhōu·lǐ cángzhe yī kē shǎnguāng de zhēnzhū. Zhè kē zhēnzhū jiùshì Dūnhuáng Mògāokū. Tā zuòluò zài wǒguó Gānsù Shěng Dūnhuáng Shì Sānwēi Shān hé Míngshā Shān de huáibào zhōng.

Míngshā Shān dōnglù shì píngjūn gāodù wéi shíqī mǐ de yábì. Zài yīqiān liùbǎi duō mǐ cháng de yábì·shàng, záo yǒu dàxiǎo dòngkū qībǎi yú gè, xíngchéngle guīmó hóngwěi de shíkūqún. Qízhōng sìbǎi jiǔshí'èr gè dòngkū zhōng, gòng yǒu cǎisè sùxiàng liǎngqiān yībǎi yú zūn, gè zhǒng bìhuà gòng sìwàn wǔqiān duō píngfāngmǐ. Mògāokū shì wǒguó gǔdài wúshù yìshù jiàngshī liú gěi rénlèi de zhēnguì wénhuà yíchǎn.

Mògāokū de cǎisù, měi yī zūn dōu shì yī jiàn jīngměi de yìshùpǐn. Zuì dà de yǒu jiǔ céng lóu nàme gāo, zuì xiǎo de hái bùrú yī gè shǒuzhǎng dà. Zhèxiē cǎisù gèxìng xiānmíng, shéntài-gèyì. Yǒu címéi-shànmù de pú·sà, yǒu wēifēng-lǐnlǐn de tiānwáng, háiyǒu qiángzhuàng yǒngměng de lìshì……

Mògāokū bìhuà de nèiróng fēngfù-duōcǎi, yǒude shì miáohuì gǔdài láodòng rénmín dǎliè、bǔyú、gēngtián、shōugē de qíngjǐng, yǒude shì miáohuì rénmen zòuyuè、wǔdǎo、yǎn zájì de chǎngmiàn, háiyǒude shì miáohuì dàzìrán de měilì fēngguāng. Qízhōng zuì yǐnrén-zhùmù de shì fēitiān. Bìhuà・shàng de fēitiān, yǒude bì kuà huālán, cǎizhāi xiānhuā; yǒude fǎn tán pí・pá, qīng bō yínxián; yǒude dào xuán shēnzi, zì tiān ér jiàng; yǒude cǎidài piāofú, màntiān áo yóu; yǒude shūzhǎnzhe shuāngbì, piānpiān-qǐwǔ. Kànzhe zhèxiē jīngměi dòngrén de bìhuà, jiù xiàng zǒujìnle//cànlàn huīhuáng de yìshù diàntáng.

Mògāokū・lǐ háiyǒu yī gè miànjī bù dà de dòngkū——cángjīngdòng. Dòng・lǐ céng cángyǒu wǒguó gǔdài de gè zhǒng jīngjuàn、wénshū、bóhuà、cìxiù、tóngxiàng děng gòng liùwàn duō jiàn. Yóuyú Qīngcháo zhèngfǔ fǔbài wúnéng, dàliàng zhēnguì de wénwù bèi wàiguó qiángdào lüèzǒu. Jǐncún de bùfen jīngjuàn, xiànzài chénliè yú Běijīng Gùgōng děng chù.

Mògāokū shì jǔshì-wénmíng de yìshù bǎokù. Zhè・lǐ de měi yī zūn cǎisù、měi yī fú bìhuà、měi yī jiàn wénwù, dōu shì Zhōngguó gǔdài rénmín zhìhuì de jiéjīng.

Jiéxuǎn zì《Mògāokū》

作品 24 号

　　森林涵养水源，保持水土，防止水旱灾害的作用非常大。据专家测算，一片十万亩面积的森林，相当于一个两百万立方米的水库，这正如农谚所说的："山上多栽树，等于修水库。雨多它能吞，雨少它能吐。"

　　说起森林的功劳，那还多得很。它除了为人类提供木材及许多种生产、生活的原料之外，在维护生态环境方面也是功劳卓著。它用另一种"能吞能吐"的特殊功能孕育了人类。因为地球在形成之初，大气中的二氧化碳含量很高，氧气很少，气温也高，生物是难以生存的。大约在四亿年之前，陆地才产生了森林。森林慢慢将大气中的二氧化碳吸收，同时吐出新鲜氧气，调节气温：这才具备了人类生存的条件，地球上才最终有了人类。

　　森林，是地球生态系统的主体，是大自然的总调度室，是地球的绿色之肺。森林维护地球生态环境的这种"能吞能吐"的特殊功能是其他任何物体都不能取代的。然而，由于地球上的燃烧物增多，二氧化碳的排放量急剧增加，使得地球生态环境急剧恶化，主要表现为全球气候变暖，水分蒸发加快，改变了气流的循环，使气候变化加剧，从而引发热浪、飓风、暴雨、洪涝及干旱。

　　为了//使地球的这个"能吞能吐"的绿色之肺恢复健壮，以改善生态环境，抑制全球变暖，减少水旱等自然灾害，我们应该大力造林、护林，使每一座荒山都绿起来。

节选自《"能吞能吐"的森林》

Zuòpǐn 24 Hào

　　Sēnlín hányǎng shuǐyuán, bǎochí shuǐtǔ, fángzhǐ shuǐ-hàn zāihài de zuòyòng fēicháng dà. Jù zhuānjiā cèsuàn, yī piàn shíwàn mǔ miànjī de sēnlín, xiāngdāngyú yī gè liǎngbǎi wàn lìfāngmǐ de shuǐkù, zhè zhèng rú nóngyàn suǒ shuō de: "Shān·shàng duō zāi shù, děngyú xiū shuǐkù. Yǔ duō tā néng tūn, yǔ shǎo tā néng tǔ."

　　Shuōqǐ sēnlín de gōng·láo, nà hái duō de hěn. Tā chúle wèi rénlèi tígōng mùcái jí xǔduō zhǒng shēngchǎn、shēnghuó de yuánliào zhīwài, zài wéihù shēngtài huánjìng fāngmiàn yě shì gōng·láo zhuózhù, tā yòng lìng yī zhǒng "néngtūn-néngtǔ" de tèshū gōngnéng yùnyùle rénlèi. Yīn·wèi dìqiú zài xíngchéng zhī chū, dàqì zhōng de èryǎnghuàtàn hánliàng hěn gāo, yǎngqì hěn shǎo, qìwēn yě gāo, shēngwù shì nányǐ shēngcún de. Dàyuē zài sìyì nián zhīqián, lùdì cái chǎnshēngle sēnlín. Sēnlín mànmàn jiāng dàqì zhōng de èryǎnghuàtàn xīshōu, tóngshí tǔ chū xīn·xiān yǎngqì, tiáojié qìwēn; zhè cái jùbèile rénlèi shēngcún de tiáojiàn, dìqiú·shàng cái zuìzhōng yǒule rénlèi.

　　Sēnlín, shì dìqiú shēngtài xìtǒng de zhǔtǐ, shì dàzìrán de zǒng diàodùshì, shì dìqiú de lǜsè zhī fèi. Sēnlín wéihù dìqiú shēngtài huánjìng de zhè zhǒng "néngtūn-néngtǔ" de tèshū gōngnéng shì qítā rènhé wùtǐ dōu bùnéng qǔdài de. Rán'ér, yóuyú dìqiú·shàng de ránshāowù zēngduō, èryǎnghuàtàn de páifàngliàng jíjù zēngjiā, shǐ·dé dìqiú shēngtài huánjìng jíjù èhuà, zhǔyào biǎoxiàn wéi quánqiú qìhòu biàn nuǎn, shuǐfèn zhēngfā jiākuài, gǎibiànle qìliú de xúnhuán, shǐ qìhòu biànhuà jiājù, cóng'ér yǐnfā rèlàng、jùfēng、bàoyǔ、hónglào jí gānhàn.

Wèile//shǐ dìqiú de zhègè "néngtūn-néngtǔ" de lǜsè zhī fèi huīfù jiànzhuàng, yǐ gǎishàn shēngtài huánjìng, yìzhì quánqiú biàn nuǎn, jiǎnshǎo shuǐ-hàn děng zìrán zāihài, wǒmen yīnggāi dàlì zàolín、hùlín, shǐ měi yī zuò huāngshān dōu lǜqǐ•lái.

Jiéxuǎn zì《"Néngtūn-néngtǔ" de Sēnlín》

作品 25 号

中国没有人不爱荷花的。可我们楼前池塘中独独缺少荷花。每次看到或想到，总觉得是一块心病。有人从湖北来，带来了洪湖的几颗莲子，外壳呈黑色，极硬。据说，如果埋在淤泥中，能够千年不烂。我用铁锤在莲子上砸开了一条缝，让莲芽能够破壳而出，不至永远埋在泥中。把五六颗敲破的莲子投入池塘中，下面就是听天由命了。

这样一来，我每天就多了一件工作：到池塘边上去看上几次。心里总是希望，忽然有一天，"小荷才露尖尖角"，有翠绿的莲叶长出水面。可是，事与愿违，投下去的第一年，一直到秋凉落叶，水面上也没有出现什么东西。但是到了第三年，却忽然出了奇迹。有一天，我忽然发现，在我投莲子的地方长出了几个圆圆的绿叶，虽然颜色极惹人喜爱，但是却细弱单薄，可怜兮兮地平卧在水面上，像水浮莲的叶子一样。

真正的奇迹出现在第四年上。到了一般荷花长叶的时候，在去年飘浮着五六个叶片的地方，一夜之间，突然长出了一大片绿叶，叶片扩张的速度、范围的扩大，都是惊人地快。几天之内，池塘内不小一部分，已经全为绿叶所覆盖。而且原来平卧在水面上的像是水浮莲一样的//叶片，不知道是从哪里聚集来了力量，有一些竟然跃出了水面，长成了亭亭的荷叶。这样一来，我心中的疑云一扫而光：池塘中生长的真正是洪湖莲花的子孙了。我心中狂喜，这几年总算是没有白等。

节选自季羡林《清塘荷韵》

Zuòpǐn 25 Hào

Zhōngguó méi•yǒu rén bù ài héhuā de. Kě wǒmen lóu qián chítáng zhōng dúdú quēshǎo héhuā. Měi cì kàndào huò xiǎngdào, zǒng jué • dé shì yī kuài xīnbìng. Yǒu rén cóng Húběi lái, dàiláile Hóng Hú de jǐ kē liánzǐ, wàiké chéng hēisè, jí yìng. Jùshuō, rúguǒ mái zài yūní zhōng, nénggòu qiān nián bù làn. Wǒ yòng tiěchuí zài liánzǐ • shàng zákāile yī tiáo fèngr, ràng liányár nénggòu pòké-érchū, bù zhì yǒngyuǎn mái zài ní zhōng. Bǎ wǔ-liù kē qiāopò de liánzǐ tóurù chítáng zhōng, xià • miàn jiù shì tīngtiān-yóumìng le.

Zhèyàng yī lái, wǒ měi tiān jiù duōle yī jiàn gōngzuò: dào chítáng biān • shàng qù kàn • shàng jǐ cì. Xīn • lǐ zǒng shì xīwàng, hūrán yǒu yī tiān, "Xiǎo hé cái lù jiān jiān jiǎo", yǒu cuìlǜ de liányè zhǎngchū shuǐmiàn. Kěshì, shìyǔyuànwéi, tóu xià • qù de dì-yī nián, yīzhí dào qiūliáng luòyè, shuǐmiàn • shàng yě méi • yǒu chūxiàn shénme dōngxi. Dànshì dàole dì-sān nián, què hūrán chūle qíjì. Yǒu yī tiān, wǒ hūrán fāxiàn, zài wǒ tóu liánzǐ de dìfang zhǎngchūle jǐ gè yuányuán de lǜyè, suīrán yánsè jí rě rén xǐ'ài, dànshì què xìruò dānbó, kěliánxīxī de píngwò zài shuǐmiàn • shàng, xiàng shuǐfúlián de yèzi yīyàng.

Zhēnzhèng de qíjì chūxiàn zài dì-sì nián • shàng. Dàole yībān héhuā zhǎng yè de shíhou, zài qùnián piāofúzhe wǔ-liù gè yèpiàn de dìfang, yī yè zhījiān, tūrán zhǎngchūle yīdàpiàn lǜyè, yèpiàn kuòzhāng de sùdù, fànwéi de kuòdà, dōu shì jīngrén de kuài. Jǐ tiān zhī nèi, chítáng nèi bù xiǎo yī bùfen, yǐ • jīng quán wéi lǜyè suǒ fùgài. Érqiě yuánlái píngwò zài shuǐmiàn • shàng de xiàng shì shuǐfúlián yīyàng de//yèpiàn, bù zhī • dào shì cóng nǎ • lǐ jùjí láile lì • liàng, yǒu yīxiē jìngrán yuèchūle shuǐmiàn, zhǎngchéng le tíngtíng de héyè. Zhèyàng yī lái, wǒ xīnzhōng de yíyún yīsǎo'érguāng: chítáng zhōng shēngzhǎng de zhēnzhèng shì Hóng Hú liánhuā de zǐsūn le. Wǒ xīnzhōng kuángxǐ, zhè jǐ nián zǒngsuàn shì méi • yǒu bái děng.

Jiéxuǎn zì Jì Xiànlín 《Qīng Táng Hé Yùn》

作品 26 号

在原始社会里，文字还没有创造出来，却先有了歌谣一类的东西。这也就是文艺。

文字创造出来以后，人就用它把所见所闻所想所感的一切记录下来。一首歌谣，不但口头唱，还要刻呀，漆呀，把它保留在什么东西上。这样，文艺和文字就并了家。

后来纸和笔普遍地使用了，而且发明了印刷术。凡是需要记录下来的东西，要多少份就可以有多少份。于是所谓文艺，从外表说，就是一篇稿子，一部书，就是许多文字的集合体。

文字是一道桥梁，通过了这一道桥梁，读者才和作者会面。不但会面，并且了解作者的心情，和作者的心情相契合。

就作者的方面说，文艺的创作决不是随便取许多文字来集合在一起。作者着手创作，必然对于人生先有所见，先有所感。他把这些所见所感写出来，不作抽象的分析，而作具体的描写，不作刻板的记载，而作想象的安排。他准备写的不是普通的论说文、记叙文；他准备写的是文艺。他动手写，不但选择那些最适当的文字，让它们集合起来，还要审查那些写下来的文字，看有没有应当修改或是增减的。总之，作者想做到的是：写下来的文字正好传达出他的所见所感。

就读者的//方面说，读者看到的是写在纸面或者印在纸面的文字，但是看到文字并不是他们的目的。他们要通过文字去接触作者的所见所感。

节选自叶圣陶《驱遣我们的想象》

Zuòpǐn 26 Hào

Zài yuánshǐ shèhuì·lǐ, wénzì hái méiyǒu chuàngzào chū·lái, què xiān yǒule gēyáo yī lèi de dōngxi. Zhè yě jiù shì wényì.

Wénzì chuàngzào chū·lái yǐhòu, rén jiù yòng tā bǎ suǒjiàn suǒwén suǒxiǎng suǒgǎn de yīqiè jìlù xià·lái. Yī shǒu gēyáo, bùdàn kǒutóu chàng, hái yào kè ya, qī ya, bǎ tā bǎoliú zài shénme dōng xi·shàng. Zhèyàng, wényì hé wénzì jiù bìngle jiā.

Hòulái zhǐ hé bǐ pǔbiàn de shǐyòng le, érqiě fāmíngle yìnshuāshù. Fánshì xūyào jìlù xià • lái de dōngxi, yào duōshao fèn jiù kěyǐ yǒu duōshao fèn. Yúshì suǒwèi wényì, cóng wàibiǎo shuō, jiù shì yī piān gǎozi, yī bù shū, jiù shì xǔduō wénzì de jíhétǐ.

　　Wénzì shì yī dào qiáoliáng, tōngguòle zhè yī dào qiáoliáng, dúzhě cái hé zuòzhě huìmiàn. Bùdàn huìmiàn, bìngqiě liǎojiě zuòzhě de xīnqíng, hé zuòzhě de xīnqíng xiāng qìhé.

　　Jiù zuòzhě de fāngmiàn shuō, wényì de chuàngzuò jué bù shì suíbiàn qǔ xǔduō wénzì lái jíhé zài yīqǐ. Zuòzhě zhuóshǒu chuàngzuò, bìrán duìyú rénshēng xiān yǒu suǒjiàn, xiān yǒu suǒgǎn. Tā bǎ zhèxiē suǒjiàn suǒgǎn xiě chū • lái, bù zuò chōuxiàng de fēnxī, ér zuò jùtǐ de miáoxiě, bù zuò kèbǎn de jìzǎi, ér zuò xiǎngxiàng de ānpái. Tā zhǔnbèi xiě de bù shì pǔtōng de lùnshuōwén、jìxùwén; tā zhǔnbèi xiě de shì wényì. Tā dòngshǒu xiě, bùdàn xuǎnzé nàxiē zuì shìdàng de wénzì, ràng tāmen jíhé qǐ • lái, háiyào shěnchá nàxiē xiě xià • lái de wénzì, kàn yǒuméiyǒu yīngdāng xiūgǎi huòshì zēngjiǎn de. Zǒngzhī, zuòzhě xiǎng zuòdào de shì: xiě xià • lái de wénzì zhènghǎo chuándá chū tā de suǒjiàn suǒgǎn.

　　Jiù dúzhě de//fāngmiàn shuō, dúzhě kàndào de shì xiě zài zhǐmiàn huòzhě yìn zài zhǐmiàn de wénzì, dànshì kàndào wénzì bìng bù shì tāmen de mùdì. Tāmen yào tōngguò wénzì qù jiēchù zuòzhě de suǒjiàn suǒgǎn.

　　　　　　　　Jiéxuǎn zì Yè Shèngtáo《Qūqiǎn Wǒmen de Xiǎngxiàng》

作品 27 号

　　语言，也就是说话，好像是极其稀松平常的事儿。可是仔细想想，实在是一件了不起的大事。正是因为说话跟吃饭、走路一样的平常，人们才不去想它究竟是怎么回事儿。其实这三件事儿都是极不平常的，都是使人类不同于别的动物的特征。

　　记得在小学里读书的时候，班上有一位"能文"的大师兄，在一篇作文的开头写下这么两句："鹦鹉能言，不离于禽；猩猩能言，不离于兽。"我们看了都非常佩服。后来知道这两句是有来历的，只是字句有些出入。又过了若干年，才知道这两句话都有问题。鹦鹉能学人说话，可只是作为现成的公式来说，不会加以变化。只有人们说话是从具体情况出发，情况一变，话也跟着变。

西方学者拿黑猩猩做实验，它们能学会极其有限的一点儿符号语言，可是学不会把它变成有声语言。人类语言之所以能够"随机应变"，在于一方面能把语音分析成若干音素，又把这些音素组合成音节，再把音节连缀起来。另一方面，又能分析外界事物及其变化，形成无数的"意念"，一一配以语音，然后综合运用，表达各种复杂的意思。一句话，人类语言的特点就在于能用变化无穷的语音，表达变化无穷的//意义。这是任何其他动物办不到的。

节选自吕叔湘《人类的语言》

Zuòpǐn 27 Hào

  Yǔyán, yě jiù shì shuōhuà, hǎoxiàng shì jíqí xīsōng píngcháng de shìr. Kěshì zǐxì xiǎngxiang, shízài shì yī jiàn liǎo·bùqǐ de dàshì. Zhèngshì yīn·wèi shuōhuà gēn chīfàn、zǒulù yīyàng de píngcháng, rénmen cái bù qù xiǎng tā jiūjìng shì zěnme huí shìr. Qíshí zhè sān jiàn shìr dōu shì jí bù píngcháng de, dōu shì shǐ rénlèi bù tóng yú bié de dòngwù de tèzhēng.

  Jì·dé zài xiǎoxué·lǐ dúshū de shíhou, bān·shàng yǒu yī wèi "néng wén" de dàshīxiōng, zài yī piān zuòwén de kāitóu xiě·xià zhème liǎng jù: "Yīngwǔ néng yán, bù lí yú qín; xīngxing néng yán, bù lí yú shòu." Wǒmen kànle dōu fēicháng pèi·fú. Hòulái zhī·dào zhè liǎng jù shì yǒu láilì de, zhǐshì zìjù yǒu xiē chūrù. Yòu guòle ruògān nián, cái zhī·dào zhè liǎng jù huà dōu yǒu wèntí. Yīngwǔ néng xué rén shuōhuà, kě zhǐshì zuòwéi xiànchéng de gōngshì lái shuō, bù huì jiāyǐ biànhuà. Zhǐyǒu rénmen shuōhuà shì cóng jùtǐ qíngkuàng chūfā, qíngkuàng yī biàn, huà yě gēnzhe biàn.

  Xīfāng xuézhě ná hēixīngxing zuò shíyàn, tāmen néng xuéhuì jíqí yǒuxiàn de yīdiǎnr fúhào yǔyán, kěshì xué·bù huì bǎ tā biànchéng yǒushēng yǔyán. Rénlèi yǔyán zhīsuǒyǐ nénggòu "suíjī-yìngbiàn", zàiyú yī fāngmiàn néng bǎ yǔyīn fēnxī chéng ruògān yīnsù, yòu bǎ zhèxiē yīnsù zǔhé chéng yīnjié, zài bǎ yīnjié liánzhuì qǐ·lái. Lìng yī fāngmiàn, yòu néng fēnxī wàijiè shìwù jí qí biànhuà, xíngchéng wúshù de "yìniàn", yī yī pèi yǐ yǔyīn, ránhòu zōnghé yùnyòng, biǎodá gèzhǒng fùzá de yìsi. Yī jù huà, rénlèi yǔyán de tèdiǎn jiù zàiyú néng yòng biànhuà wúqióng de yǔyīn, biǎodá biànhuà wúqióng de//yìyì. Zhè shì rén hé qítā dòngwù bàn•bù dào de.

Jiéxuǎn zì Lǚ Shūxiāng《Rénlèi de Yǔyán》

作品 28 号

父亲喜欢下象棋。那一年，我大学回家度假，父亲教我下棋。

我们俩摆好棋，父亲让我先走三步，可不到三分钟，三下五除二，我的兵将损失大半，棋盘上空荡荡的，只剩下老帅、士和一车两卒在孤军奋战。我还不肯罢休，可是已无力回天，眼睁睁看着父亲"将军"，我输了。

我不服气，摆棋再下。几次交锋，基本上都是不到十分钟我就败下阵来。我不禁有些泄气。父亲对我说："你初学下棋，输是正常的。但是你要知道输在什么地方；否则，你就是再下上十年，也还是输。"

"我知道，输在棋艺上。我技术上不如你，没经验。"

"这只是次要因素，不是最重要的。"

"那最重要的是什么？"我奇怪地问。

"最重要的是你的心态不对。你不珍惜你的棋子。"

"怎么不珍惜呀？我每走一步，都想半天。"我不服气地说。

"那是后来，开始你是这样吗？我给你计算过，你三分之二的棋子是在前三分之一的时间内丢失的。这期间你走棋不假思索，拿起来就走，失了也不觉得可惜。因为你觉得棋子很多，失一两个不算什么。"

我看看父亲，不好意思地低下头。"后三分之二的时间，你又犯了相反的错误：对棋子过于珍惜，每走一步，都思前想后，患得患失，一个棋也不想失，//结果一个一个都失去了。"

节选自林夕《人生如下棋》

Zuòpǐn 28 Hào

Fù•qīn xǐhuan xià xiàngqí. Nà yī nián, wǒ dàxué huíjiā dùjià, fù•qīn jiāo wǒ xiàqí.

Wǒmen liǎ bǎihǎo qí, fù•qīn ràng wǒ xiān zǒu sān bù, kě bù dào sān fēnzhōng, sān xià wǔ chú èr, wǒ de bīng jiàng sǔnshī dàbàn, qípán•shàng kōngdàngdàng de, zhǐ shèngxià lǎoshuài、shì hé yī jū liǎng zú zài gūjūn-fènzhàn. Wǒ hái bù kěn bàxiū, kěshì yǐ wúlì-huítiān, yǎnzhēngzhēng kànzhe fù•qīn "jiāng jūn", wǒ shū le.

Wǒ bù fúqì, bǎi qí zài xià. Jǐ cì jiāofēng, jīběn•shàng dōu shì bù dào shí fēnzhōng wǒ jiù bài xià zhèn lái. Wǒ bùjīn yǒuxiē xièqì. Fù•qīn duì wǒ shuō: "Nǐ chū xué xiàqí, shū shì zhèngcháng de. Dànshì nǐ yào zhī•dào shū zài shénme dìfang; fǒuzé, nǐ jiùshì zài xià•shàng shí nián, yě háishi shū."

"Wǒ zhī•dào, shū zài qíyì•shàng. Wǒ jìshù•shàng bù rú nǐ, méi jīngyàn."

"Zhè zhǐ shì cìyào yīnsù, bù shì zuì zhòngyào de."

"Nà zuì zhòngyào de shì shénme?" Wǒ qíguài de wèn.

"Zuì zhòngyào de shì nǐ de xīntài bù duì. Nǐ bù zhēnxī nǐ de qízǐ."

"Zěnme bù zhēnxī ya? Wǒ měi zǒu yī bù, dōu xiǎng bàntiān." Wǒ bù fúqì de shuō.

"Nà shì hòulái, kāishǐ nǐ shì zhèyàng ma? Wǒ gěi nǐ jìsuànguo, nǐ sān fēn zhī èr de qízǐ shì zài qián sān fēn zhī yī de shíjiān nèi diūshī de. Zhè qījiān nǐ zǒu qí bùjiǎ-sīsuǒ, ná qǐ•lái jiù zǒu, shīle yě bù jué•dé kěxī. Yīn•wèi nǐ jué•dé qízǐ hěn duō, shī yī-liǎng gè bù suàn shénme."

Wǒ kànkan fù•qīn, bù hǎoyìsi de dī•xià tóu. "Hòu sān fēn zhī èr de shíjiān, nǐ yòu fànle xiāngfǎn de cuòwù: duì qízǐ guòyú zhēnxī, měi zǒu yī bù, dōu sīqián-xiǎnghòu, huàndé-huànshī, yī gè qí yě bù xiǎng shī, // jiéguǒ yī gè yī gè dōu shīqù le."

Jiéxuǎn zì Lín Xī 《Rénshēng Rú Xià Qí》

作品 29 号

仲夏，朋友相邀游十渡。在城里住久了，一旦进入山水之间，竟有一种生命复苏的快感。

下车后，我们舍弃了大路，挑选了一条半隐半现在庄稼地里的小径，

普通话训练与测试教程

弯弯绕绕地来到了十渡渡口。夕阳下的拒马河慷慨地撒出一片散金碎玉，对我们表示欢迎。

　　岸边山崖上刀斧痕犹存的崎岖小道，高低凸凹，虽没有"难于上青天"的险恶，却也有踏空了滚到拒马河洗澡的风险。狭窄处只能手扶岩石贴壁而行。当"东坡草堂"几个红漆大字赫然出现在前方岩壁时，一座镶嵌在岩崖间的石砌茅草屋同时跃进眼底。草屋被几级石梯托得高高的，屋下俯瞰着一湾河水，屋前顺山势辟出了一片空地，算是院落吧！右侧有一小小的蘑菇形的凉亭，内设石桌石凳，亭顶褐黄色的茅草像流苏般向下垂泻，把现实和童话串成了一体。草屋的构思者最精彩的一笔，是设在院落边沿的柴门和篱笆，走近这儿，便有了"花径不曾缘客扫，蓬门今始为君开"的意思。

　　当我们重登凉亭时，远处的蝙蝠山已在夜色下化为剪影，好像就要展翅扑来。拒马河趁人们看不清它的容貌时豁开了嗓门儿韵味十足地唱呢！偶有不安分的小鱼儿和青蛙蹦跳//成声，像是为了强化这夜曲的节奏。此时，只觉世间唯有水声和我，就连偶尔从远处赶来歇脚的晚风，也悄无声息。

　　当我渐渐被夜的凝重与深邃所融蚀，一缕新的思绪涌动时，对岸沙滩上燃起了篝火，那鲜亮的火光，使夜色有了躁动感。篝火四周，人影绰约，如歌似舞。朋友说，那是北京的大学生们，结伴来这儿度周末的。遥望那明灭无定的火光，想象着篝火映照的青春年华，也是一种意想不到的乐趣。

节选自刘延《十渡游趣》

Zuòpǐn 29 Hào

　　Zhòngxià, péngyou xiāngyāo yóu Shídù. Zài chéng • lǐ zhù jiǔ le, yīdàn jìnrù shānshuǐ zhījiān, jìng yǒu yī zhǒng shēngmìng fùsū de kuàigǎn.

　　Xià chē hòu, wǒmen shěqìle dàlù, tiāoxuǎnle yī tiáo bànyǐn-bànxiàn zài zhuāngjiadì • lǐ de xiǎojìng, wānwānràorào de láidàole Shídù dùkǒu. Xīyáng xià de Jùmǎ Hé kāngkǎi de sǎchū yī piàn sǎnjīn-suìyù, duì wǒmen biǎoshì huānyíng.

　　Àn biān shānyá • shàng dāofǔhén yóu cún de qíqū xiǎodào, gāodī tū'āo, suī méi • yǒu "nán yú shàng qīngtiān" de xiǎn'è, què yě yǒu tàkōngle gǔndào Jùmǎ Hé xǐzǎo de fēngxiǎn. Xiázhǎichù zhǐ néng shǒu fú yánshí tiē bì ér xíng. Dāng "Dōngpō Cǎotáng" jǐ gè hóng qī dà zì hèrán chūxiàn zài qiánfāng yánbì shí, yī zuò xiāngqiàn zài yányá jiān de shíqì máocǎowū tóngshí yuèjìn yǎndǐ. Cǎowū bèi jǐ jí shítī tuō de gāogāo de, wū xià fǔkànzhe yī wān héshuǐ, wū qián shùn shānshì pìchūle yī piàn kòngdì, suànshì yuànluò ba! Yòucè yǒu yī xiǎoxiǎo de móguxíng de liángtíng, nèi shè shízhuō shídèng, tíng dǐng hèhuángsè de máocǎo xiàng liúsū bān xiàng xià chuíxiè, bǎ xiànshí hé tónghuà chuànchéngle yītǐ. Cǎowū de gòusīzhě zuì jīngcǎi de yī bǐ, shì shè zài yuànluò biānyán de cháimén hé líba, zǒujìn zhèr, biàn yǒule "Huājìng bù céng yuán kè sǎo, péngmén jīn shǐ wèi jūn kāi" de yìsi.

Dāng wǒmen chóng dēng liángtíng shí, yuǎnchù de Biānfú Shān yǐ zài yèsè·xià huàwéi jiǎnyǐng, hǎoxiàng jiù yào zhǎnchì pūlái. Jùmǎ Hé chèn rénmen kàn·bù qīng tā de róngmào shí huōkāile sǎngménr yùnwèi shízú de chàng ne! Ǒu yǒu bù ānfèn de xiǎoyúr hé qīngwā bèng tiào//chéng shēng, xiàng shì wèile qiánghuà zhè yèqǔ de jiézòu. Cǐshí, zhǐ jué shìjiān wéi yǒu shuǐshēng hé wǒ, jiù lián ǒu'ěr cóng yuǎnchù gǎnlái xiējiǎo de wǎnfēng, yěqiǎowú-shēngxī.

Dāng wǒ jiànjiàn bèi yè de níngzhòng yǔ shēnsuì suǒ róngshí, yī lǚ xīn de sīxù yǒngdòng shí, duì'àn shātān·shàng ránqǐle gōuhuǒ, nà xiānliàng de huǒguāng, shǐ yèsè yǒule zàodònggǎn. Gōuhuǒ sìzhōu, rényǐng chuòyuē, rúgē-sìwǔ. Péngyou shuō, nà shì Běijīng de dàxuéshēngmen, jiébàn lái zhèr dù zhōumòde. Yáowàng nà míngmiè-wúdìng de huǒguāng, xiǎngxiàngzhe gōuhuǒ yìngzhào de qīngchūn niánhuá, yě shì yī zhǒng yìxiǎng·bù dào de lèqù.

Jiéxuǎn zì Liú Yán《Shídù Yóu Qù》

作品 30 号

  在闽西南和粤东北的崇山峻岭中,点缀着数以千计的圆形围屋或土楼,这就是被誉为"世界民居奇葩"的客家民居。

普通话训练与测试教程

客家人是古代从中原繁盛的地区迁到南方的。他们的居住地大多在偏僻、边远的山区，为了防备盗匪的骚扰和当地人的排挤，便建造了营垒式住宅，在土中掺石灰，用糯米饭、鸡蛋清作黏合剂，以竹片、木条作筋骨，夯筑起墙厚一米，高十五米以上的土楼。它们大多为三至六层楼，一百至二百多间房屋如橘瓣状排列，布局均匀，宏伟壮观。大部分土楼有两三百年甚至五六百年的历史，经受无数次地震撼动、风雨侵蚀以及炮火攻击而安然无恙，显示了传统建筑文化的魅力。

客家先民崇尚圆形，认为圆是吉祥、幸福和安宁的象征。土楼围成圆形的房屋均按八卦布局排列，卦与卦之间设有防火墙，整齐划一。

客家人在治家、处事、待人、立身等方面，无不体现出明显的文化特征。比如，许多房屋大门上刻着这样的正楷对联："承前祖德勤和俭，启后子孙读与耕"，表现了先辈希望子孙和睦相处、勤俭持家的愿望。楼内房间大小一模一样，他们不分贫富、贵贱，每户人家平等地分到底层至高层各//一间房。各层房屋的用途惊人地统一，底层是厨房兼饭堂，二层当贮仓，三层以上作卧室，两三百人聚居一楼，秩序井然，毫不混乱。土楼内所保留的民俗文化，让人感受到中华传统文化的深厚久远。

节选自张宇生《世界民居奇葩》

Zuòpǐn 30 Hào

　　Zài Mǐnxīnán hé Yuèdōngběi de chóngshān-jùnlǐng zhōng, diǎnzhuìzhe shùyǐqiānjì de yuánxíng wéiwū huò tǔlóu, zhè jiù shì bèi yù wéi "shìjiè mínjū qípā" de Kèjiā mínjū.

　　Kèjiārén shì gǔdài cóng Zhōngyuán fánshèng de dìqū qiāndào nánfāng de. Tāmen de jūzhùdì dàduō zài piānpì、biānyuǎn de shānqū, wèile fángbèi dàoféi de sāorǎo hé dāngdìrén de páijǐ, biàn jiànzàole yínglěishì zhùzhái, zài tǔ zhōng chān shíhuī, yòng nuòmǐfàn、jīdànqīng zuò niánhéjì, yǐ zhúpiàn、mùtiáo zuò jīngǔ, hāngzhù qǐ qiáng hòu yī mǐ, gāo shíwǔ mǐ yǐshàng de tǔlóu. Tāmen dàduō wéi sān zhì liù céng lóu, yībǎi zhì èrbǎi duō jiān fángwū rú júbànzhuàng páiliè, bùjú jūnyún, hóngwěi zhuàngguān. Dàbùfen tǔlóu yǒu liǎng-sānbǎi nián shènzhì wǔ-liùbǎi nián de lìshǐ, jīngshòu wúshù cì dìzhèn hàndòng、fēngyǔ qīnshí yǐjí pàohuǒ gōngjī ér ānrán-wúyàng, xiǎnshìle chuántǒng jiànzhù wénhuà de mèilì.

Kèjiā xiānmín chóngshàng yuánxíng, rènwéi yuán shì jíxiáng、xìngfú hé ānníng de xiàngzhēng. Tǔlóu wéichéng yuánxíng de fángwū jūn àn bāguà bùjú páiliè, guà yǔ guà zhījiān shè yǒu fánghuǒqiáng, zhěngqí-huàyī.

Kèjiārén zài zhìjiā、chǔshì、dàirén、lìshēn děng fāngmiàn, wú bù tǐxiàn chū míngxiǎn de wénhuà tèzhēng. Bǐrú, xǔduō fángwū dàmén·shàng kèzhe zhèyàng de zhèngkǎi duìlián:"Chéng qián zǔdé qín hé jiǎn, qǐ hòu zǐsūn dú yǔ gēng", biǎoxiànle xiānbèi xīwàng zǐsūn hémù xiāngchǔ、qínjiǎn chíjiā de yuànwàng. Lóu nèi fángjiān dàxiǎo yīmú-yīyàng, tāmen bù fēn pínfù、guìjiàn, měi hù rénjiā píngděng de fēndào dǐcéng zhì gāocéng gè// yī jiān fáng. Gè céng fángwū de yòngtú jīngrén de tǒngyī, dǐcéng shì chúfáng jiān fàntáng, èr céng dàng zhùcāng, sān céng yǐshàng zuò wòshì, liǎng-sānbǎi rén jùjū yī lóu, zhìxù jǐngrán, háobù hùnluàn. Tǔlóu nèi suǒ bǎoliú de mínsú wénhuà, ràng rén gǎnshòu dào Zhōnghuá chuántǒng wénhuà de shēnhòu jiǔyuǎn.

　　　　　　　Jiéxuǎn zì Zhāng Yǔshēng《Shìjiè Mínjū Qípā》

作品 31 号

　　我国的建筑，从古代的宫殿到近代的一般住房，绝大部分是对称的，左边怎么样，右边怎么样。苏州园林可绝不讲究对称，好像故意避免似的。东边有了一个亭子或者一道回廊，西边决不会来一个同样的亭子或者一道同样的回廊。这是为什么？我想，用图画来比方，对称的建筑是图案画，不是美术画，而园林是美术画，美术画要求自然之趣，是不讲究对称的。

　　苏州园林里都有假山和池沼。

　　假山的堆叠，可以说是一项艺术而不仅是技术。或者是重峦叠嶂，或者是几座小山配合着竹子花木，全在乎设计者和匠师们生平多阅历，胸中有丘壑，才能使游览者攀登的时候忘却苏州城市，只觉得身在山间。

　　至于池沼，大多引用活水。有些园林池沼宽敞，就把池沼作为全园的中心，其他景物配合着布置。水面假如成河道模样，往往安排桥梁。假如

普通话训练与测试教程

安排两座以上的桥梁，那就一座一个样，决不雷同。

池沼或河道的边沿很少砌齐整的石岸，总是高低屈曲任其自然。还在那儿布置几块玲珑的石头，或者种些花草。这也是为了取得从各个角度看都成一幅画的效果。池沼里养着金鱼或各色鲤鱼，夏秋季节荷花或睡莲//开放，游览者看"鱼戏莲叶间"，又是入画的一景。

节选自叶圣陶《苏州园林》

Zuòpǐn 31 Hào

  Wǒguó de jiànzhù, cóng gǔdài de gōngdiàn dào jìndài de yībān zhùfáng, jué dà bùfen shì duìchèn de, zuǒ·biān zěnmeyàng, yòu·biān yě zěnmeyàng. Sūzhōu yuánlín kě juébù jiǎng·jiū duìchèn, hǎoxiàng gùyì bìmiǎn shìde. Dōng·biān yǒule yī gè tíngzi huòzhě yī dào huíláng, xī·biān juébù huì lái yī gè tóngyàng de tíngzi huòzhě yī dào tóngyàng de huíláng. Zhè shì wèi shénme? Wǒ xiǎng, yòng túhuà lái bǐfang, duìchèn de jiànzhù shì tú'ànhuà, bù shì měishùhuà, ér yuánlín shì měishùhuà, měishùhuà yāoqiú zìrán zhī qù, shì bù jiǎng·jiū duìchèn de.

  Sūzhōu yuánlín·lǐ dōu yǒu jiǎshān hé chízhǎo.

  Jiǎshān de duīdié, kěyǐ shuō shì yī xiàng yìshù ér bùjǐn shì jìshù. Huòzhě shì chóngluán-diézhàng, huòzhě shì jǐ zuò xiǎoshān pèihézhe zhúzi huāmù, quán zàihu shèjìzhě hé jiàngshīmen shēngpíng duō yuèlì, xiōng zhōng yǒu qiūhè, cái néng shǐ yóulǎnzhě pāndēng de shíhou wàngquè Sūzhōu chéngshì, zhǐ jué·dé shēn zài shān jiān.

  Zhìyú chízhǎo, dàduō yǐnyòng huóshuǐ. Yǒuxiē yuánlín chízhǎo kuānchǎng, jiù bǎ chízhǎo zuòwéi quán yuán de zhōngxīn, qítā jǐngwù pèihézhe bùzhì. Shuǐmiàn jiǎrú chéng hédào múyàng, wǎngwǎng ānpái qiáoliáng. Jiǎrú ānpái liǎng zuò yǐshàng de qiáoliáng, nà jiù yī zuò yī gè yàng, jué bù léitóng.

  Chízhǎo huò hédào de biānyán hěn shǎo qì qízhěng de shí'àn, zǒngshì gāodī qūqū rèn qí zìrán. Hái zài nàr bùzhì jǐ kuài línglóng de shítou, huòzhě zhòng xiē huācǎo. Zhè yě shì wèile qǔdé cóng gègè jiǎodù kàn dōu chéng yī fú huà de xiàoguǒ. Chízhǎo・lǐ yǎngzhe jīnyú huò gè sè lǐyú, xià-qiū jìjié héhuā huò shuǐlián//kāifàng, yóulǎnzhě kàn "yú xì lián yè jiān", yòu shì rù huà de yī jǐng.

Jiéxuǎn zì Yè Shèngtáo《Sūzhōu Yuánlín》

作品 32 号

  泰山极顶看日出，历来被描绘成十分壮观的奇景。有人说：登泰山而看不到日出，就像一出大戏没有戏眼，味儿终究有点寡淡。

  我去爬山那天，正赶上个难得的好天，万里长空，云彩丝儿都不见。素常烟雾腾腾的山头，显得眉目分明。同伴们都欣喜地说："明天早晨准可以看见日出了。"我也是抱着这种想头，爬上山去。

  一路从山脚往上爬，细看山景，我觉得挂在眼前的不是五岳独尊的泰山，却像一幅规模惊人的青绿山水画，从下面倒展开来。在画卷中最先露出的是山根底那座明朝建筑岱宗坊，慢慢地便现出王母池、斗母宫、经石峪。山是一层比一层深，一叠比一叠奇，层层叠叠，不知还会有多深多奇。万山丛中，时而点染着极其工细的人物。王母池旁的吕祖殿里有不少尊明塑，塑着吕洞宾等一些人，姿态神情是那样有生气，你看了，不禁会脱口赞叹说："活啦。"

  画卷继续展开，绿阴森森的柏洞露面不太久，便来到对松山。两面奇峰对峙着，满山峰都是奇形怪状的老松，年纪怕都有上千岁了，颜色竟那么浓，浓得好像要流下来似的。来到这儿，你不妨权当一次画里的写意人物，坐在路旁的对松亭里，看看山色，听听流//水和松涛。

  一时间，我又觉得自己不仅是在看画卷，却又像是在零零乱乱翻着一卷历史稿本。

节选自杨朔《泰山极顶》

Zuòpǐn 32 Hào

  Tài Shān jí dǐng kàn rìchū, lìlái bèi miáohuì chéng shífēn zhuàngguān de qíjǐng. Yǒu rén shuō: Dēng Tài Shān ér kàn・bùdào rìchū, jiù xiàng yī chū dàxì méi・yǒu xìyǎn, wèir zhōngjiū yǒu diǎnr guǎdàn.

  Wǒ qù páshān nà tiān, zhèng gǎn・shàng gè nándé de hǎotiān, wànlǐ chángkōng, yúncaisīr dōu bù jiàn. Sùcháng yānwù téngténg de shāntóu, xiǎn•dé méi•mù fēnmíng. Tóngbànmen dōu xīnxǐ de shuō:"Míngtiān zǎochen zhǔn kěyǐ kàn•jiàn rìchū le." Wǒ yě shì bàozhe zhè zhǒng xiǎngtou, pá•shàng shān•qù.

Yīlù cóng shānjiǎo wǎngshàng pá, xì kàn shānjǐng, wǒ jué•dé guà zài yǎnqián de bù shì Wǔ Yuè dú zūn de Tài Shān, què xiàng yī fú guīmó jīngrén de qīnglǜ shānshuǐhuà, cóng xià•miàn dào zhǎn kāi•lái. Zài huàjuàn zhōng zuì xiān lòuchū de shì shāngēnr dǐ nà zuò Míngcháo jiànzhù Dàizōngfāng, mànmàn de biàn xiànchū Wángmǔchí、Dǒumǔgōng、Jīngshíyù. Shān shì yī céng bǐ yī céng shēn, yī dié bǐ yī dié qí, céngcéng-diédié, bù zhī hái huì yǒu duō shēn duō qí. Wàn shān cóng zhōng, shí'ér diǎnrǎnzhe jíqí gōngxì de rénwù. Wángmǔchí páng de Lǚzǔdiàn•lǐ yǒu bùshǎo zūn míngsù, sùzhe Lǚ Dòngbīn děng yīxiē rén, zītài shénqíng shì nàyàng yǒu shēngqì, nǐ kàn le, bùjīn huì tuōkǒu zàntàn shuō:"Huó la".

Huàjuàn jìxù zhǎnkāi, lǜyīn sēnsēn de Bǎidòng lòumiàn bù tài jiǔ, biàn láidào Duìsōngshān. Liǎngmiàn qífēng duìzhìzhe, mǎn shānfēng dōu shì qíxíng-guàizhuàng de lǎosōng, niánjì pà dōu yǒu shàng qiān suì le, yánsè jìng nàme nóng, nóng de hǎoxiàng yào liú xià•lái shìde. Láidào zhèr, nǐ bùfáng quándàng yī cì huà•lǐ de xiěyì rénwù, zuò zài lùpáng de Duìsōngtíng•lǐ, kànkan shānsè, tīngting liú//shuǐ hé sōngtāo.

Yī shíjiān, wǒ yòu jué•dé zìjǐ bùjǐn shì zài kàn huàjuàn, què yòu xiàng shì zài línglíng-luànluàn fānzhe yī juàn lìshǐ gǎoběn.

Jiéxuǎn zì Yáng Shuò《Tài Shān Jí Dǐng》

作品 33 号

　　在太空的黑幕上，地球就像站在宇宙舞台中央那位最美的大明星，浑身散发出夺人心魄的、彩色的、明亮的光芒，她披着浅蓝色的纱裙和白色的飘带，如同天上的仙女缓缓飞行。

　　地理知识告诉我，地球上大部分地区覆盖着海洋，我果然看到了大片蔚蓝色的海水，浩瀚的海洋骄傲地披露着广阔壮观的全貌，我还看到了黄绿相间的陆地,连绵的山脉纵横其间;我看到我们平时所说的天空,大气层中飘浮着片片雪白的云彩,那么轻柔,那么曼妙,在阳光普照下,仿佛贴在地面上一样。海洋、陆地、白云,它们呈现在飞船下面,缓缓驶来,又缓缓离去。

我知道自己还是在轨道上飞行,并没有完全脱离地球的怀抱,冲向宇宙的深处,然而这也足以让我震撼了,我并不能看清宇宙中众多的星球,因为实际上它们离我们的距离非常遥远,很多都是以光年计算。正因为如此,我觉得宇宙的广袤真实地摆在我的眼前,即便作为中华民族第一个飞天的人我已经跑到离地球表面四百公里的空间,可以称为太空人了,但是实际上在浩瀚的宇宙面前,我仅像一粒尘埃。

虽然独自在太空飞行,但我想到了此刻千万//中国人翘首以待,我不是一个人在飞,我是代表所有中国人,甚至人类来到了太空。我看到的一切证明了中国航天技术的成功,我认为我的心情一定要表达一下,就拿出太空笔,在工作日志背面写了一句话:"为了人类的和平与进步,中国人来到太空了。"以此来表达一个中国人的骄傲和自豪。

节选自杨利伟《天地九重》

Zuòpǐn 33 Hào

Zài tàikōng de hēimù·shàng, dìqiú jiù xiàng zhàn zài yǔzhòu wǔtái zhōngyāng nà wèi zuì měi de dà míngxīng, húnshēn sànfā chū duórénxīnpò de、cǎisè de、míngliàng de guāngmáng, tā pīzhe qiǎnlánsè de shāqún hé báisè de piāodài, rútóng tiān·shàng de xiānnǚ huǎnhuǎn fēixíng.

Dìlǐ zhīshi gàosu wǒ, dìqiú·shàng dàbùfen dìqū fùgàizhe hǎiyáng, wǒ guǒrán kàndàole dàpiàn wèilánsè de hǎishuǐ, hàohàn de hǎiyáng jiāo'ào de pīlùzhe guǎngkuò zhuàngguān de quánmào, wǒ hái kàndàole huáng-lù xiāngjiàn de lùdì, liánmián de shānmài zònghéng qíjiān; wǒ kàndào wǒmen píngshí suǒ shuō de tiānkōng, dàqìcéng zhōng piāofúzhe piànpiàn xuěbái de yúncai, nàme qīngróu, nàme mànmiào, zài yángguāng pǔzhào xià, fǎngfú tiē zài dìmiàn·shàng yīyàng. Hǎiyáng、lùdì、báiyún, tāmen chéngxiàn zài fēichuán xià·miàn, huǎnhuǎn shǐlái, yòu huǎnhuǎn lí·qù.

普通话训练与测试教程

　　Wǒ zhī·dào zìjǐ hái shì zài guǐdào·shàng fēixíng, bìng méi·yǒu wánquán tuōlí dìqiú de huáibào, chōngxiàng yǔzhòu de shēnchù, rán'ér zhè yě zúyǐ ràng wǒ zhènhàn le, wǒ bìng bù néng kànqīng yǔzhòu zhōng zhòngduō de xīngqiú, yīn·wèi shíjì·shàng tāmen lí wǒmen de jùlí fēicháng yáoyuǎn, hěnduō dōu shì yǐ guāngnián jìsuàn. Zhèng yīn·wèi rúcǐ, wǒ jué·dé yǔzhòu de guǎngmào zhēnshí de bǎi zài wǒ de yǎnqián, jíbiàn zuòwéi Zhōnghuá Mínzú dì-yī gè fēitiān de rén wǒ yǐ·jīng pǎodào lí dìqiú biǎomiàn sìbǎi gōnglǐ de kōngjiān, kěyǐ chēngwéi tàikōngrén le, dànshì shíjì·shàng zài hàohàn de yǔzhòu miànqián, wǒ jǐn xiàng yī lì chén'āi.

　　Suīrán dúzì zài tàikōng fēixíng, dàn wǒ xiǎngdàole cǐkè qiānwàn// Zhōngguórén qiáoshǒuyǐdài, wǒ bù shì yī gè rén zài fēi, wǒ shì dàibiǎo suǒyǒu Zhōngguórén, shènzhì rénlèi láidàole tàikōng. Wǒ kàndào de yīqiè zhèngmíngle Zhōngguó hángtiān jìshù de chénggōng, wǒ rènwéi wǒ de xīnqíng yīdìng yào biǎodá yīxià, jiù náchū tàikōngbǐ, zài gōngzuò rìzhì bèimiàn xiěle yī jù huà: "Wèile rénlèi de hépíng yǔ jìnbù, Zhōngguórén láidào tàikōng le." Yǐ cǐ lái biǎodá yī gè Zhōngguórén de jiāo'ào hé zìháo.

　　　　　　　　　　Jiéxuǎn zì Yáng Lìwěi《Tiān Dì Jiǔ Chóng》

作品 34 号

　　最使我难忘的,是我小学时候的女教师蔡芸芝先生。

　　现在回想起来,她那时有十八九岁。右嘴角边有榆钱大小一块黑痣。在我的记忆里,她是一个温柔和美丽的人。

　　她从来不打骂我们。仅仅有一次,她的教鞭好像要落下来,我用石板一迎,教鞭轻轻地敲在石板边上,大伙笑了,她也笑了。我用儿童的狡猾的眼光察觉,她爱我们,并没有存心要打的意思。孩子们是多么善于观察这一点啊。

　　在课外的时候,她教我们跳舞,我现在还记得她把我扮成女孩子表演跳舞的情景。

在假日里，她把我们带到她的家里和女朋友的家里。在她的女朋友的园子里，她还让我们观察蜜蜂；也是在那时候，我认识了蜂王，并且平生第一次吃了蜂蜜。

她爱诗，并且爱用歌唱的音调教我们读诗。直到现在我还记得她读诗的音调，还能背诵她教我们的诗：

圆天盖着大海，

黑水托着孤舟，

远看不见山，

那天边只有云头，

也看不见树，

那水上只有海鸥……

今天想来，她对我的接近文学和爱好文学，是有着多么有益的影响！

像这样的教师，我们怎么会不喜欢她，怎么会不愿意和她亲近呢？我们见了她不由得就围上去。即使她写字的时候，我//们也默默地看着她，连她握铅笔的姿势都急于模仿。

节选自魏巍《我的老师》

Zuòpǐn 34 Hào

Zuì shǐ wǒ nánwàng de, shì wǒ xiǎoxué shíhou de nǚjiàoshī Cài Yúnzhī xiānsheng.

Xiànzài huíxiǎng qǐ·lái, tā nà shí yǒu shíbā-jiǔ suì. Yòu zuǐjiǎo biān yǒu yúqián dàxiǎo yī kuàir hēizhì. Zài wǒ de jìyì·lǐ, tā shì yī gè wēnróu hé měilì de rén.

Tā cónglái bù dǎmà wǒmen. Jǐnjǐn yǒu yī cì, tā de jiàobiān hǎoxiàng yào luò xià·lái, wǒ yòng shíbǎn yī yíng, jiàobiān qīngqīng de qiāo zài shíbǎn biān·shàng, dàhuǒr xiào le, tā yě xiào le. Wǒ yòng értóng de jiǎohuá de yǎnguāng chájué, tā ài wǒmen, bìng méi·yǒu cúnxīn yào dǎ de yìsi. Háizimen shì duōme shànyú guānchá zhè yī diǎn a.

Zài kèwài de shíhou, tā jiāo wǒmen tiàowǔ, wǒ xiànzài hái jìde tā bǎ wǒ bànchéng nǚháizi biǎoyǎn tiàowǔ de qíngjǐng.

普通话训练与测试教程

　　Zài jiàrì·lǐ, tā bǎ wǒmen dàidào tā de jiā·lǐ hé nǚpéngyou de jiā·li. Zài tā de nǚpéngyou de yuánzi·lǐ, tā hái ràng wǒmen guānchá mìfēng; yě shì zài nà shíhou, wǒ rènshile fēngwáng, bìngqiě píngshēng dì-yī cì chīle fēngmì.

　　Tā ài shī, bìngqiě ài yòng gēchàng de yīndiào jiāo wǒmen dú shī. Zhí dào xiànzài wǒ hái jìde tā dú shī de yīndiào, hái néng bèisòng tā jiāo wǒmen de shī：

　　Yuán tiān gàizhe dàhǎi,

　　Hēishuǐ tuōzhe gūzhōu,

　　Yuǎn kàn·bù jiàn shān,

　　Nà tiānbiān zhǐ yǒu yúntóu,

　　Yě kàn·bù jiàn shù,

　　Nà shuǐ·shàng zhǐ yǒu hǎi'ōu……

　　Jīntiān xiǎnglái, tā duì wǒ de jiējìn wénxué hé àihào wénxué, shì yǒuzhe duōme yǒuyì de yǐngxiǎng!

　　Xiàng zhèyàng de jiàoshī, wǒmen zěnme huì bù xǐhuan tā, zěnme huì bù yuànyì hé tā qīnjìn ne? Wǒmen jiànle tā bùyóude jiù wéi shàng·qù. Jíshǐ tā xiězì de shíhou, wǒ//men yě mòmò de kànzhe tā, lián tā wò qiānbǐ de zīshì dōu jíyú mófǎng.

Jiéxuǎn zì Wèi Wēi《Wǒ de Lǎoshī》

作品 35 号

　　我喜欢出发。

　　凡是到达了的地方，都属于昨天。哪怕那山再青，那水再秀，那风再温柔。太深的流连便成了一种羁绊，绊住的不仅有双脚，还有未来。

　　怎么能不喜欢出发呢？没见过大山的巍峨，真是遗憾；见了大山的巍峨没见过大海的浩瀚，仍然遗憾；见了大海的浩瀚没见过大漠的广袤，依旧遗憾；见了大漠的广袤没见过森林的神秘，还是遗憾。世界上有不绝的风景，我有不老的心情。

　　我自然知道，大山有坎坷，大海有浪涛，大漠有风沙，森林有猛兽。

第五章　普通话水平测试用朗读作品

即便这样，我依然喜欢。

打破生活的平静便是另一番景致，一种属于年轻的景致。真庆幸，我还没有老。即便真老了又怎么样，不是有句话叫老当益壮吗？

于是，我还想从大山那里学习深刻，我还想从大海那里学习勇敢，我还想从大漠那里学习沉着，我还想从森林那里学习机敏。我想学着品味一种缤纷的人生。

人能走多远？这话不是要问两脚而是要问志向。人能攀多高？这事不是要问双手而是要问意志。于是，我想用青春的热血给自己树起一个高远的目标。不仅是为了争取一种光荣，更是为了追求一种境界。目标实现了，便是光荣；目标实现不了，人生也会因//这一路风雨跋涉变得丰富而充实；在我看来，这就是不虚此生。

是的，我喜欢出发，愿你也喜欢。

节选自汪国真《我喜欢出发》

Zuòpǐn 35 Hào

Wǒ xǐhuan chūfā.

Fánshì dàodále de dìfang, dōu shǔyú zuótiān. Nǎpà nà shān zài qīng, nà shuǐ zài xiù, nà fēng zài wēnróu. Tài shēn de liúlián biànchéngle yī zhǒng jībàn, bànzhù de bùjǐn yǒu shuāngjiǎo, hái yǒu wèilái.

Zěnme néng bù xǐhuan chūfā ne? Méi jiànguo dàshān de wēi'é, zhēn shì yíhàn; jiànle dàshān de wēi'é méi jiànguo dàhǎi de hàohàn, réngrán yíhàn; jiànle dàhǎi de hàohàn méi jiànguo dàmò de guǎngmào, yījiù yíhàn; jiànle dàmò de guǎngmào méi jiànguo sēnlín de shénmì, hái shì yíhàn. Shìjiè·shàng yǒu bù jué de fēngjǐng, wǒ yǒu bù lǎo de xīnqíng.

Wǒ zìran zhī·dào, dàshān yǒu kǎnkě, dàhǎi yǒu làngtāo, dàmò yǒu fēngshā, sēnlín yǒu měngshòu. Jíbiàn zhèyàng, wǒ yīrán xǐhuan.

Dǎpò shēnghuó de píngjìng biàn shì lìng yī fān jǐngzhì, yī zhǒng shǔyú niánqīng de jǐngzhì. Zhēn qìngxìng, wǒ hái méi·yǒu lǎo. Jíbiàn zhēn lǎole yòu zěnmeyàng, bù shì yǒu jù huà jiào lǎodāngyìzhuàng ma?

Yúshì, wǒ hái xiǎng cóng dàshān nà·lǐ xuéxí shēnkè, wǒ hái xiǎng

243

cóng dàhǎi nà•lǐ xuéxí yǒnggǎn, wǒ hái xiǎng cóng dàmò nà•lǐ xuéxí chénzhuó, wǒ hái xiǎng cóng sēnlín nà•lǐ xuéxí jīmǐn. Wǒ xiǎng xuézhe pǐnwèi yī zhǒng bīnfēn de rénshēng.

Rén néng zǒu duō yuǎn? Zhè huà bù shì yào wèn liǎngjiǎo ér shì yào wèn zhìxiàng. Rén néng pān duō gāo? Zhè shì bù shì yào wèn shuāngshǒu ér shì yào wèn yìzhì. Yúshì, wǒ xiǎng yòng qīngchūn de rèxuè gěi zìjǐ shùqǐ yī gè gāoyuǎn de mùbiāo. Bùjǐn shì wèile zhēngqǔ yī zhǒng guāngróng, gèng shì wèile zhuīqiú yī zhǒng jìngjiè. Mùbiāo shíxiàn le, biàn shì guāngróng; mùbiāo shíxiàn•bù liǎo, rénshēng yě huì yīn//zhè yīlù fēngyǔ báshè biàn de fēngfù ér chōngshí; zài wǒ kànlái, zhè jiù shì bùxū-cǐshēng.

Shì de, wǒ xǐhuan chūfā, yuàn nǐ yě xǐhuan.

Jiéxuǎn zì Wāng Guózhēn 《Wǒ Xǐhuan Chūfā》

作品 36 号

　　乡下人家总爱在屋前搭一瓜架，或种南瓜，或种丝瓜，让那些瓜藤攀上棚架，爬上屋檐。当花儿落了的时候，藤上便结出了青的、红的瓜，它们一个个挂在房前，衬着那长长的藤，绿绿的叶。青、红的瓜，碧绿的藤和叶，构成了一道别有风趣的装饰，比那高楼门前蹲着一对石狮子或是竖着两根大旗杆，可爱多了。

　　有些人家，还在门前的场地上种几株花，芍药，凤仙，鸡冠花，大丽菊，它们依着时令，顺序开放，朴素中带着几分华丽，显出一派独特的农家风光。还有些人家，在屋后种几十枝竹，绿的叶，青的竿，投下一片浓浓的绿荫。几场春雨过后，到那里走走，你常常会看见许多鲜嫩的笋，成群地从土里探出头来。

　　鸡，乡下人家照例总要养几只的。从他们的房前屋后走过，你肯定会瞧见一只母鸡，率领一群小鸡，在竹林中觅食；或是瞧见耸着尾巴的雄鸡，在场地上大踏步地走来走去。

　　他们的屋后倘若有一条小河，那么在石桥旁边，在绿树荫下，你会见到一群鸭子游戏水中，不时地把头扎到水下去觅食。即使附近的石头上有妇女在捣衣，它们也从不吃惊。

第五章　普通话水平测试用朗读作品

若是在夏天的傍晚出去散步，你常常会瞧见乡下人家吃晚饭//的情景。他们把桌椅饭菜搬到门前，天高地阔地吃起来。天边的红霞，向晚的微风，头上飞过的归巢的鸟儿，都是他们的好友。它们和乡下人家一起，绘成了一幅自然、和谐的田园风景画。

节选自陈醉云《乡下人家》

Zuòpǐn 36 Hào

Xiāngxia rénjiā zǒng ài zài wū qián dā yī guā jià, huò zhòng nánguā, huò zhòng sīguā, ràng nàxiē guāténg pān·shàng péngjià, pá·shàng wūyán. Dāng huā'ér luòle de shíhou, téng·shàng biàn jiēchūle qīng de、hóng de guā, tāmen yī gègè guà zài fáng qián, chènzhe nà chángcháng de téng, lǜlǜ de yè. Qīng、hóng de guā, bìlǜ de téng hé yè, gòuchéngle yī dào biéyǒufēngqù de zhuāngshì, bǐ nà gāolóu mén qián dūnzhe yī duì shíshīzi huòshì shùzhe liǎng gēn dàqígān, kě'ài duō le.

Yǒuxiē rénjiā, hái zài mén qián de chǎngdì·shàng zhòng jǐ zhū huā, sháoyao, fèngxiān, jīguānhuā, dàlìjú, tāmen yīzhe shílìng, shùnxù kāifàng, pǔsù zhōng dàizhe jǐ fēn huálì, xiǎnchū yī pài dútè de nóngjiā fēngguāng. Hái yǒuxiē rénjiā, zài wū hòu zhòng jǐshí zhī zhú, lǜ de yè, qīng de gān, tóuxià yī piàn nóngnóng de lǜyīn. Jǐ cháng chūnyǔ guòhòu, dào nà·lǐ zǒuzou, nǐ chángcháng huì kàn·jiàn xǔduō xiānnèn de sǔn, chéngqún de cóng tǔ·lǐ tànchū tóu lái.

Jī, xiāngxia rénjiā zhàolì zǒng yào yǎng jǐ zhī de. Cóng tāmen de fáng qián wū hòu zǒuguò, nǐ kěndìng huì qiáo·jiàn yī zhī mǔjī, shuàilǐng yī qún xiǎojī, zài zhúlín zhōng mìshí; huòshì qiáo·jiàn sǒngzhe wěiba de xióngjī, zài chǎngdì·shàng dàtàbù de zǒuláizǒuqù.

Tāmen de wū hòu tǎngruò yǒu yī tiáo xiǎohé, nàme zài shíqiáo pángbiān, zài lǜshùyīn xià, nǐ huì jiàndào yī qún yāzi yóuxì shuǐ zhōng, bùshí de bǎ tóu zhādào shuǐ xià qù mìshí. Jíshǐ fùjìn de shítou·shàng yǒu fùnǚ zài dǎoyī, tāmen yě cóng bù chījīng.

Ruòshì zài xiàtiān de bàngwǎn chū·qù sànbù, nǐ chángcháng huì qiáo • jiàn xiāngxia rénjiā chī wǎnfàn//de qíngjǐng. Tāmen bǎ zhuōyǐ fàncài bāndào mén qián, tiāngāo-dìkuò de chī qǐ • lái. Tiānbiān de hóngxiá, xiàngwǎn de wēifēng, tóu • shàng fēiguò de guīcháo de niǎo'ér, dōu shì tāmen de hǎoyǒu. Tāmen hé xiāngxia rénjiā yīqǐ, huìchéngle yī fú zìrán、héxié de tiányuán fēngjǐnghuà.

Jiéxuǎn zì Chén Zuìyún《Xiāngxia Rénjiā》

作品 37 号

我们的船渐渐地逼近榕树了。我有机会看清它的真面目：是一棵大树，有数不清的丫枝，枝上又生根，有许多根一直垂到地上，伸进泥土里。一部分树枝垂到水面，从远处看，就像一棵大树斜躺在水面上一样。

现在正是枝繁叶茂的时节。这棵榕树好像在把它的全部生命力展示给我们看。那么多的绿叶，一簇堆在另一簇的上面，不留一点儿缝隙。翠绿的颜色明亮地在我们的眼前闪耀，似乎每一片树叶上都有一个新的生命在颤动，这美丽的南国的树！

船在树下泊了片刻，岸上很湿，我们没有上去。朋友说这里是"鸟的天堂"，有许多鸟在这棵树上做窝，农民不许人去捉它们。我仿佛听见几只鸟扑翅的声音，但是等到我的眼睛注意地看那里时，我却看不见一只鸟的影子。只有无数的树根立在地上，像许多根木桩。地是湿的，大概涨潮时河水常常冲上岸去。"鸟的天堂"里没有一只鸟，我这样想到。船开了，一个朋友拨着船，缓缓地流到河中间去。

第二天，我们划着船到一个朋友的家乡去，就是那个有山有塔的地方。从学校出发，我们又经过那"鸟的天堂"。

这一次是在早晨，阳光照在水面上，也照在树梢上。一切都//显得非常光明。我们的船也在树下泊了片刻。

起初四周围非常清静。后来忽然起了一声鸟叫。我们把手一拍，便看见一只大鸟飞了起来，接着又看见第二只，第三只。我们继续拍掌，很快地这个树林就变得很热闹了。到处都是鸟声，到处都是鸟影。大的，小的，花的，黑的，有的站在枝上叫，有的飞起来，在扑翅膀。

节选自巴金《鸟的天堂》

第五章　普通话水平测试用朗读作品

Zuòpǐn 37 Hào

　　Wǒmen de chuán jiànjiàn de bījìn róngshù le. Wǒ yǒu jī•huì kànqīng tā de zhēn miànmù: shì yī kē dàshù, yǒu shǔ•bùqīng de yāzhī, zhī•shàng yòu shēng gēn, yǒu xǔduō gēn yīzhí chuídào dì•shàng, shēnjìn nítǔ•lǐ. Yī bùfen shùzhī chuídào shuǐmiàn, cóng yuǎnchù kàn, jiù xiàng yī kē dàshù xié tǎng zài shuǐmiàn•shàng yīyàng.

　　Xiànzài zhèng shì zhīfán-yèmào de shíjié. Zhè kē róngshù hǎoxiàng zài bǎ tā de quánbù shēngmìnglì zhǎnshì gěi wǒmen kàn. Nàme duō de lǜ yè, yī cù duī zài lìng yī cù de shàng•miàn, bù liú yīdiǎnr fèngxì. Cuìlǜ de yánsè míngliàng de zài wǒmen de yǎnqián shǎnyào, sìhū měi yī piàn shùyè•shàng dōu yǒu yī gè xīn de shēngmìng zài chàndòng, zhè měilì de nánguó de shù!

　　Chuán zài shù•xià bóle piànkè, àn•shàng hěn shī, wǒmen méi•yǒu shàng•qù. Péngyou shuō zhèlǐ shì "niǎo de tiāntáng", yǒu xǔduō niǎo zài zhè kē shù•shàng zuò wō, nóngmín bùxǔ rén qù zhuō tāmen. Wǒ fǎngfú tīng•jiàn jǐ zhī niǎo pū chì de shēngyīn, dànshì děngdào wǒ de yǎnjing zhùyì de kàn nà•lǐ shí, wǒ què kàn•bùjiàn yī zhī niǎo de yǐngzi. Zhǐyǒu wúshù de shùgēn lì zài dì•shàng, xiàng xǔduō gēn mùzhuāng. Dì shì shī de, dàgài zhǎngcháo shí héshuǐ chángcháng chōng•shàng àn•qù. "Niǎo de tiāntáng"•lǐ méi•yǒu yī zhī niǎo, wǒ zhèyàng xiǎngdào. Chuán kāi le, yī gè péngyou bōzhe chuán, huǎnhuǎn de liúdào hé zhōngjiān qù.

　　Dì-èr tiān, wǒmen huázhe chuán dào yī gè péngyou de jiāxiāng qù, jiùshì nàge yǒu shān yǒu tǎ de dìfang. Cóng xuéxiào chūfā, wǒmen yòu jīngguò nà "niǎo de tiāntáng".

　　Zhè yī cì shì zài zǎo•chén, yángguāng zhào zài shuǐmiàn•shàng, yě zhào zài shùshāo•shàng. Yīqiè dōu//xiǎn•dé fēicháng guāngmíng. Wǒmen de chuán yě zài shù•xià bóle piànkè.

　　Qǐchū sìzhōuwéi fēicháng qīngjìng. Hòulái hūrán qǐle yī shēng niǎojiào. Wǒmen bǎ shǒu yī pāi, biàn kàn•jiàn yī zhī dàniǎo fēile qǐ•lái, jiēzhe

247

yòu kàn • jiàn dì-èr zhī, dì-sān zhī. Wǒmen jìxù pāizhǎng, hěn kuài de zhège shùlín jiù biàn de hěn rènao le. Dàochù dōu shì niǎo shēng, dàochù dōu shì niǎo yǐng. Dà de, xiǎo de, huā de, hēi de, yǒude zhàn zài zhī • shàng jiào, yǒude fēi qǐ • lái, zài pū chìbǎng.

Jiéxuǎn zì Bā Jīn《Niǎo de Tiāntáng》

作品 38 号

两百多年前，科学家做了一次实验。他们在一间屋子里横七竖八地拉了许多绳子，绳子上系着许多铃铛，然后把蝙蝠的眼睛蒙上，让它在屋子里飞。蝙蝠飞了几个钟头，铃铛一个也没响，那么多的绳子，它一根也没碰着。

科学家又做了两次实验：一次把蝙蝠的耳朵塞上，一次把蝙蝠的嘴封住，让它在屋子里飞。蝙蝠就像没头苍蝇似的到处乱撞，挂在绳子上的铃铛响个不停。

三次实验的结果证明，蝙蝠夜里飞行，靠的不是眼睛，而是靠嘴和耳朵配合起来探路的。

后来，科学家经过反复研究，终于揭开了蝙蝠能在夜里飞行的秘密。它一边飞，一边从嘴里发出超声波。而这种声音，人的耳朵是听不见的，蝙蝠的耳朵却能听见。超声波向前传播时，遇到障碍物就反射回来，传到蝙蝠的耳朵里，它就立刻改变飞行的方向。

知道蝙蝠在夜里如何飞行，你猜到飞机夜间飞行的秘密了吗？现代飞机上安装了雷达，雷达的工作原理与蝙蝠探路类似。雷达通过天线发出无线电波，无线电波遇到障碍物就反射回来，被雷达接收到，显示在荧光屏上。从雷达的荧光屏上，驾驶员能够清楚地看到前方有没有障碍物，所//以飞机飞行就更安全了。

节选自《夜间飞行的秘密》

Zuòpǐn 38 Hào

Liǎngbǎi duō nián qián, kēxuéjiā zuòle yī cì shíyàn. Tāmen zài yī jiān wūzi • lǐ héngqī-shùbā de lāle xǔduō shéngzi, shéngzi • shàng jìzhe xǔduō língdang, ránhòu bǎ biānfú de yǎnjing méng • shàng, ràng tā zài wūzi • lǐ fēi. Biānfú fēile jǐ gè zhōngtóu, língdang yī gè yě méi xiǎng, nàme duō de shéngzi, tā yī gēn yě méi pèngzháo.

Kēxuéjiā yòu zuòle liǎng cì shíyàn: yī cì bǎ biānfú de ěrduo sāi•shàng, yī cì bǎ biānfú de zuǐ fēngzhù, ràng tā zài wūzi•lǐ fēi. Biānfú jiù xiàng méitóu-cāngying shìde dàochù luàn zhuàng, guà zài shéng zi•shàng de língdang xiǎng gè bùtíng.

Sān cì shíyàn de jiéguǒ zhèngmíng, biānfú yè•lǐ fēixíng, kào de bù shì yǎnjing, ér shì kào zuǐ hé ěrduo pèihé qǐ•lái tànlù de.

Hòulái, kēxuéjiā jīngguò fǎnfù yánjiū, zhōngyú jiēkāile biānfú néng zài yè•lǐ fēixíng de mìmì. Tā yībiān fēi, yībiān cóng zuǐ•lǐ fāchū chāoshēngbō. Ér zhè zhǒng shēngyīn, rén de ěrduo shì tīng•bù jiàn de, biānfú de ěrduo què néng tīngjiàn. Chāoshēngbō xiàng qián chuánbō shí, yùdào zhàng'àiwù jiù fǎnshè huí•lái, chuándào biānfú de ěrduo•lǐ, tā jiù lìkè gǎibiàn fēixíng de fāngxiàng.

Zhī•dào biānfú zài yè•lǐ rúhé fēixíng, nǐ cāidào fēijī yèjiān fēixíng de mìmì le ma? Xiàndài fēijī•shàng ānzhuāngle léidá, léidá de gōngzuò yuánlǐ yǔ biānfú tànlù lèisì. Léidá tōngguò tiānxiàn fāchū wúxiàn diànbō, wúxiàn diànbō yùdào zhàng'àiwù jiù fǎnshè huí•lái, bèi léidá jiēshōu dào, xiǎnshì zài yíngguāngpíng•shàng. Cóng léidá de yíngguāng píng•shàng, jiàshǐyuán nénggòu qīngchu de kàndào qiánfāng yǒuméiyǒu zhàng'àiwù, suǒ//yǐ fēijī fēixíng jiù gèng ānquán le.

Jiéxuǎn zì 《Yèjiān Fēixíng De Mìmì》

作品 39 号

　　北宋时候，有位画家叫张择端。他画了一幅名扬中外的画《清明上河图》。这幅画长五百二十八厘米，高二十四点八厘米，画的是北宋都城汴梁热闹的场面。这幅画已经有八百多年的历史了，现在还完整地保存在北京的故宫博物院里。

　　张择端画这幅画的时候，下了很大的功夫。光是画上的人物，就有五百多个：有从乡下来的农民，有撑船的船工，有做各种买卖的生意人，有留着长胡子的道士,有走江湖的医生,有摆小摊的摊贩,有官吏和读书人,三百六十行,哪一行的人都画在上面了。

画上的街市可热闹了。街上有挂着各种招牌的店铺、作坊、酒楼、茶馆,走在街上的,是来来往往、形态各异的人:有的骑着马,有的挑着担,有的赶着毛驴,有的推着独轮车,有的悠闲地在街上溜达。画面上的这些人,有的不到一寸,有的甚至只有黄豆那么大。别看画上的人小,每个人在干什么,都能看得清清楚楚。

最有意思的是桥北头的情景:一个人骑着马,正往桥下走。因为人太多,眼看就要碰上对面来的一乘轿子。就在这个紧急时刻,那个牧马人一下子拽住了马笼头,这才没碰上那乘轿子。不过,这么一来,倒把马右边的//两头小毛驴吓得又踢又跳。站在桥栏杆边欣赏风景的人,被小毛驴惊扰了,连忙回过头来赶小毛驴。你看,张择端画的画,是多么传神啊!

《清明上河图》使我们看到了八百年以前的古都风貌,看到了当时普通老百姓的生活场景。

节选自滕明道《一幅名扬中外的画》

Zuòpǐn 39 Hào

Běi Sòng shíhou, yǒu wèi huàjiā jiào Zhāng Zéduān. Tā huàle yī fú míngyáng-zhōngwài de huà 《Qīngmíng Shàng Hé Tú》. Zhè fú huà cháng wǔbǎi èrshíbā límǐ, gāo èrshísì diǎn bā límǐ, huà de shì Běi Sòng dūchéng Biànliáng rènao de chǎngmiàn. Zhè fú huà yǐ•jīng yǒu bābǎi duō nián de lìshǐ le, xiànzài hái wánzhěng de bǎocún zài Běijīng de Gùgōng Bówùyuàn•lǐ.

Zhāng Zéduān huà zhè fú huà de shíhou, xiàle hěn dà de gōngfu. Guāng shì huà•shàng de rénwù, jiù yǒu wǔbǎi duō gè:yǒu cóng xiāngxia lái de nóngmín, yǒu chēngchuán de chuángōng, yǒu zuò gè zhǒng mǎimai de shēngyirén, yǒu liúzhe cháng húzi de dàoshi, yǒu zǒu jiānghú de yīshēng, yǒu bǎi xiǎotānr de tānfàn, yǒu guānlì hé dúshūrén, sānbǎi liùshí háng, nǎ yī háng de rén dōu huà zài shàng•mian le.

Huà•shàng de jiēshì kě rènao le. Jiē•shàng yǒu guàzhe gè zhǒng zhāopai de diànpù、zuōfang、jiǔlóu、cháguǎnr,zǒu zài jiē・shàng de,shì láiláiwǎngwǎng、xíngtài-gèyì de rén:yǒude qízhe mǎ,yǒude tiāozhe dàn,yǒude gǎnzhe máolú,yǒude tuīzhe dúlúnchē,yǒude yōuxián de zài jiē・shàng liūda。Huàmiàn・shàng de zhèxiē rén,yǒude bù dào yī cùn,yǒude shènzhì zhǐ yǒu huángdòu nàme dà。Bié kàn huà・shàng de rén xiǎo,měi gè rén zài gàn shénme,dōu néng kàn de qīngqīngchǔchǔ。

Zuì yǒu yìsi de shì qiáo běitou de qíngjǐng:yī gè rén qízhe mǎ,zhèng wǎng qiáo・xià zǒu。Yīn・wèi rén tài duō,yǎnkàn jiù yào pèng・shàng duìmiàn lái de yī shēng jiàozi。Jiù zài zhège jǐnjí shíkè,nà gè mùmǎrén yīxiàzi zhuàizhùle mǎlóngtou,zhè cái méi pèng・shàng nà shēng jiàozi。Bùguò,zhème yī lái,dào bǎ mǎ yòu・biān de// liǎng tóu xiǎo máolú xià de yòu tī yòu tiào。Zhàn zài qiáo lángān biān xīnshǎng fēngjǐng de rén,bèi xiǎo máolú jīngrǎo le,liánmáng huí・guò tóu lái gǎn xiǎo máolú。Nǐ kàn,Zhāng Zéduān huà de huà,shì duōme chuánshén a!

《Qīngmíng Shàng Hé Tú》shǐ wǒmen kàndàole bābǎi nián yǐqián de gǔdū fēngmào,kàndàole dāngshí pǔtōng lǎobǎixìng de shēnghuó chǎngjǐng。

　　　　　Jiéxuǎn zì Téng Míngdào《Yī Fú Míngyáng-zhōngwài de Huà》

作品 40 号

　　二〇〇〇年，中国第一个以科学家名字命名的股票"隆平高科"上市。八年后，名誉董事长袁隆平所持有的股份以市值计算已经过亿。从此，袁隆平又多了个"首富科学家"的名号。而他身边的学生和工作人员，却很难把这位老人和"富翁"联系起来。

　　"他哪里有富人的样子。"袁隆平的学生们笑着议论。在学生们的印象里，袁老师永远黑黑瘦瘦，穿一件软塌塌的衬衣。在一次会议上，袁隆平坦言："不错，我身价二〇〇八年就一千零八亿了，可我真的有那么多钱吗？没有。我现在就是靠每个月六千多元的工资生活，已经很满足了。我今天穿的衣服就五十块钱，但我喜欢的还是昨天穿的那件十五块钱的衬衫，穿着很精神。"袁隆平认为，"一个人的时间和精力是有限的，如果老想着享受，哪有心思搞科研？搞科学研究就是要淡泊名利，踏实做人"。

在工作人员眼中，袁隆平其实就是一位身板硬朗的"人民农学家"，"老人下田从不要人搀扶，拿起套鞋，脚一蹬就走"。袁隆平说："我有八十岁的年龄，五十多岁的身体，三十多岁的心态，二十多岁的肌肉弹性。"袁隆平的业余生活非常丰富，钓鱼、打排球、听音乐……他说，就是喜欢这些//不花钱的平民项目。

二〇一〇年九月，袁隆平度过了他的八十岁生日。当时，他许了个愿：到九十岁时，要实现亩产一千公斤！如果全球百分之五十的稻田种植杂交水稻，每年可增产一点五亿吨粮食，可多养活四亿到五亿人口。

节选自刘畅《一粒种子造福世界》

Zuòpǐn 40 Hào

Èr líng líng líng nián, Zhōngguó dì-yī gè yǐ kēxuéjiā míngzi mìngmíng de gǔpiào "Lóngpíng Gāokē" shàngshì. Bā nián hòu, míngyù dǒngshìzhǎng Yuán Lóngpíng suǒ chíyǒu de gǔfèn yǐ shìzhí jìsuàn yǐ•jīng guò yì. Cóngcǐ, Yuán Lóngpíng yòu duōle gè "shǒufù kēxuéjiā" de mínghào. Ér tā shēnbiān de xuésheng hé gōngzuò rényuán, què hěn nán bǎ zhè wèi lǎorén hé "fùwēng" liánxì qǐ•lái.

"Tā nǎ•lǐ yǒu fùrén de yàngzi." Yuán Lóngpíng de xuéshengmen xiàozhe yìlùn. Zài xuéshengmen de yìnxiàng•lǐ, Yuán lǎoshī yǒngyuǎn hēihēishòushòu, chuān yī jiàn ruǎntātā de chènyī. Zài yī cì huìyì•shàng, Yuán Lóngpíng tǎnyán: "Bùcuò, wǒ shēnjià èr líng líng bā nián jù yīqiān líng bā yì le, kě wǒ zhēn de yǒu nàme duō qián ma? Méi•yǒu. Wǒ xiànzài jiù shì kào měi gè yuè liùqiān duō yuán de gōngzī shēnghuó, yǐ•jīng hěn mǎnzú le. Wǒ jīntiān chuān de yīfu jiù wǔshí kuài qián, dàn wǒ xǐhuan de hái shi zuótiān chuān de nà jiàn shíwǔ kuài qián de chènshān, chuānzhe hěn jīngshen." Yuán Lóngpíng rènwéi, "yī gè rén de shíjiān hé jīnglì shì yǒuxiàn de, rúguǒ lǎo xiǎngzhe xiǎngshòu, nǎ yǒu xīnsi gǎo kēyán? Gǎo kēxué yánjiū jiù shì yào dànbó-mínglì, tāshi zuòrén".

Zài gōngzuò rényuán yǎnzhōng, Yuán Lóngpíng qíshí jiù shì yī wèi shēnbǎnr yìnglang de "rénmín nóngxuéjiā", "lǎorén xià tián cóng bù yào rén chānfú, náqǐ tàoxié, jiǎo yī dēng jiù zǒu". Yuán Lóngpíng shuō：" Wǒ yǒu bāshí suì de niánlíng, wǔshí duō suì de shēntǐ, sānshí duō suì de xīntài, èrshí duō suì de jīròu tánxìng." Yuán Lóngpíng de yèyú shēnghuó fēicháng fēngfù, diào yú、dǎ páiqiú、tīng yīnyuè······ Tā shuō, jiù shì xǐhuan zhèxiē//bù huā qián de píngmín xiàngmù.

Èr líng yī líng nián jiǔ yuè, Yuán Lóngpíng dùguole tā de bāshí suì shēngrì. Dāngshí, tā xǔle gè yuàn：dào jiǔshí suì shí, yào shíxiàn mǔchǎn yīqiān gōngjīn! Rúguǒ quánqiú bǎi fēn zhī wǔshí de dàotián zhòngzhí zájiāo shuǐdào, měi nián kě zēngchǎn yī diǎn wǔ yì dūn liángshi, kě duō yǎnghuo sìyì dào wǔyì rénkǒu.

Jiéxuǎn zì Liú Chàng《Yī Lì Zhǒngzi Zàofú Shìjiè》

作品 41 号

北京的颐和园是个美丽的大公园。

进了颐和园的大门，绕过大殿，就来到有名的长廊。绿漆的柱子，红漆的栏杆，一眼望不到头。这条长廊有七百多米长，分成二百七十三间。每一间的横槛上都有五彩的画，画着人物、花草、风景，几千幅画没有哪两幅是相同的。长廊两旁栽满了花木，这一种花还没谢，那一种花又开了。微风从左边的昆明湖上吹来，使人神清气爽。

走完长廊，就来到了万寿山脚下。抬头一看，一座八角宝塔形的三层建筑耸立在半山腰上，黄色的琉璃瓦闪闪发光。那就是佛香阁。下面的一排排金碧辉煌的宫殿，就是排云殿。

登上万寿山，站在佛香阁的前面向下望，颐和园的景色大半收在眼底。葱郁的树丛，掩映着黄的绿的琉璃瓦屋顶和朱红的宫墙。正前面，昆明湖静得像一面镜子，绿得像一块碧玉。游船、画舫在湖面慢慢地滑过，几乎不留一点儿痕迹。向东远眺，隐隐约约可以望见几座古老的城楼和城里的白塔。

从万寿山下来，就是昆明湖。昆明湖围着长长的堤岸，堤上有好几座式样不同的石桥，两岸栽着数不清的垂柳。湖中心有个小岛，远远望去，岛上一片葱绿，树丛中露出宫殿的一角。//游人走过长长的石桥，就可以去小岛上玩。这座石桥有十七个桥洞，叫十七孔桥。桥栏杆上有上百根石柱，柱子上都雕刻着小狮子。这么多的狮子，姿态不一，没有哪两只是相同的。

颐和园到处有美丽的景色，说也说不尽，希望你有机会去细细游赏。

节选自袁鹰《颐和园》

Zuòpǐn 41 Hào

  Běijīng de Yíhéyuán shì gè měilì de dà gōngyuán.

  Jìnle Yíhéyuán de dàmén, ràoguò dàdiàn, jiù láidào yǒumíng de chángláng. Lǜ qī de zhùzi, hóng qī de lángān, yī yǎn wàng•bù dào tóu. Zhè tiáo chángláng yǒu qībǎi duō mǐ cháng, fēnchéng èrbǎi qīshísān jiān. Měi yī jiān de héngjiàn•shàng dōu yǒu wǔcǎi de huà, huàzhe rénwù、huācǎo、fēngjǐng, jǐ qiān fú huà méi•yǒu nǎ liǎng fú shì xiāngtóng de. Chángláng liǎngpáng zāimǎnle huāmù, zhè yī zhǒng huā hái méi xiè, nà yī zhǒng huā yòu kāi le. Wēifēng cóng zuǒ•biān de Kūnmínghú•shàng chuī•lái, shǐ rén shénqīng-qìshuǎng.

  Zǒuwán chángláng, jiù láidàole Wànshòushān jiǎo•xià. Tái tóu yī kàn, yī zuò bājiǎo bǎotǎ xíng de sān céng jiànzhù sǒnglì zài bànshānyāo•shàng, huángsè de liú•líwǎ shǎnshǎn fāguāng. Nà jiù shì Fóxiānggé. Xià•miàn de yī páipái jīnbì-huīhuáng de gōngdiàn, jiù shì Páiyúndiàn.

  Dēng•shàng Wànshòushān, zhàn zài Fóxiānggé de qián•miàn xiàng xià wàng, Yíhéyuán de jǐngsè dàbàn shōu zài yǎn dǐ. Cōngyù de shùcóng, yǎnyìngzhe huáng de lǜ de liúliwǎ wūdǐng hé zhūhóng de gōngqiáng. Zhèngqián•miàn, Kūnmínghú jìng de xiàng yī miàn jìngzi, lǜ de xiàng yī kuài bìyù. Yóuchuán、huàfǎng zài húmiàn mànmàn de huáguò, jīhū bù liú yī diǎnr hénjì. Xiàng dōng yuǎntiào, yǐnyǐnyuēyuē kěyǐ wàng•jiàn jǐ zuò gǔlǎo de chénglóu hé chéng•lǐ de báitǎ.

  Cóng Wànshòushān xià•lái, jiù shì Kūnmínghú. Kūnmínghú wéizhe chángcháng de dī'àn, dī•shàng yǒu hǎo jǐ zuò shìyàng bùtóng de shíqiáo, liǎng àn zāizhe shǔ • bù qīng de chuíliǔ. Hú zhōngxīn yǒu gè xiǎodǎo, yuǎnyuǎn wàngqù, dǎo • shàng yī piàn cōnglǜ, shùcóng zhōng lòuchū gōngdiàn de yī jiǎo. // Yóurén zǒuguò chángcháng de shíqiáo, jiù kěyǐ qù xiǎodǎo • shàng wánr. Zhè zuò shíqiáo yǒu shíqī gè qiáodòng, jiào Shíqīkǒngqiáo. Qiáo lángān • shàng yǒu shàngbǎi gēn shízhù, zhùzi • shàng dōu diāokèzhe xiǎo shīzi. Zhème duō de shīzi, zītài bùyī, méiyǒu nǎ liǎng zhī shì xiāngtóng de.

Yíhéyuán dàochù yǒu měilì de jǐngsè, shuō yě shuō • bù jìn, xīwàng nǐ yǒu jī • huì qù xìxì yóushǎng.

Jiéxuǎn zì Yuán Yīng《Yíhéyuán》

作品 42 号

一谈到读书，我的话就多了！

我自从会认字后不到几年，就开始读书。倒不是四岁时读母亲给我的商务印书馆出版的国文教科书第一册的"天、地、日、月、山、水、土、木"以后的那几册，而是七岁时开始自己读的"话说天下大势，分久必合，合久必分……"的《三国演义》。

那时，我的舅父杨子敬先生每天晚饭后必给我们几个表兄妹讲一段《三国演义》，我听得津津有味，什么"宴桃园豪杰三结义，斩黄巾英雄首立功"，真是好听极了。但是他讲了半个钟头，就停下去干他的公事了。我只好带着对于故事下文的无限悬念，在母亲的催促下，含泪上床。

此后，我决定咬了牙，拿起一本《三国演义》来，自己一知半解地读了下去，居然越看越懂，虽然字音都读得不对，比如把"凯"念作"岂"，把"诸"念作"者"之类，因为我只学过那个字一半部分。

谈到《三国演义》，我第一次读到关羽死了，哭了一场，把书丢下了。第二次再读到诸葛亮死了，又哭了一场，又把书丢下了，最后忘了是什么时候才把全书读到"分久必合"的结局。

这时我同时还看了母亲针线笸箩里常放着的那几本《聊斋志异》，聊斋故事是短篇的，可以随时拿起放下，又是文言的，这对于我的//作文课很有帮助，因为老师曾在我的作文本上批着"柳州风骨，长吉清才"的句子，

普通话训练与测试教程

其实我那时还没有读过柳宗元和李贺的文章，只因那时的作文，都是用文言写的。

书看多了，从中也得到一个体会，物怕比，人怕比，书也怕比，"不比不知道，一比吓一跳"。

因此，某年的六一国际儿童节，有个儿童刊物要我给儿童写几句指导读书的话，我只写了九个字，就是：

读书好，多读书，读好书。

节选自冰心《忆读书》

Zuòpǐn 42 Hào

Yī tándào dú shū, wǒ de huà jiù duō le!

Wǒ zìcóng huì rèn zì hòu bù dào jǐ nián, jiù kāishǐ dú shū. Dào bù shì sì suì shí dú mǔ·qīn gěi wǒ de Shāngwù Yìnshūguǎn chūbǎn de guówén jiàokēshū dì-yī cè de "tiān、dì、rì、yuè、shān、shuǐ、tǔ、mù" yǐhòu de nà jǐ cè, ér shì qī suì shí kāishǐ zìjǐ dú de "Huà shuō tiānxià dàshì, fēn jiǔ bì hé, hé jiǔ bì fēn……" de 《Sān Guó Yǎnyì》.

Nàshí, wǒ de jiùfù Yáng Zǐjìng xiānsheng měi tiān wǎnfàn hòu bì gěi wǒmen jǐgè biǎoxiōngmèi jiǎng yīduàn 《Sān Guó Yǎnyì》, wǒ tīng de jīnjīn-yǒuwèi, shénme "Yàn táoyuán háojié sān jiéyì, zhǎn Huángjīn yīngxióng shǒu lìgōng", zhēnshì hǎotīng jí le. Dànshì tā jiǎngle bàn gè zhōngtóu, jiù tíng·xià qù gàn tā de gōngshì le. Wǒ zhǐhǎo dàizhe duìyú gùshi xiàwén de wúxiàn xuánniàn, zài mǔ·qīn de cuīcù·xià, hán lèi shàng chuáng.

Cǐhòu, wǒ juédìng yǎole yá, náqǐ yī běn 《Sān Guó Yǎnyì》 lái, zìjǐ yīzhī-bànjiě de dúle xià·qù, jūrán yuè kàn yuè dǒng, suīrán zìyīn dōu dú de bù duì, bǐrú bǎ "kǎi" niànzuò "qǐ", bǎ "zhū" niànzuò "zhě" zhīlèi, yīn·wèi wǒ zhǐ xuéguo nà gè zì yībàn bùfen.

Tándào 《Sān Guó Yǎnyì》, wǒ dì-yī cì dúdào Guān Yǔ sǐ le, kūle yī cháng, bǎ shū diū·xià le. Dì-èr cì zài dúdào Zhūgě Liàng sǐ le, yòu kūle yī cháng, yòu bǎ shū diū·xià le, zuìhòu wàngle shì shénme shíhou cái bǎ quán shū dúdào "fēn jiǔ bì hé" de jiéjú.

Zhèshí wǒ tóngshí hái kànle mǔ•qīn zhēnxiàn pǒluo•lǐ cháng fàngzhe de nà jǐ běn 《Liáozhāi Zhì Yì》, Liáozhāi gùshi shì duǎnpiān de, kěyǐ suíshí náqǐ fàng•xià, yòu shì wényán de, zhè duìyú wǒ de// zuòwénkè hěn yǒu bāngzhù, yīn•wèi lǎoshī céng zài wǒ de zuòwénběn•shàng pīzhe "Liǔzhōu fēnggǔ, Chángjí qīngcái" de jùzi, qíshí wǒ nàshí hái méi•yǒu dúguo Liǔ Zōngyuán hé Lǐ Hè de wénzhāng, zhǐ yīn nàshí de zuòwén, dōu shì yòng wényán xiě de.

Shū kàn duō le, cóngzhōng yě dédào yī gè tǐhuì, wù pà bǐ, rén pà bǐ, shū yě pà bǐ, "Bù bǐ bù zhī•dào, yī bǐ xià yī tiào".

Yīncǐ, mǒu nián de Liù-Yī Guójì Értóng Jié, yǒu gè értóng kānwù yào wǒ gěi értóng xiě jǐ jù zhǐdǎo dú shū de huà, wǒ zhǐ xiěle jiǔ gè zì, jiù shì:

Dú shū hǎo, duō dú shū, dú hǎo shū.

Jiéxuǎn zì Bīngxīn 《Yì Dú Shū》

作品43号

徐霞客是明朝末年的一位奇人。他用双脚，一步一步地走遍了半个中国大陆，游览过许多名山大川，经历过许多奇人异事。他把游历的观察和研究记录下来，写成了《徐霞客游记》这本千古奇书。

当时的读书人，都忙着追求科举功名，抱着"十年寒窗无人问，一举成名天下知"的观念，埋头于经书之中。徐霞客却卓尔不群，醉心于古今史籍及地志、山海图经的收集和研读。他发现此类书籍很少，记述简略且多有相互矛盾之处，于是他立下雄心壮志，要走遍天下，亲自考察。

此后三十多年，他与长风为伍，云雾为伴，行程九万里，历尽千辛万苦，获得了大量第一手考察资料。徐霞客日间攀险峰，涉危涧，晚上就是再疲劳，也一定录下当日见闻。即使荒野露宿，栖身洞穴，也要"燃松拾穗，走笔为记"。

徐霞客的时代，没有火车，没有汽车，没有飞机，他所去的许多地方连道路都没有，加上明朝末年治安不好，盗匪横行，长途旅行是非常艰苦又非常危险的事。

有一次，他和三个同伴到西南地区，沿路考察石灰岩地形和长江源流。

普通话训练与测试教程

走了二十天,一个同伴难耐旅途劳顿,不辞而别。到了衡阳附近又遭遇土匪抢劫,财物尽失,还险//些被杀害。好不容易到了南宁,另一个同伴不幸病死,徐霞客忍痛继续西行。到了大理,最后一个同伴也因为吃不了苦,偷偷地走了,还带走了他仅存的行囊。但是,他还是坚持目标,继续他的研究工作,最后找到了答案,推翻历史上的错误,证明长江的源流不是岷江而是金沙江。

节选自《阅读大地的徐霞客》

Zuòpǐn 43 Hào

  Xú Xiákè shì Míngcháo mònián de yī wèi qírén. Tā yòng shuāngjiǎo, yī bù yī bù de zǒubiànle bàn gè Zhōngguó dàlù, yóulǎnguo xǔduō míngshān-dàchuān, jīnglìguo xǔduō qírén-yìshì. Tā bǎ yóulì de guānchá hé yánjiū jìlù xià·lái, xiěchéngle 《Xú Xiákè Yóujì》 zhè běn qiāngǔ qíshū.

  Dāngshí de dúshūrén, dōu mángzhe zhuīqiú kējǔ gōngmíng, bàozhe "Shínián hánchuāng wú rén wèn, yījǔ chéngmíng tiānxià zhī" de guānniàn, máitóu yú jīngshū zhīzhōng. Xú Xiákè què zhuó'ěr-bùqún, zuìxīn yú gǔ-jīn shǐjí jí dìzhì、shān-hǎi tújīng de shōují hé yándú. Tā fāxiàn cǐ lèi shūjí hěn shǎo, jìshù jiǎnlüè qiě duō yǒu xiānghù máodùn zhī chù, yúshì tā lì·xià xióngxīn-zhuàngzhì, yào zǒubiàn tiānxià, qīnzì kǎochá.

  Cǐhòu sānshí duō nián, tā yǔ chángfēng wéi wǔ, yúnwù wéi bàn, xíngchéng jiǔwàn lǐ, lìjìn qiānxīn-wànkǔ, huòdéle dàliàng dì-yīshǒu kǎochá zīliào. Xú Xiákè rìjiān pān xiǎnfēng, shè wēijiàn, wǎnshang jiùshì zài píláo, yě yīdìng lù·xià dàngrì jiànwén. Jíshǐ huāngyě lùsù, qīshēn dòngxué, yě yào "Rán sōng shí suì, zǒu bǐ wéi jì".

  Xú Xiákè de shídài, méi·yǒu huǒchē, méi·yǒu qìchē, méi·yǒu fēijī, tā suǒ qù de xǔduō dìfang lián dàolù dōu méi·yǒu, jiā·shàng Míngcháo mònián zhì'ān bù hǎo, dàofěi héngxíng, chángtú lǚxíng shì fēicháng jiānkǔ yòu fēicháng wēixiǎn de shì.

  Yǒu yī cì, tā hé sān gè tóngbàn dào xīnán dìqū, yánlù kǎochá shíhuīyán dìxíng hé Cháng Jiāng yuánliú. Zǒule èrshí tiān, yī gè tóngbàn nán nài lǔtú láodùn, bùcí'érbié. Dàole Héngyáng fùjìn yòu zāoyù tǔfěi qiǎngjié, cáiwù jìn shī, hái xiǎn//xiē bèi shāhài. Hǎo bù róngyì dàole Nánníng, lìng yī gè tóngbàn bùxìng bìngsǐ, Xú Xiákè rěntòng jìxù xīxíng. Dàole Dàlǐ, zuìhòu yī gè tóngbàn yě yīn•wèi chī•bù liǎo kǔ, tōutōu de zǒu le, hái dàizǒule tā jǐn cún de xíngnáng. Dànshì, tā háishi jiānchí mùbiāo, jìxù tā de yánjiū gōngzuò, zuìhòu zhǎodàole dá'àn, tuīfān lìshǐ•shàng de cuò•wù, zhèngmíng Cháng Jiāng de yuánliú bù shì Mín Jiāng ér shì Jīnshā Jiāng.

Jiéxuǎn zì《Yuèdú Dàdì de Xú Xiákè》

作品 44 号

　　造纸术的发明,是中国对世界文明的伟大贡献之一。

　　早在几千年前,我们的祖先就创造了文字。可那时候还没有纸,要记录一件事情,就用刀把文字刻在龟甲和兽骨上,或者把文字铸刻在青铜器上。后来,人们又把文字写在竹片和木片上。这些竹片、木片用绳子穿起来,就成了一册书。但是,这种书很笨重,阅读、携带、保存都很不方便。古时候用"学富五车"形容一个人学问高,是因为书多的时候需要用车来拉。再后来,有了蚕丝织成的帛,就可以在帛上写字了。帛比竹片、木片轻便,但是价钱太贵,只有少数人能用,不能普及。

　　人们用蚕茧制作丝绵时发现,盛放蚕茧的篾席上,会留下一层薄片,可用于书写。考古学家发现,在两千多年前的西汉时代,人们已经懂得了用麻来造纸。但麻纸比较粗糙,不便书写。

　　大约在一千九百年前的东汉时代,有个叫蔡伦的人,吸收了人们长期积累的经验,改进了造纸术。他把树皮、麻头、稻草、破布等原料剪碎或切断,浸在水里捣烂成浆;再把浆捞出来晒干,就成了一种既轻便又好用的纸。用这种方法造的纸,原料容易得到,可以大量制造,价格又便宜,能满足多数人的需要,所//以这种造纸方法就传承下来了。

　　我国的造纸术首先传到邻近的朝鲜半岛和日本,后来又传到阿拉伯世界和欧洲,极大地促进了人类社会的进步和文化的发展,影响了全世界。

节选自《纸的发明》

普通话训练与测试教程

Zuòpǐn 44 Hào

  Zàozhǐshù de fāmíng, shì Zhōngguó duì shìjiè wénmíng de wěidà gòngxiàn zhī yī.

  Zǎo zài jǐqiān nián qián, wǒmen de zǔxiān jiù chuàngzàole wénzì. Kě nà shíhou hái méi • yǒu zhǐ, yào jìlù yī jiàn shìqing, jiù yòng dāo bǎ wénzì kè zài guījiǎ hé shòugǔ • shàng, huòzhě bǎ wénzì zhùkè zài qīngtóngqì • shàng. Hòulái, rénmen yòu bǎ wénzì xiě zài zhúpiàn hé mùpiàn • shàng. Zhèxiē zhúpiàn、mùpiàn yòng shéngzi chuān qǐ • lái, jiù chéngle yī cè shū. Dànshì, zhè zhǒng shū hěn bènzhòng, yuèdú、xiédài、bǎocún dōu hěn bù fāngbiàn. Gǔshíhou yòng "xuéfùwǔchē" xíngróng yī gè rén xuéwen gāo, shì yīn • wèi shū duō de shíhou xūyào yòng chē lái lā. Zài hòulái, yǒule cánsī zhīchéng de bó, jiù kěyǐ zài bó • shàng xiě zì le. Bó bǐ zhúpiàn、mùpiàn qīngbiàn, dànshì jià • qián tài guì, zhǐyǒu shǎoshù rén néng yòng, bù néng pǔjí.

  Rénmen yòng cánjiǎn zhìzuò sīmián shí fāxiàn, chéngfàng cánjiǎn de mièxí • shàng, huì liú • xià yī céng báopiàn, kě yòng yú shūxiě. Kǎogǔxuéjiā fāxiàn, zài liǎngqiān duō nián qián de Xī Hàn shídài, rénmen yǐ • jīng dǒng • déle yòng má lái zào zhǐ. Dàn mázhǐ bǐjiào cūcāo, bù biàn shūxiě.

  Dàyuē zài yīqiān jiǔbǎi nián qián de Dōng Hàn shídài, yǒu gè jiào Cài Lún de rén, xīshōule rénmen chángqī jīlěi de jīngyàn, gǎijìnle zàozhǐshù. Tā bǎ shùpí、mátóu、dàocǎo、pòbù děng yuánliào jiǎnsuì huò qiēduàn, jìn zài shuǐ • lǐ dǎolàn chéng jiāng; zài bǎ jiāng lāo chū • lái shàigān, jiù chéngle yī zhǒng jì qīngbiàn yòu hǎoyòng de zhǐ. Yòng zhè zhǒng fāngfǎ zào de zhǐ, yuánliào róngyì dédào, kěyǐ dàliàng zhìzào, jiàgé yòu piányi, néng mǎnzú duōshù rén de xūyào, suǒ//yǐ zhè zhǒng zào zhǐ fāngfǎ jiù chuánchéng xià • lái le.

  Wǒguó de zàozhǐshù shǒuxiān chuándào línjìn de Cháoxiǎn Bàndǎo hé Rìběn, hòulái yòu chuándào Ālābó shìjiè hé Ōuzhōu, jí dà de cùjìnle rénlèi shèhuì de jìnbù hé wénhuà de fāzhǎn, yǐngxiǎngle quánshìjiè.

Jiéxuǎn zì《Zhǐ de Fāmíng》

作品 45 号

  中国的第一大岛、台湾省的主岛台湾,位于中国大陆架的东南方,地处东海和南海之间,隔着台湾海峡和大陆相望。天气晴朗的时候,站在福建沿海较高的地方,就可以隐隐约约地望见岛上的高山和云朵。

  台湾岛形状狭长,从东到西,最宽处只有一百四十多公里;由南至北,最长的地方约有三百九十多公里。地形像一个纺织用的梭子。

  台湾岛上的山脉纵贯南北,中间的中央山脉犹如全岛的脊梁。西部为海拔近四千米的玉山山脉,是中国东部的最高峰。全岛约有三分之一的地方是平地,其余为山地。岛内有缎带般的瀑布,蓝宝石似的湖泊,四季常青的森林和果园,自然景色十分优美。西南部的阿里山和日月潭,台北市郊的大屯山风景区,都是闻名世界的游览胜地。

  台湾岛地处热带和温带之间,四面环海,雨水充足,气温受到海洋的调剂,冬暖夏凉,四季如春,这给水稻和果木生长提供了优越的条件。水稻、甘蔗、樟脑是台湾的"三宝"。岛上还盛产鲜果和鱼虾。

  台湾岛还是一个闻名世界的"蝴蝶王国"。岛上的蝴蝶共有四百多个品种,其中有不少是世界稀有的珍贵品种。岛上还有不少鸟语花香的蝴//蝶谷,岛上居民利用蝴蝶制作的标本和艺术品,远销许多国家。

节选自《中国的宝岛——台湾》

Zuòpǐn 45 Hào

  Zhōngguó de dì-yī dàdǎo、Táiwān Shěng de zhǔdǎo Táiwān, wèiyú Zhōngguó dàlùjià de dōngnánfāng, dìchǔ Dōng Hǎi hé Nán Hǎi zhījiān, gézhe Táiwān Hǎixiá hé Dàlù xiāngwàng. Tiānqì qínglǎng de shíhou, zhàn zài Fújiàn yánhǎi jiào gāo de dìfang, jiù kěyǐ yǐnyǐnyuēyuē de wàng • jiàn dǎo • shàng de gāoshān hé yúnduǒ.

  Táiwān Dǎo xíngzhuàng xiácháng, cóng dōng dào xī, zuì kuān chù zhǐyǒu yībǎi sìshí duō gōnglǐ; yóu nán zhì běi, zuì cháng de dìfang yuē yǒu sānbǎi jiǔshí duō gōnglǐ. Dìxíng xiàng yī gè fǎngzhī yòng de suōzi.

普通话训练与测试教程

　　Táiwān Dǎo·shàng de shānmài zòngguàn nánběi, zhōngjiān de Zhōngyāng shānmài yóurú quándǎo de jǐ·liáng. Xībù wéi hǎibá jìn sìqiān mǐ de Yù Shān shānmài, shì Zhōngguó dōngbù de zuì gāo fēng. Quándǎo yuē yǒu sān fēn zhī yī de dìfang shì píngdì, qíyú wéi shāndì. Dǎonèi yǒu duàndài bān de pùbù, lánbǎoshí shìde húpō, sìjì chángqīng de sēnlín hé guǒyuán, zìrán jǐngsè shífēn yōuměi. Xīnánbù de Ālǐ Shān hé Rìyuè Tán, Táiběi shìjiāo de Dàtúnshān fēngjǐngqū, dōu shì wénmíng shìjiè de yóulǎn shèngdì.

　　Táiwān Dǎo dìchǔ rèdài hé wēndài zhījiān, sìmiàn huán hǎi, yǔshuǐ chōngzú, qìwēn shòudào hǎiyáng de tiáojì, dōng nuǎn xià liáng, sìjì rú chūn, zhè gěi shuǐdào hé guǒmù shēngzhǎng tígōngle yōuyuè de tiáojiàn. Shuǐdào、gānzhe、zhāngnǎo shì Táiwān de "sān bǎo". Dǎo·shàng hái shèngchǎn xiāngguǒ hé yúxiā.

　　Táiwān Dǎo háishì yī gè wénmíng shìjiè de "húdié wángguó". Dǎo·shàng de húdié gòng yǒu sìbǎi duō gè pǐnzhǒng, qízhōng yǒu bùshǎo shì shìjiè xīyǒu de zhēnguì pǐnzhǒng. Dǎo·shàng háiyǒu bùshǎo niǎoyǔ-huāxiāng de hú//dié gǔ, dǎo·shàng jūmín lìyòng húdié zhìzuò de biāoběn hé yìshùpǐn, yuǎnxiāo xǔduō guójiā.

　　　　　　　　Jiéxuǎn zì《Zhōngguó de Bǎodǎo——Táiwān》

作品46号

　　对于中国的牛,我有着一种特别尊敬的感情。

　　留给我印象最深的,要算在田垄上的一次"相遇"。

　　一群朋友郊游,我领头在狭窄的阡陌上走,怎料迎面来了几头耕牛,狭道容不下人和牛,终有一方要让路。它们还没有走近,我们已经预计斗不过畜牲,恐怕难免踩到田地泥水里。弄得鞋袜又泥又湿了。正踟蹰的时候,带头的一头牛,在离我们不远的地方停下来,抬起头看看,稍迟疑一下,就自动走下田去。一队耕牛,全跟着它离开阡陌,从我们身边经过。

　　我们都呆了,回过头来,看着深褐色的牛队,在路的尽头消失,忽然觉得自己受了很大的恩惠。

第五章　普通话水平测试用朗读作品

中国的牛,永远沉默地为人做着沉重的工作。在大地上,在晨光或烈日下,它拖着沉重的犁,低头一步又一步,拖出了身后一列又一列松土,好让人们下种。等到满地金黄或农闲时候,它可能还得担当搬运负重的工作;或终日绕着石磨,朝同一方向,走不计程的路。

在它沉默的劳动中,人便得到应得的收成。

那时候,也许,它可以松一肩重担,站在树下,吃几口嫩草。偶尔摇摇尾巴,摆摆耳朵,赶走飞附身上的苍蝇,已经算是它最闲适的生活了。

中国的牛,没有成群奔跑的习//惯,永远沉沉实实的,默默地工作,平心静气。这就是中国的牛!

节选自小思《中国的牛》

Zuòpǐn 46 Hào

Duìyú Zhōngguó de niú, wǒ yǒuzhe yī zhǒng tèbié de zūnjìng de gǎnqíng.

Liúgěi wǒ yìnxiàng zuì shēn de, yào suàn zài tiánlǒng‧shàng de yī cì "xiāngyù".

Yī qún péngyou jiāoyóu, wǒ lǐngtóu zài xiázhǎi de qiānmò‧shàng zǒu, zěnliào yíngmiàn láile jǐ tóu gēngniú, xiádào róng‧bùxià rén hé niú, zhōng yǒu yīfāng yào rànglù. Tāmen hái méi‧yǒu zǒujìn, wǒmen yǐ‧jīng yùjì dòu‧bùguò chùsheng, kǒngpà nánmiǎn cǎidào tiándì níshuǐ‧lǐ, nòng de xiéwà yòu ní yòu shī le. Zhèng chíchú de shíhou, dàitóu de yī tóu niú, zài lí wǒmen bùyuǎn de dìfang tíng xià‧lái, táiqǐ tóu kànkan, shāo chíyí yīxià, jiù zìdòng zǒu‧xià tián qù. Yī duì gēngniú, quán gēnzhe tā líkāi qiānmò, cóng wǒmen shēnbiān jīngguò.

Wǒmen dōu dāi le, huíguo tóu‧lái, kànzhe shēnhèsè de niúduì, zài lù de jìntóu xiāoshī, hūrán jué‧dé zìjǐ shòule hěn dà de ēnhuì.

Zhōngguó de niú, yǒngyuǎn chénmò de wèi rén zuòzhe chénzhòng de gōngzuò. Zài dàdì‧shàng, zài chénguāng huò lièrì‧xià, tā tuōzhe chénzhòng de lí, dītóu yī bù yòu yī bù, tuōchūle shēnhòu yī liè yòu yī liè sōngtǔ, hǎo ràng rénmen xià zhǒng. Děngdào mǎndì jīnhuáng huò

263

nóngxián shíhou, tā kěnéng háiděi dāndāng bānyùn fùzhòng de gōngzuò; huò zhōngrì ràozhe shímò, cháo tóng yī fāngxiàng, zǒu bù jìchéng de lù.

Zài tā chénmò de láodòng zhōng, rén biàn dédào yīng dé de shōuchéng.

Nà shíhou, yěxǔ, tā kěyǐ sōng yī jiān zhòngdàn, zhàn zài shù·xià, chī jǐ kǒu nèn cǎo. Ǒu'ěr yáoyao wěiba, bǎibai ěrduo, gǎnzǒu fēifù shēn·shàng de cāngying, yǐ·jīng suàn shì tā zuì xiánshì de shēnghuó le.

Zhōngguó de niú, méi·yǒu chéngqún bēnpǎo de xí//guàn, yǒngyuǎn chénchénshíshí de, mòmò de gōng zuò, píngxīn-jìngqì. Zhè jiùshì Zhōngguó de niú!

Jiéxuǎn zì Xiǎo Sī《Zhōngguó de Niú》

作品 47 号

　　石拱桥的桥洞成弧形，就像虹。古代神话里说，雨后彩虹是"人间天上的桥"，通过彩虹就能上天。我国的诗人爱把拱桥比作虹，说拱桥是"卧虹""飞虹"，把水上拱桥形容为"长虹卧波"。

　　我国的石拱桥有悠久的历史。《水经注》里提到的"旅人桥"，大约建成于公元二八二年，可能是有记载的最早的石拱桥了。我国的石拱桥几乎到处都有。这些桥大小不一，形式多样，有许多是惊人的杰作。其中最著名的当推河北省赵县的赵州桥。

　　赵州桥非常雄伟，全长五十点八二米。桥的设计完全合乎科学原理，施工技术更是巧妙绝伦。全桥只有一个大拱，长达三十七点四米，在当时可算是世界上最长的石拱。桥洞不是普通半圆形，而是像一张弓，因而大拱上面的道路没有陡坡，便于车马上下。大拱的两肩上，各有两个小拱。这个创造性的设计，不但节约了石料，减轻了桥身的重量，而且在河水暴涨的时候，还可以增加桥洞的过水量，减轻洪水对桥身的冲击。同时，拱上加拱，桥身也更美观。大拱由二十八道拱圈拼成，就像这么多同样形状的弓合拢在一起，做成一个弧形的桥洞。每道拱圈都能独立支撑上面的重量，一道坏了，其//他各道不致受到影响。全桥结构匀称，和四周景色配合得十分和谐；桥上的石栏石板也雕刻得古朴美观。赵州桥高度的技术水平和不朽的艺术价值，充分显示了我国劳动人民的智慧和力量。

节选自茅以升《中国石拱桥》

Zuòpǐn 47 Hào

  Shígǒngqiáo de qiáodòng chéng húxíng, jiù xiàng hóng. Gǔdài shénhuà•lǐ shuō, yǔhòu cǎihóng shì "rénjiān tiān•shàng de qiáo", tōngguò cǎihóng jiù néng shàng tiān. Wǒguó de shīrén ài bǎ gǒngqiáo bǐzuò hóng, shuō gǒngqiáo shì "wòhóng" "fēihóng", bǎ shuǐ•shàng gǒngqiáo xíngróng wéi "chánghóng-wòbō".

  Wǒguó de shígǒngqiáo yǒu yōujiǔ de lìshǐ. 《Shuǐjīngzhù》 lǐ tídào de "Lǔrénqiáo", dàyuē jiànchéng yú gōngyuán èr bā èr nián, kěnéng shì yǒu jìzǎi de zuì zǎo de shígǒngqiáo le. Wǒguó de shígǒngqiáo jīhū dàochù dōu yǒu. Zhèxiē qiáo dàxiǎo bùyī, xíngshì duōyàng, yǒu xǔduō shì jīngrén de jiézuò. Qízhōng zuì zhùmíng de dāng tuī Héběi Shěng Zhào Xiàn de Zhàozhōuqiáo.

  Zhàozhōuqiáo fēicháng xióngwěi, quán cháng wǔshí diǎn bā èr mǐ. Qiáo de shèjì wánquán héhū kēxué yuánlǐ, shīgōng jìshù gèng shì qiǎomiào juélún. Quán qiáo zhǐ yǒu yī gè dà gǒng, cháng dá sānshíqī diǎn sì mǐ, zài dāngshí kěsuàn shì shìjiè•shàng zuì cháng de shígǒng. Qiáodòng bù shì pǔtōng bànyuánxíng, érshì xiàng yī zhāng gōng, yīn'ér dà gǒng shàng•miàn de dàolù méi•yǒu dǒupō, biànyú chēmǎ shàngxià. Dà gǒng de liǎngjiān•shàng, gè yǒu liǎng gè xiǎo gǒng. Zhège chuàngzàoxìng de shèjì, bùdàn jiéyuēle shíliào, jiǎnqīngle qiáoshēn de zhòngliàng, érqiě zài héshuǐ bàozhǎng de shíhou, hái kěyǐ zēngjiā qiáodòng de guòshuǐliàng, jiǎnqīng hóngshuǐ duì qiáoshēn de chōngjī. Tóngshí, gǒng•shàng jiā gǒng, qiáoshēn yě gèng měiguān. Dà gǒng yóu èrshíbā dào gǒngquān pīnchéng, jiù xiàng zhème duō tóngyàng xíngzhuàng de gōng hélǒng zài yīqǐ, zuòchéng yī gè húxíng de qiáodòng. Měi dào gǒngquān dōu néng dúlì zhīchēng shàng·miàn de zhòngliàng, yī dào huài le, qí//tā gè dào bùzhì shòudào yǐngxiǎng. Quán qiáo jiégòu yúnchèn, hé sìzhōu jǐngsè pèihé de shífēn héxié; qiáo·shàng de shílán shíbǎn yě diāokè de gǔpǔ měiguān. Zhàozhōuqiáo gāodù de jìshù shuǐpíng hé bùxiǔ de yìshù jiàzhí, chōngfèn xiǎnshìle wǒguó láodòng rénmín de zhìhuì hé lì·liàng.

Jiéxuǎn zì Máo Yǐshēng《Zhōngguó Shígǒngqiáo》

作品 48 号

不管我的梦想能否成为事实，说出来总是好玩儿的：

春天，我将要住在杭州。二十年前，旧历的二月初，在西湖我看见了嫩柳与菜花，碧浪与翠竹。由我看到的那点儿春光，已经可以断定，杭州的春天必定会教人整天生活在诗与图画之中。所以，春天我的家应当是在杭州。

夏天，我想青城山应当算作最理想的地方。在那里，我虽然只住过十天，可是它的幽静已拴住了我的心灵。在我所看见过的山水中，只有这里没有使我失望。到处都是绿，目之所及，那片淡而光润的绿色都在轻轻地颤动，仿佛要流入空中与心中似的。这个绿色会像音乐，涤清了心中的万虑。

秋天一定要住北平。天堂是什么样子，我不知道，但是从我的生活经验去判断，北平之秋便是天堂。论天气，不冷不热。论吃的，苹果、梨、柿子、枣儿、葡萄，每样都有若干种。论花草，菊花种类之多，花式之奇，可以甲天下。西山有红叶可见，北海可以划船——虽然荷花已残，荷叶可还有一片清香。衣食住行，在北平的秋天，是没有一项不使人满意的。

冬天，我还没有打好主意，成都或者相当得合适，虽然并不怎样和暖，可是为了水仙，素心腊梅，各色的茶花，仿佛就受一点儿寒//冷，也颇值得去了。昆明的花也多，而且天气比成都好，可是旧书铺与精美而便宜的小吃远不及成都那么多。好吧，就暂这么规定：冬天不住成都便住昆明吧。

节选自老舍《"住"的梦》

第五章　普通话水平测试用朗读作品

Zuòpǐn 48 Hào

　　Bùguǎn wǒ de mèngxiǎng néngfǒu chéngwéi shìshí, shuō chū•lái zǒngshì hǎowánr de:

　　Chūntiān, wǒ jiāng yào zhù zài Hángzhōu. Èrshí nián qián, jiùlì de èryuè chū, zài Xīhú wǒ kàn•jiànle nènliǔ yǔ càihuā, bìlàng yǔ cuìzhú. Yóu wǒ kàndào de nà diǎnr chūnguāng, yǐ•jīng kéyǐ duàndìng, Hángzhōu de chūntiān bìdìng huì jiào rén zhěngtiān shēnghuó zài shī yǔ túhuà zhīzhōng. Suóyǐ, chūntiān wǒ de jiā yīngdāng shì zài Hángzhōu.

　　Xiàtiān, wǒ xiǎng Qīngchéng Shān yīngdāng suànzuò zuì líxiǎng de dìfang. Zài nà•lǐ, wǒ suīrán zhǐ zhùguo shí tiān, kěshì tā de yōujìng yǐ shuānzhùle wǒ de xīnlíng. Zài wǒ suǒ kàn•jiànguo de shānshuǐ zhōng, zhíyǒu zhè•lǐ méi yǒu shīwàng. Dàochù dōu shì lǜ, mù zhī suǒ jí, nà piàn dàn ér guāngrùn de lǜsè dōu zài qīngqīng de chàndòng, fǎngfú yào liúrù kōngzhōng yǔ xīnzhōng shìde. Zhègè lǜsè huì xiàng yīnyuè, díqīngle xīnzhōng de wàn lǜ.

　　Qiūtiān yīdìng yào zhù Běipíng. Tiāntáng shì shénme yàngzi, wǒ bù zhī•dào, dànshì cóng wǒ de shēnghuó jīngyàn qù pànduàn, Běipíng zhī qiū biàn shì tiāntáng. Lùn tiānqì, bù lěng bù rè. Lùn chīde, píngguǒ、lí、shìzi、zǎor、pútao, měi yàng dōu yǒu ruògān zhǒng. Lùn huācǎo, júhuā zhǒnglèi zhī duō, huā shì zhī qí, kéyǐ jiǎtiānxià. XīShān yǒu hóngyè ké jiàn, BěiHǎi kéyǐ huáchuán——suīrán héhuā yǐ cán, héyè ké háiyǒu yī piàn qīngxiāng. Yī-shí-zhù-xíng, zài Běipíng de qiūtiān, shì méi•yǒu yī xiàng bù shǐ rén mǎnyì de.

　　Dōngtiān, wǒ hái méi•yǒu dǎhǎo zhǔyi, Chéngdū huòzhě xiāngdāng de héshì, suīrán bìng bù zěnyàng hénuǎn, kěshì wèile shuǐxiān, sù xīn làméi, gè sè de cháhuā, fǎngfú jiù shòu yīdiǎnr hán//lěng, yě pō zhí•dé qù le. Kūnmíng de huā yě duō, érqiě, tiānqì bǐ Chéngdū hǎo, kěshì jiù shūpù yǔ jīngměi ér piányi de xiǎochī yuǎn bùjí Chéngdū nàme duō. Hǎo ba, jiù zàn zhème guīdìng: dōngtiān bù zhù

普通话训练与测试教程

Chéngdū biàn zhù Kūnmíng ba.

Jiéxuǎn zì Lǎo Shě《"Zhù" de Mèng》

作品 49 号

  在北京市东城区著名的天坛公园东侧，有一片占地面积近二十万平方米的建筑区域，大大小小的十余栋训练馆坐落其间。这里就是国家体育总局训练局。许多我们耳熟能详的中国体育明星都曾在这里挥汗如雨，刻苦练习。

  中国女排的一天就是在这里开始的。

  清晨八点钟，女排队员们早已集合完毕，准备开始一天的训练。主教练郎平坐在场外长椅上，目不转睛地注视着跟随助理教练们做热身运动的队员们，她身边的座位上则横七竖八地堆放着女排姑娘们的各式用品：水、护具、背包，以及各种外行人叫不出名字的东西。不远的墙上悬挂着一面鲜艳的国旗，国旗两侧是"顽强拼搏"和"为国争光"两条红底黄字的横幅，格外醒目。

  "走下领奖台，一切从零开始"十一个大字，和国旗遥遥相望，姑娘们训练之余偶尔一瞥就能看到。只要进入这个训练馆，过去的鲜花、掌声与荣耀皆成为历史，所有人都只是最普通的女排队员。曾经的辉煌、骄傲、胜利，在踏入这间场馆的瞬间全部归零。

  踢球跑、垫球跑、夹球跑……这些对普通人而言和杂技差不多的项目是女排队员们必须熟练掌握的基本技能。接下来//的任务是小比赛。郎平将队员们分为几组，每一组由一名教练监督，最快完成任务的小组会得到一面小红旗。

  看着这些年轻的姑娘们在自己的眼前来来去去，郎平的思绪常飘回到三十多年前。那时风华正茂的她是中国女排的主攻手，她和队友们也曾在这间训练馆里夜以继日地并肩备战。三十多年来，这间训练馆从内到外都发生了很大的变化：原本粗糙的地面变成了光滑的地板，训练用的仪器越来越先进，中国女排的团队中甚至还出现了几张陌生的外国面孔……但时光荏苒，不变的是这支队伍对排球的热爱和"顽强拼搏，为国争光"的初心。

节选自宋元明《走下领奖台，一切从零开始》

第五章　普通话水平测试用朗读作品

Zuòpǐn 49 Hào

　　Zài Běijīng Shì Dōngchéng Qū zhùmíng de Tiāntán Gōngyuán dōngcè, yǒu yī piàn zhàn dì miànjī jìn èrshí wàn píngfāngmǐ de jiànzhù qūyù, dàdàxiǎoxiǎo de shí yú dòng xùnliànguǎn zuòluò qíjiān. Zhè•lǐ jiù shì Guójiā Tǐyù Zǒngjú Xùnliànjú. Xǔduō wǒmen ěrshú-néngxiáng de Zhōngguó tǐyù míngxīng dōu céng zài zhè•lǐ huīhàn-rúyǔ, kèkǔ liànxí.

　　Zhōngguó nǚpái de yī tiān jiù shì zài zhè•lǐ kāishǐ de.

　　Qīngchén bā diǎn zhōng, nǚpái duìyuánmen zǎoyǐ jíhé wánbì, zhǔnbèi kāishǐ yī tiān de xùnliàn. Zhǔjiàoliàn Láng Píng zuò zài chǎng wài chángyǐ•shàng, mùbùzhuǎnjīng de zhùshìzhe gēnsuí zhùlǐ jiàoliànmen zuò rèshēn yùndòng de duìyuánmen, tā shēnbiān de zuòwèi•shàng zé héngqī-shùbā de duīfàngzhe nǚpái gūniangmen de gè shì yòngpǐn: shuǐ、hùjù、bēibāo, yǐjí gè zhǒng wàihángrén jiào•bù chū míngzi de dōngxi. Bù yuǎn de qiáng•shàng xuánguàzhe yī miàn xiānyàn de guóqí, guóqí liǎngcè shì "Wánqiáng pīnbó" hé "Wèi guó zhēngguāng" liǎng tiáo hóngdǐ-huángzì de héngfú, géwài xǐngmù.

　　"Zǒu•xià lǐngjiǎngtái, yīqiè cóng líng kāishǐ" shíyī gè dà zì, hé guóqí yáoyáo-xiāngwàng, gūniangmen xùnliàn zhī yú ǒu'ěr yī piē jiù néng kàndào. Zhǐyào jìnrù zhège xùnliànguǎn, guòqù de xiānhuā、zhǎngshēng yǔ róngyào jiē chéngwéi lìshǐ, suǒyǒu rén dōu zhǐ shì zuì pǔtōng de nǚpái duìyuán. Céngjīng de huīhuáng、jiāo'ào、shènglì, zài tàrù zhè jiān chǎngguǎn de shùnjiān quánbù guīlíng.

　　Tī qiú pǎo、diàn qiú pǎo、jiā qiú pǎo……zhèxiē duì pǔtōngrén ér yán hé zájì chà•bùduō de xiàngmù shì nǚpái duìyuánmen bìxū shúliàn zhǎngwò de jīběn jìnéng. Jiē xià•lái//de rèn•wù shì xiǎo bǐsài. Láng Píng jiāng duìyuánmen fēn wéi jǐ zǔ, měi yī zǔ yóu yī míng jiàoliàn jiāndū, zuì kuài wánchéng rèn•wù de xiǎozǔ huì dédào yī miàn xiǎo hóngqí.

　　Kànzhe zhèxiē niánqīng de gūniangmen zài zìjǐ de yǎnqián

láiláiqùqù, Láng Píng de sīxù cháng piāohuí dào sānshí duō nián qián. Nàshí fēnghuá-zhèngmào de tā shì Zhōngguó nǚpái de zhǔgōngshǒu, tā hé duìyǒumen yě céng zài zhè jiān xùnliànguǎn·lǐ yèyǐjìrì de bìngjiān bèizhàn. Sānshí duō nián lái, zhè jiān xùnliànguǎn cóng nèi dào wài dōu fāshēngle hěn dà de biànhuà: yuánběn cūcāo de dìmiàn biànchéngle guānghuá de dìbǎn, xùnliàn yòng de yíqì yuè lái yuè xiānjìn, Zhōngguó nǚpái de tuánduì zhōng shènzhì hái chūxiànle jǐ zhāng mòshēng de wàiguó miànkǒng……Dàn shíguāng rěnrǎn, bù biàn de shì zhè zhī duìwu duì páiqiú de rè'ài hé "Wánqiáng pīnbó, wèi guó zhēngguāng" de chūxīn.

Jiéxuǎn zì Sòng Yuánmíng《Zǒu·Xià Lǐngjiǎngtái, Yīqiè Cóng Líng Kāishǐ》

作品 50 号

在一次名人访问中，被问及上个世纪最重要的发明是什么时，有人说是电脑，有人说是汽车，等等。但新加坡的一位知名人士却说是冷气机。他解释，如果没有冷气，热带地区如东南亚国家，就不可能有很高的生产力，就不可能达到今天的生活水准。他的回答实事求是，有理有据。

看了上述报道，我突发奇想：为什么没有记者问："二十世纪最糟糕的发明是什么？"其实二〇〇二年十月中旬，英国的一家报纸就评出了"人类最糟糕的发明"。获此"殊荣"的，就是人们每天大量使用的塑料袋。

诞生于上个世纪三十年代的塑料袋，其家族包括用塑料制成的快餐饭盒、包装纸、餐用杯盘、饮料瓶、酸奶杯、雪糕杯等。这些废弃物形成的垃圾，数量多、体积大、重量轻、不降解，给治理工作带来很多技术难题和社会问题。

比如，散落在田间、路边及草丛中的塑料餐盒，一旦被牲畜吞食，就会危及健康甚至导致死亡。填埋废弃塑料袋、塑料餐盒的土地，不能生长庄稼和树木，造成土地板结，而焚烧处理这些塑料垃圾，则会释放出多种化学有毒气体，其中一种称为二噁英的化合物，毒性极大。

此外，在生产塑料袋、塑料餐盒的过//程中使用的氟利昂，对人体免

第五章　普通话水平测试用朗读作品

疫系统和生态环境造成的破坏也极为严重。

节选自林光如《最糟糕的发明》

Zuòpǐn 50 Hào

　　Zài yī cì míngrén fǎngwèn zhōng, bèi wèn jí shàng gè shìjì zuì zhòngyào de fāmíng shì shénme shí, yǒu rén shuō shì diànnǎo, yǒu rén shuō shì qìchē, děngděng. Dàn Xīnjiāpō de yī wèi zhīmíng rénshì què shuō shì lěngqìjī. Tā jiěshì, rúguǒ méi·yǒu lěngqì, rèdài dìqū rú Dōngnányà guójiā, jiù bù kěnéng yǒu hěn gāo de shēngchǎnlì, jiù bù kěnéng dádào jīntiān de shēnghuó shuǐzhǔn. Tā de huídá shíshì-qiúshì, yǒulǐ-yǒujù.

　　Kànle shàngshù bàodào, wǒ tūfā qí xiǎng: wèi shénme méi·yǒu jìzhě wèn: "Èrshí shìjì zuì zāogāo de fāmíng shì shénme?" Qíshí èr líng líng èr nián shíyuè zhōngxún, Yīngguó de yī jiā bàozhǐ jiù píngchūle "rénlèi zuì zāogāo de fāmíng". Huò cǐ "shūróng" de, jiùshì rénmen měi tiān dàliàng shǐyòng de sùliàodài.

　　Dànshēng yú shàng gè shìjì sānshí niándài de sùliàodài, qí jiāzú bāokuò yòng sùliào zhìchéng de kuàicān fànhé, bāozhuāngzhǐ, cānyòng bēi pán, yǐnliàopíng, suānnǎibēi, xuěgāobēiděng. Zhèxiē fèiqìwù xíngchéng de lājī, shùliàng duō, tǐjī dà, zhòngliàng qīng, bù jiàngjiě, gěi zhìlǐ gōngzuò dàilái hěn duō jìshù nántí hé shèhuì wèntí.

　　Bǐrú, sànluò zài tiánjiān, lùbiān jí cǎocóng zhōng de sùliào cānhé, yīdàn bèi shēngchù tūnshí, jiù huì wēi jí jiànkāng shènzhì dǎozhì sǐwáng. Tiánmái fèiqì sùliàodài, sùliào cānhé de tǔdì, bùnéng shēngzhǎng zhuāngjia hé shùmù, zàochéng tǔdì bǎnjié, ér fénshāo chǔlǐ zhèxiē sùliào lājī, zé huì shìfàng chū duō zhǒng huàxué yǒudú qìtǐ, qízhōng yī zhǒng chēngwéi èr'èyīng de huàhéwù, dúxìng jí dà.

　　Cǐwài, zài shēngchǎn sùliàodài, sùliào cānhé de guò//chéng zhōng shǐyòng de fúlì'áng, duì réntǐ miǎnyì xìtǒng hé shēngtài huánjìng zàochéng de pòhuài yě jíwéi yánzhòng.

Jiéxuǎn zì Lín Guāngrú《Zuì Zāogāo de Fāmíng》

271

二、普通话朗读补充练习作品

茅屋为秋风所破歌

[唐] 杜甫

八月秋高风怒号,卷我屋上三重茅。
茅飞渡江洒江郊,高者挂罥长林梢,下者飘转沉塘坳。
南村群童欺我老无力,忍能对面为盗贼,公然抱茅入竹去。
唇焦口燥呼不得,归来倚杖自叹息。
俄顷风定云墨色,秋天漠漠向昏黑。
布衾多年冷似铁,娇儿恶卧踏里裂。
床头屋漏无干处,雨脚如麻未断绝。
自经丧乱少睡眠,长夜沾湿何由彻?
安得广厦千万间,大庇天下寒士俱欢颜,风雨不动安如山!
呜呼!何时眼前突兀见此屋,吾庐独破受冻死亦足!

琵琶行

[唐] 白居易

浔阳江头夜送客,枫叶荻花秋瑟瑟。主人下马客在船,举酒欲饮无管弦。
醉不成欢惨将别,别时茫茫江浸月。忽闻水上琵琶声,主人忘归客不发。
寻声暗问弹者谁,琵琶声停欲语迟。移船相近邀相见,添酒回灯重开宴。
千呼万唤始出来,犹抱琵琶半遮面。转轴拨弦三两声,未成曲调先有情。
弦弦掩抑声声思,似诉平生不得志。低眉信手续续弹,说尽心中无限事。
轻拢慢捻抹复挑,初为霓裳后六幺。大弦嘈嘈如急雨,小弦切切如私语。
嘈嘈切切错杂弹,大珠小珠落玉盘。间关莺语花底滑,幽咽泉流冰下难。
冰泉冷涩弦凝绝,凝绝不通声暂歇。别有幽愁暗恨生,此时无声胜有声。

银瓶乍破水浆迸，铁骑突出刀枪鸣。曲终收拨当心画，四弦一声如裂帛。
东船西舫悄无言，唯见江心秋月白。沉吟放拨插弦中，整顿衣裳起敛容。
自言本是京城女，家在虾蟆陵下住。十三学得琵琶成，名属教坊第一部。
曲罢曾教善才服，妆成每被秋娘妒。五陵年少争缠头，一曲红绡不知数。
钿头银篦击节碎，血色罗裙翻酒污。今年欢笑复明年，秋月春风等闲度。
弟走从军阿姨死，暮去朝来颜色故。门前冷落鞍马稀，老大嫁作商人妇。
商人重利轻别离，前月浮梁买茶去。去来江口守空船，绕船月明江水寒。
夜深忽梦少年事，梦啼妆泪红阑干。我闻琵琶已叹息，又闻此语重唧唧。
同是天涯沦落人，相逢何必曾相识。我从去年辞帝京，谪居卧病浔阳城。
浔阳地僻无音乐，终岁不闻丝竹声。住近湓江地低湿，黄芦苦竹绕宅生。
其间旦暮闻何物？杜鹃啼血猿哀鸣。春江花朝秋月夜，往往取酒还独倾。
岂无山歌与村笛？呕哑嘲哳难为听。今夜闻君琵琶语，如听仙乐耳暂明。
莫辞更坐弹一曲，为君翻作琵琶行。感我此言良久立，却坐促弦弦转急。
凄凄不似向前声，满座重闻皆掩泣。座中泣下谁最多？江州司马青衫湿。

卜算子·我住长江头

[北宋] 李之仪

我住长江头，君住长江尾。日日思君不见君，共饮长江水。
此水几时休，此恨何时已。只愿君心似我心，定不负相思意。

破阵子·为陈同甫赋壮词以寄之

[南宋] 辛弃疾

醉里挑灯看剑，梦回吹角连营。八百里分麾下炙，五十弦翻塞外声。沙场秋点兵。

马作的卢飞快，弓如霹雳弦惊。了却君王天下事，赢得生前身后名。可怜白发生！

虞美人·春花秋月何时了

[南唐] 李煜

春花秋月何时了，往事知多少？小楼昨夜又东风，故国不堪回首月明中！雕栏玉砌应犹在，只是朱颜改。问君能有几多愁？恰似一江春水向东流。

念奴娇·赤壁怀古

[北宋] 苏轼

大江东去，浪淘尽，千古风流人物。故垒西边，人道是，三国周郎赤壁。乱石穿空，惊涛拍岸，卷起千堆雪。江山如画，一时多少豪杰。　遥想公瑾当年，小乔初嫁了，雄姿英发。羽扇纶巾，谈笑间，樯橹灰飞烟灭。故国神游，多情应笑我，早生华发。人生如梦，一尊还酹江月。

青玉案·元夕

[北宋] 辛弃疾

东风夜放花千树。更吹落、星如雨。宝马雕车香满路。凤箫声动，玉壶光转，一夜鱼龙舞。　蛾儿雪柳黄金缕。笑语盈盈暗香去。众里寻他千百度。蓦然回首，那人却在，灯火阑珊处。

永遇乐·京口北固亭怀古

[南宋] 辛弃疾

千古江山，英雄无觅、孙仲谋处。舞榭歌台，风流总被、雨打风吹去。斜阳草树，寻常巷陌，人道寄奴曾住。想当年，金戈铁马，气吞万里如虎。　元嘉草草，封狼居胥，赢得仓皇北顾。四十三年，望中犹记，烽火扬州路。可堪回首，佛狸祠下，一片神鸦社鼓！凭谁问"廉颇老矣，尚能饭否"？

醉花阴·九日

［宋］李清照

薄雾浓云愁永昼，瑞脑消金兽。佳节又重阳，玉枕纱厨，半夜凉初透。东篱把酒黄昏后，有暗香盈袖。莫道不销魂，帘卷西风，人比黄花瘦！

江城子·乙卯正月二十日夜记梦

［北宋］苏轼

十年生死两茫茫，不思量，自难忘。千里孤坟，无处话凄凉。纵使相逢应不识，尘满面，鬓如霜。　　夜来幽梦忽还乡，小轩窗，正梳妆。相顾无言，惟有泪千行。料得年年肠断处，明月夜，短松冈。

清平乐·村居

［南宋］辛弃疾

茅檐低小，溪上青青草。醉里吴音相媚好，白发谁家翁媪。大儿锄豆溪东，中儿正织鸡笼；最喜小儿亡赖，溪头卧剥莲蓬。

沁园春·雪

毛泽东

北国风光，千里冰封，万里雪飘。望长城内外，惟余莽莽；大河上下，顿失滔滔，山舞银蛇，原驰蜡象，欲与天公试比高。须晴日，看红装素裹，分外妖娆。

江山如此多娇，引无数英雄竞折腰。惜秦皇汉武，略输文采；唐宗宋祖，稍逊风骚。一代天骄，成吉思汗，只识弯弓射大雕。俱往矣，数风流人物，还看今朝。

卜算子·咏梅

毛泽东

风雨送春归,飞雪迎春到。已是悬崖百丈冰,犹有花枝俏。俏也不争春,只把春来报。待到山花烂漫时,她在丛中笑。

陋室铭

[唐] 刘禹锡

山不在高,有仙则名。水不在深,有龙则灵。斯是陋室,惟吾德馨。苔痕上阶绿,草色入帘青。谈笑有鸿儒,往来无白丁。可以调素琴,阅金经。无丝竹之乱耳,无案牍之劳形。南阳诸葛庐,西蜀子云亭。孔子云:何陋之有?

劝 学

[战国] 荀况

君子曰:学不可以已。青,取之于蓝,而青于蓝;冰,水为之,而寒于水。木直中绳,𫐓以为轮,其曲中规。虽有槁暴,不复挺者,𫐓使之然也。故木受绳则直,金就砺则利,君子博学而日参省乎己,则知明而行无过矣。

……

吾尝终日而思矣,不如须臾之所学也;吾尝跂而望矣,不如登高之博见也。登高而招,臂非加长也,而见者远;顺风而呼,声非加疾也,而闻者彰。假舆马者,非利足也,而致千里;假舟楫者,非能水也,而绝江河。君子生非异也,善假于物也。

……

积土成山,风雨兴焉;积水成渊,蛟龙生焉;积善成德,而神明自得,圣心备焉。故不积跬步,无以至千里;不积小流,无以成江海。骐骥一跃,不能十步；驽马十驾，功在不舍。锲而舍之，朽木不折；锲而不舍，金石可镂。蚓无爪牙之利，筋骨之强，上食埃土，下饮黄泉，用心一也。蟹六跪而二螯，非蛇鳝之穴无可寄托者，用心躁也。

归去来兮辞（并序）

[东晋] 陶渊明

余家贫，耕植不足以自给。幼稚盈室，瓶无储粟，生生所资，未见其术。亲故多劝余为长吏，脱然有怀，求之靡途。会有四方之事，诸侯以惠爱为德，家叔以余贫苦，遂见用于小邑。于时风波未静，心惮远役，彭泽去家百里，公田之利，足以为酒。故便求之。及少日，眷然有归欤之情。何则？质性自然，非矫厉所得。饥冻虽切，违己交病。尝从人事，皆口腹自役。于是怅然慷慨，深愧平生之志。犹望一稔，当敛裳宵逝。寻程氏妹丧于武昌，情在骏奔，自免去职。仲秋至冬，在官八十余日。因事顺心，命篇曰《归去来兮》。乙巳岁十一月也。

归去来兮，田园将芜胡不归？既自以心为形役，奚惆怅而独悲？悟已往之不谏，知来者之可追。实迷途其未远，觉今是而昨非。舟遥遥以轻飏，风飘飘而吹衣。问征夫以前路，恨晨光之熹微。

乃瞻衡宇，载欣载奔。僮仆欢迎，稚子候门。三径就荒，松菊犹存。携幼入室，有酒盈樽。引壶觞以自酌，眄庭柯以怡颜。倚南窗以寄傲，审容膝之易安。园日涉以成趣，门虽设而常关。策扶老以流憩，时矫首而遐观。云无心以出岫，鸟倦飞而知还。景翳翳以将入，抚孤松而盘桓。

归去来兮，请息交以绝游。世与我而相违，复驾言兮焉求？悦亲戚之情话，乐琴书以消忧。农人告余以春及，将有事于西畴。或命巾车，或棹孤舟。既窈窕以寻壑，亦崎岖而经丘。木欣欣以向荣，泉涓涓而始流。善万物之得时，感吾生之行休。

已矣乎！寓形宇内复几时？曷不委心任去留？胡为乎遑遑欲何之？富贵非吾愿，帝乡不可期。怀良辰以孤往，或植杖而耘耔。登东皋以舒啸，临清流而赋诗。聊乘化以归尽，乐夫天命复奚疑！

岳阳楼记

[北宋] 范仲淹

庆历四年春，滕子京谪守巴陵郡。越明年，政通人和，百废俱兴。乃重修岳阳楼，增其旧制，刻唐贤今人诗赋于其上。属予作文以记之。

予观夫巴陵胜状，在洞庭一湖。衔远山，吞长江，浩浩汤汤，横无际涯；朝晖夕阴，气象万千，此则岳阳楼之大观也。前人之述备矣。然则北通巫峡，南极潇湘，迁客骚人，多会于此，览物之情，得无异乎？

若夫淫雨霏霏，连月不开；阴风怒号，浊浪排空；日星隐曜，山岳潜形；商旅不行，樯倾楫摧；薄暮冥冥，虎啸猿啼。登斯楼也，则有去国怀乡，忧谗畏讥，满目萧然，感极而悲者矣。

至若春和景明，波澜不惊，上下天光，一碧万顷；沙鸥翔集，锦鳞游泳，岸芷汀兰，郁郁青青。而或长烟一空，皓月千里，浮光跃金，静影沉璧，渔歌互答，此乐何极！登斯楼也，则有心旷神怡，宠辱偕忘，把酒临风，其喜洋洋者矣。

嗟夫！予尝求古仁人之心，或异二者之为，何哉？不以物喜，不以己悲；居庙堂之高，则忧其民；处江湖之远，则忧其君。是进亦忧，退亦忧。然则何时而乐耶？其必曰"先天下之忧而忧，后天下之乐而乐"乎！噫！微斯人，吾谁与归？

时六年九月十五日。

天上的街市

郭沫若

远远的街灯明了，
好像闪着无数的明星。
天上的明星现了，
好像点着无数的街灯。

我想那缥缈的空中，
定然有美丽的街市。
街市上陈列的一些物品，
定然是世上没有的珍奇。

你看，那浅浅的天河，
定然是不甚宽广。
那隔着河的牛郎织女，
定能够骑着牛儿来往。

我想他们此刻，
定然在天街闲游。
不信，请看那朵流星，
是他们提着灯笼在走。

乡　愁

余光中

小时候，
乡愁是一枚小小的邮票，
我在这头，
母亲在那头。

长大后，
乡愁是一张窄窄的船票，
我在这头，
新娘在那头。

后来啊，

乡愁是一方矮矮的坟墓，
我在外头，
母亲在里头。

而现在，
乡愁是一湾浅浅的海峡，
我在这头，
大陆在那头。

再别康桥

徐志摩

轻轻的我走了，
正如我轻轻的来；
我轻轻的招手，
作别西天的云彩。

那河畔的金柳，
是夕阳中的新娘；
波光里的艳影，
在我的心头荡漾。

软泥上的青荇，
油油的在水底招摇；
在康河的柔波里，
我甘心做一条水草！

那榆荫下的一潭，
不是清泉，是天上虹；

揉碎在浮藻间,
沉淀着彩虹似的梦。

寻梦?撑一支长篙,
向青草更青处漫溯;
满载一船星辉,
在星辉斑斓里放歌。

但我不能放歌,
悄悄是别离的笙箫;
夏虫也为我沉默,
沉默是今晚的康桥!

悄悄的我走了,
正如我悄悄的来;
我挥一挥衣袖,
不带走一片云彩。

有的人
——纪念鲁迅有感

臧克家

有的人活着
他已经死了;
有的人死了
他还活着。

有的人
骑在人民头上:"呵,我多伟大!"

有的人
俯下身子给人民当牛马。

有的人
把名字刻入石头，想"不朽"；
有的人
情愿作野草，等着地下的火烧。

有的人
他活着别人就不能活；
有的人
他活着为了多数人更好地活。

骑在人民头上的，
人民把他摔垮；
给人民作牛马的，
人民永远记住他！

把名字刻入石头的，
名字比尸首烂得更早；
只要春风吹到的地方，
到处是青青的野草。

他活着别人就不能活的人，
他的下场可以看到；
他活着为了多数人更好地活着的人，
群众把他抬举得很高，很高。

祖国啊，我亲爱的祖国

舒　婷

我是你河边上破旧的老水车，
数百年来纺着疲惫的歌；
我是你额上熏黑的矿灯，
照你在历史的隧洞里蜗行摸索；
我是干瘪的稻穗，是失修的路基；
是淤滩上的驳船
把纤绳深深
勒进你的肩膊，
——祖国啊！

我是贫穷，
我是悲哀。
我是你祖祖辈辈
痛苦的希望啊，
是"飞天"袖间
千百年未落到地面的花朵，
——祖国啊！

我是你簇新的理想，
刚从神话的蛛网里挣脱；
我是你雪被下古莲的胚芽；
我是你挂着眼泪的笑涡；
我是新刷出的雪白的起跑线；
是绯红的黎明
正在喷薄；

——祖国啊！

我是你的十亿分之一，
是你九百六十万平方的总和；
你以伤痕累累的乳房
喂养了
迷惘的我、深思的我、沸腾的我；
那就从我的血肉之躯上
去取得
你的富饶、你的荣光、你的自由；
——祖国啊！
我亲爱的祖国！

偶 然

徐志摩

我是天空里的一片云，
偶尔投影在你的波心——
你不必讶异，
更无须欢喜——
在转瞬间消灭了踪影。

你我相逢在黑夜的海上，
你有你的，
我有我的，方向，
你记得也好，
最好你忘掉，
在这交会时互放的光亮。

青　春

席慕蓉

所有的结局都已写好，
所有的泪水也都已启程，
却忽然忘了是怎么样的一个开始，
在那个古老的不再回来的夏日，
无论我如何地去追索，
年轻的你只如云影掠过，
而你微笑的面容极浅极淡，
逐渐隐没在日落后的群岚，
遂翻开那发黄的扉页，
命运将它装订得极为拙劣，
含着泪，我一读再读，
却不得不承认，
青春是一本太仓促的书。

南方和北方

汪国真

南方的水，温柔明丽，
北方的山，豁达粗犷，
两行飞转的轮子，
曾载我几度南来北往，
我出生在南方，
心热恋着我生长的北方，
我爱北方汉子的性格，
像北方秋季的天空
——天高气爽，

我爱北方姑娘的容颜,
像北方冬天的雪花
——皎洁漂亮,
呵,我的北方。

我生长在北方,
心,常常思念我出生的南方,
我赞美南方的土地,
镶嵌着数不清的鱼米之乡,
我赞美南方的山水,
曾孕育了多少风流千古的
秀女和才郎,
呵,我的南方

我爱北方,也爱南方,
我赞美南方,也赞美北方,
长江两岸的泥土和山水呵,
都像母亲一样亲切、慈祥!

面朝大海　春暖花开

海　子

从明天起,做一个幸福的人
喂马、劈柴,周游世界
从明天起,关心粮食和蔬菜
我有一所房子,面朝大海,春暖花开

从明天起,和每一个亲人通信
告诉他们我的幸福

那幸福的闪电告诉我的
我将告诉每一个人

给每一条河每一座山取一个温暖的名字
陌生人，我也为你祝福
愿你有一个灿烂的前程
愿你有情人终成眷属
愿你在尘世获得幸福
我只愿面朝大海，春暖花开

相信未来

食　指

当蜘蛛网无情地查封了我的炉台，
当灰烬的余烟叹息着贫困的悲哀，
我依然固执地铺平失望的灰烬，
用美丽的雪花写下：相信未来！
当我的紫葡萄化为深秋的露水，
当我的鲜花依偎在别人的情怀，
我依然固执地用凝霜的枯藤，
在凄凉的大地上写下：相信未来！
我要用手指那涌向天边的排浪，
我要用手掌那托住太阳的大海，
摇曳着曙光那枝温暖漂亮的笔杆，
用孩子的笔体写下：相信未来！
我之所以坚定地相信未来，
是我相信未来人们的眼睛，
她有拨开历史风尘的睫毛，
她有看透岁月篇章的瞳孔，

不管人们对于我们腐烂的皮肉，
那些迷途的惆怅、失败的苦痛，
是寄予感动的热泪、深切的同情，
还是给以轻蔑的微笑、辛辣的嘲讽，
我坚信人们对于我们的脊骨，
那无数次的探索、迷途、失败和成功，
一定会给予热情、客观、公正的评定，
是的，我焦急地等待着他们的评定，
朋友，坚定地相信未来吧，
相信不屈不挠的努力，
相信战胜死亡的年轻，
相信未来、热爱生命！

致大海

舒　婷

大海的日出
引起多少英雄由衷的赞叹
大海的夕阳
招惹多少诗人温柔的怀想
多少支在峭壁上唱出的歌曲
还由海风日夜
日夜地呢喃
多少行在沙滩上留下的足迹
多少次向天边扬起的风帆
都被海涛秘密
秘密地埋葬
有过咒骂，有过悲伤
有过赞美，有过荣光

大海——变幻的生活

生活——汹涌的海洋

哪儿是儿时挖掘的穴

哪里有初恋并肩的踪影

呵,大海

就算你的波涛

能把记忆涤平

还有些贝壳

撒在山坡上

如夏夜的星

也许漩涡眨着危险的眼

也许暴风张开贪婪的口

呵,生活

固然你已断送

无数纯洁的梦

也还有些勇敢的人

如暴风雨中

疾飞的海燕

傍晚的海岸夜一样冷静

冷夜的山岩死一般严峻

从海岸的山岩

多么寂寞我的影

从黄昏到夜阑

多么骄傲我的心

"自由的元素"呵

任你是佯装的咆哮

任你是虚伪的平静

任你掠走过去的一切

一切的过去——

这个世界
有沉沦的痛苦
也有苏醒的欢欣

回　答

北　岛

卑鄙是卑鄙者的通行证，
高尚是高尚者的墓志铭，
看吧，在那镀金的天空中，
飘满了死者弯曲的倒影。

冰川纪过去了，
为什么到处都是冰凌？
好望角发现了，
为什么死海里千帆相竞？

我来到这个世界上，
只带着纸、绳索和身影，
为了在审判之前，
宣读那些被判决的声音。
告诉你吧，世界
我——不——相——信！
纵使你脚下有一千名挑战者，
那就把我算作第一千零一名。

我不相信天是蓝的，
我不相信雷的回声，
我不相信梦是假的，

我不相信死无报应。

如果海洋注定要决堤，
就让所有的苦水都注入我心中，
如果陆地注定要上升，
就让人类重新选择生存的峰顶。
新的转机和闪闪星斗，
正在缀满没有遮拦的天空。
那是五千年的象形文字，
那是未来人们凝视的眼睛。

以梦为马（又名《祖国》）

海　子

我要做远方的忠诚的儿子
和物质的短暂情人
和所有以梦为马的诗人一样
我不得不和烈士和小丑走在同一道路上

万人都要将火熄灭　我一人独将此火高高举起
此火为大　开花落英于神圣的祖国
和所有以梦为马的诗人一样
我借此火得度一生的茫茫黑夜

此火为大　祖国的语言和乱石投筑的梁山城寨
以梦为土的敦煌——那七月也会寒冷的骨骼
如雪白的柴和坚硬的条条白雪　横放在众神之山
和所有以梦为马的诗人一样
我投入此火　这三者是囚禁我的灯盏　吐出光辉

万人都要从我刀口走过　去建筑祖国的语言
我甘愿一切从头开始
和所有以梦为马的诗人一样
我也愿将牢底坐穿

众神创造物中只有我最易朽
带着不可抗拒的死亡的速度
只有粮食是我珍爱　我将她紧紧抱住
抱住她　在故乡生儿育女
和所有以梦为马的诗人一样
我也愿将自己埋葬在四周高高的山上
守望平静的家园

面对大河我无限惭愧
我年华虚度　空有一身疲倦
和所有以梦为马的诗人一样
岁月易逝　一滴不剩　水滴中有一匹马儿一命　归天

千年后如若我再生于祖国的河岸
千年后我再次拥有中国的稻田
和周天子的雪山　天马踢踏
和所有以梦为马的诗人一样
我选择永恒的事业
我的事业　就是要成为太阳的一生
他从古至今——"日"——他无比辉煌无比光明
和所有以梦为马的诗人一样
最后我被黄昏的众神抬入不朽的太阳

太阳是我的名字

太阳是我的一生
太阳的山顶埋葬　诗歌的尸体——千年王国和我
骑着五千年凤凰和名字叫"马"的龙
——我必将失败
但诗歌本身以太阳必将胜利

春

朱自清

盼望着，盼望着，东风来了，春天的脚步近了。

一切都像刚睡醒的样子，欣欣然张开了眼。山朗润起来了，水涨起来了，太阳的脸红起来了。

小草偷偷地从土里钻出来，嫩嫩的，绿绿的。园子里，田野里，瞧去，一大片一大片满是的。坐着，躺着，打两个滚，踢几脚球，赛几趟跑，捉几回迷藏。风轻悄悄的，草软绵绵的。

……

"吹面不寒杨柳风"，不错的，像母亲的手抚摸着你。风里带来些新翻的泥土的气息，混着青草味儿，还有各种花的香，都在微微湿润的空气里酝酿。鸟儿将巢安在繁花绿叶当中，高兴起来了，呼朋引伴地卖弄清脆的喉咙，唱出宛转的曲子，跟轻风流水应和着。牛背上牧童的短笛，这时候也成天嘹亮地响着。

雨是最寻常的，一下就是三两天。可别恼。看，像牛毛，像花针，像细丝，密密地斜织着，人家屋顶上全笼着一层薄烟。树叶儿却绿得发亮，小草儿也青得逼你的眼。傍晚时候，上灯了，一点点黄晕的光，烘托出一片安静而和平的夜。在乡下，小路上，石桥边，有撑起伞慢慢走着的人，地里还有工作的农民，披着蓑戴着笠。他们的房屋，稀稀疏疏的，在雨里静默着。

天上风筝渐渐多了，地上孩子也多了。城里乡下，家家户户，老老小小，也赶趟儿似的，一个个都出来了。舒活舒活筋骨，抖擞抖擞精神，各做各的一份儿事去。"一年之计在于春",刚起头儿,有的是工夫,有的是希望。

春天像刚落地的娃娃,从头到脚都是新的,它生长着。

春天像小姑娘,花枝招展的,笑着,走着。

春天像健壮的青年,有铁一般的胳膊和腰脚,领着我们上前去。

荔枝蜜

杨 朔

今年四月,我到广东从化温泉小住了几天。四围是山,怀里抱着一潭春水,那又浓又翠的景色,简直是一幅青绿山水画。刚去的当晚,是个阴天,偶尔倚着楼窗一望:奇怪啊,怎么楼前凭空涌起那么多黑黝黝的小山,一重一重的,起伏不断。记得楼前是一片比较平坦的园林,不是山。这到底是什么幻景呢?赶到天明一看,忍不住笑了。原来是满野的荔枝树,一棵连一棵,每棵的叶子都密得不透缝,黑夜看去,可不就像小山似的。

荔枝也许是世上最鲜最美的水果。苏东坡写过这样的诗句:"日啖荔枝三百颗,不辞长作岭南人",可见荔枝的妙处。偏偏我来的不是时候,满树刚开着浅黄色的小花,并不出众。新发的嫩叶,颜色淡红,比花倒还中看些。从开花到果子成熟,大约得三个月,看来我是等不及在从化温泉吃鲜荔枝了。

吃鲜荔枝蜜,倒是时候。有人也许没听说这稀罕物儿吧?从化的荔枝树多得像汪洋大海,开花时节,满野嘤嘤嗡嗡,忙得那蜜蜂忘记早晚,有时趁着月色还采花酿蜜。荔枝蜜的特点是成色纯,养分大。住在温泉的人多半喜欢吃这种蜜,滋养精神。热心肠的同志为我也弄到两瓶。一开瓶子塞儿,就是那么一股甜香;调上半杯一喝,甜香里带着股清气,很有点鲜荔枝味儿。喝着这样的好蜜,你会觉得生活都是甜的呢。

猫

老 舍

猫的性格实在有些古怪。说它老实吧,它的确有时候很乖。它会找个暖和地方，成天睡大觉，无忧无虑。什么事也不过问。可是，赶到它决定要出去玩玩，就会走出一天一夜，任凭谁怎么呼唤，它也不肯回来。说它贪玩吧，的确是呀，要不怎么会一天一夜不回家呢？可是，及至它听到点老鼠的响动啊，它又多么尽职，闭息凝视，一连就是几个钟头，非把老鼠等出来不可！

它要是高兴，能比谁都温柔可亲：用身子蹭你的腿，把脖儿伸出来要求给抓痒，或是在你写稿子的时候，跳上桌来，在纸上踩印几朵小梅花。它还会丰富多腔地叫唤，长短不同，粗细各异，变化多端，力避单调。在不叫的时候，它还会咕噜咕噜地给自己解闷。这可都凭它的高兴。它若是不高兴啊，无论谁说多少好话，它一声也不出，连半个小梅花也不肯印在稿纸上！它倔强得很！

是，猫的确是倔强。看吧，大马戏团里什么狮子、老虎、大象、狗熊甚至于笨驴，都能表演一些玩意儿，可是谁见过耍猫呢？（昨天才听说：苏联的某马戏团里确有耍猫的，我当然还没亲眼见过。）

这种小动物确是古怪。不管你多么善待它，它也不肯跟着你上街去逛逛。它什么都怕，总想藏起来。可是它又那么勇猛，不要说见着小虫和老鼠，就是遇上蛇也敢斗一斗。它的嘴往往被蜂儿或蝎子蜇得肿起来。

关于读书两则

秦 牧

读书应该有选择。没有选择，"眉毛胡子一把抓"的学习，效果不会好。有些人读了一辈子书，却一辈子都是糊里糊涂的。为什么？因为他们完全是为了消遣而读，被"趣味主义"牵着鼻子走，"有趣"的书，虽然读得多，实际上并未能对客观实际，对社会、历史、自然加深了解。所以，选择好书阅读是很重要的。我觉得，可以在保证重点的前提下，再进行广泛的浏览。学习的目的就是为了提高对社会、历史和自然规律性的了解，同时，在这当中，发展自己的某种专门工作才能。学习，没有不畏艰苦的精神是不行的。读书，有时固然也有一种平原驰马、顺水泛舟那样的洋洋乐趣，但有时也会像负重登山，逆水行船那样吃力，这时，不畏艰苦，顽强攀登的精神就是十分必须的了。

我还觉得：泛读，应该和精读结合起来。对很深的，应该记牢的东西，必须精读；对于只值得随便浏览的东西，可以泛读。前者有点像牛的反刍，应该慢慢咀嚼，反复品味。后者，有点像鲸的吞食，张开大口，喝进大量海水，然后嘴巴一闭，留下小鱼小虾，而让海水汩汩从鲸须缝里流掉。

读书是学习的一项内容，但不是唯一内容。社会、大自然，更是一本大书。在生活中，和人谈话中处处留心，同样可以学到许多东西。而且，直观知识和书本知识彼此印证，还可以相得益彰和增强记忆。

崇高的理想

陶　铸

大禹在治水十三年中，三过家门而不入；李冰父子为了解决当时成都平原的水利问题，不知克服了多少困难，终于修成了泽被后世的都江堰；扁鹊深入民间，"周游列国"，"随俗为变"，解除人民疾病的痛苦；还有我们所熟知的出身贫苦的黄道婆，她从海南黎人地区回到故乡（上海市郊），把当时海南岛先进的纺织工具和她熟练掌握的纺织技术毫无保留地传给家乡的人们。这些人千百年来一直受到人们的尊重、怀念。汉代的霍去病，为了国家的生存和强盛，在戎马中度过了一生。宋代的岳飞，为了挽救国家的危亡，离妻别母，转战疆场，最后和自己的儿子一起屈死在风波亭上。文天祥，抗击当时的元兵进攻，坚贞不屈，被敌人抓住后，仍旧临危不苟，和敌人作了坚决的斗争，誓死不投降。清代的林则徐，坚决反对帝国主义的侵略，和腐朽的当权派作斗争，及至充军伊犁，他一点也不灰心，一直没有忘记帝国主义对我国的侵略，而且在那里和群众一道修水利、栽葡萄，为当地人民造福。洪秀全，看到当时清室的腐败，民不聊生，看到当时的帝国主义吞并中国的阴谋，就聚集群众，要把清室推翻，为中国找到一条出路。孙中山，为了推翻清朝，为了建立一个强盛的中国，他奋斗了四十年……所有这些人，都是有伟大理想并坚决为他们的伟大理想而斗争的人。

第五章　普通话水平测试用朗读作品

梦天集

卞毓麟

　　上古的游牧民族在辽阔的原野上放牧、迁徙，那时既没有地图又没有指南针，他们怎样辨别方向呢？靠的是观察空中的星星。上古的农业民族从事耕作，他们怎样确定播种和收获的季节和时令？靠的是观察群星出没时间的变化。古代的渔民和水手在汪洋大海中前进，他们怎样为自己导航？靠的是辨认星空。他们又怎样知道潮水涨落的时间？靠的是观察月亮的盈亏圆缺……于是，大约在 6 000 年前，天文学就悄然萌芽、诞生了。它是自然科学中最古老的学科之一，也是人类文明进步的象征。

　　天文学是一门基础科学，它使人类了解自然、认识宇宙。天文学中提出的各种问题，促进了其他许多学科的发展。例如，行星为什么环绕太阳旋转，它们为什么既不会掉到太阳上，又不会跑到别的地方去？三百多年前，伟大的英国科学家牛顿对这些问题进行深入的研究，发现了著名的万有引力定律，并建立了他的整个力学体系。如今，交通、建筑、水利、采矿、军事、科研，什么地方离开了力学计算呢？

　　又如，天文学和数学也总是形影不离。数学中最基本的概念"角度"，首先就是在上古的天文观测中渐渐形成的。随着天文学的发展，它所需要的数学也越来越深奥，越来越复杂，这样就促进了数学的发展。请看，历史上一些最著名的科学家，如祖冲之、郭守敬、牛顿、拉格朗日、高斯、拉普拉斯、庞加莱等，不就既是数学家又是天文学家吗？

最苦与最乐

梁启超

　　人生什么事最苦呢？贫吗？不是。失意吗？不是。老吗？死吗？都不是。我说人生最苦的事，莫苦于身上背着一种未了的责任。

　　人若能知足，虽贫不苦；若能安分（不多作分外希望），虽失意不苦；

老、病、死乃人生难免的事，达观的人看得很平常，也不算什么苦。独是凡人生在世间一天，便有一天应该做的事，该做的事没有做完，便像有几千斤重担压在肩头，再苦是没有的了。为什么呢？因为受良心责备不过，要逃躲也没处逃躲呀。

答应人办一件事没有办，欠了人家的钱没有还，受了人的恩惠没有报答，得罪了人没有赔礼，这就连这个人的面也几乎不敢见他；纵然不见他的面，睡里梦里都像有他的影子来缠着我。为什么呢？因为觉得对不住他呀，因为自己对于他的责任，还没有解除中呀！不独是对于一个人如此，就是对于家庭，对于社会，对于国家，乃至对于自己，都是如此，凡属我受过他好处的人，我对于他便有了责任。凡属我应该做的事，而且力量能够做得到的，我对于这件事便有了责任。凡属我自己打主意要做一件事，便是现在的自己和将来的自己立了一种契约，便是自己对于自己加一层责任。有了这责任，那良心便时时刻刻监督在后头。一日应尽的责任没有尽，到夜里头便是过的苦痛日子。一生应尽的责任没有尽，便死也带着苦痛往坟墓里去。这种苦痛却比不得普通的贫、病、老、死，可以达观排解得开。所以我说人生没有苦痛便罢；若有苦痛，当然没有比这个更加重的了。

第二节　试卷样题

样题 1

一、读单音节字词

秦	欧	聂	点	赛	掌	缠	痔	习	否	温	穷	二	吃	词
鹤	卧	襄	涌	眯	另	草	抓	油	恨	翁	贼	申	跑	揣	让
锌	按	紫	借	容	夸	舔	车	石	亏	次	听	肉	翻	容	垮
砣	发	降	郑	每	平	军	女	泉	瞥	润	卷	秋	赏	官	留
摸	梗	蚕	荫	扁	裉	则	铲	段	挥	幅	据	舞	俩	臊	播
让	丢	醋	寻	闩	虐	熬	苔	关	痣	酸	握	美	俊	申	否
宁	负	选	穷	嘴

第五章　普通话水平测试用朗读作品

二、读多音节词语

恰巧	病菌	触犯	停止	花园	穿梭	开口	双方
抄写	脖子	拼盘	着想	榫头	墨水儿	群婚	越冬
私人	用功	非常	萌芽	运输	刺耳	就是	日记
入选	体面	纳闷儿	烹调	拐弯	分别	雄伟	蛐蛐儿
全民	爆肚儿	食堂	讲究	飘洒	拥有	诺言	车床
说明	地下	谈判	群众	春饼	良好	材料	志气
迫切	人缘儿	浪费	奶嘴	障碍	送信儿	幸运	迷糊
招聘	侵略	分别	假条	全体	水流	状况	沙发
地方	拼命	车站	侄女	环行	压迫	思索	院长
本色儿	道德	下午	商洽	往来	军用	过滤	青霉素
体育馆	照面儿	生词	消息	太阳能	原料	超额	丢人
志气	蠢笨	月球	模仿	血肉	不平	发票	去路
开学	同情	冒昧	怀孕				

三、朗读短文

作品 2 号

盼望着，盼望着，东风来了，春天的脚步近了。

一切都像刚睡醒的样子，欣欣然张开了眼。山朗润起来了，水涨起来了，太阳的脸红起来了。

小草偷偷地从土里钻出来，嫩嫩的，绿绿的。园子里，田野里，瞧去，一大片一大片满是的。坐着，躺着，打两个滚，踢几脚球，赛几趟跑，捉几回迷藏。风轻悄悄的，草软绵绵的。

……

"吹面不寒杨柳风"，不错的，像母亲的手抚摸着你。风里带来些新翻的泥土的气息，混着青草味儿，还有各种花的香，都在微微湿润的空气里酝酿。鸟儿将巢安在繁花绿叶当中，高兴起来了，呼朋引伴地卖弄清脆的喉咙，唱出宛转的曲子，跟轻风流水应和着。牛背上牧童的短笛，这时候也成天嘹亮地响着。

雨是最寻常的，一下就是三两天。可别恼。看，像牛毛，像花针，像

299

细丝，密密地斜织着，人家屋顶上全笼着一层薄烟。树叶儿却绿得发亮，小草儿也青得逼你的眼。傍晚时候，上灯了，一点点黄晕的光，烘托出一片安静而和平的夜。在乡下，小路上，石桥边，有撑起伞慢慢走着的人，地里还有工作的农民，披着蓑戴着笠。他们的房屋，稀稀疏疏的，在雨里静默着。

天上风筝渐渐多了，地上孩子也多了。城里乡下，家家户户，老老小小，//也赶趟儿似的，一个个都出来了。舒活舒活筋骨，抖擞抖擞精神，各做各的一份儿事去。"一年之计在于春"，刚起头儿，有的是工夫，有的是希望。

春天像刚落地的娃娃，从头到脚都是新的，它生长着。

春天像小姑娘，花枝招展的，笑着，走着。

春天像健壮的青年，有铁一般的胳膊和腰脚，领着我们上前去。

节选自朱自清《春》

四、命题说话（二选一）

1. 我所在的学校（或公司、团队、其他机构）
2. 谈传统美德

样题 2

一、读单音节字词

矮	面	耕	黄	却	描	坯	镍	雨	苔	从	讲	卧	墙	寸
乖	郑	习	圈	撒	心	问	饶	见	丢	炕	笙	涩	熏	逮
软	腻	总	平	某	股	铡	俩	叶	褪	伍	破	田	染	癌
泛	枕	御	仅	核	替	边	杨	讯	则	阔	没	圈	操	群
学	避	贼	凹	疮	润	忙	丢	克	舱	浊	逆	轴	门	名
舜	纽	晃	禾	探	憎	瓢	幂	王	均	某	东	级	乌	岁
塔	多	萍	卧	北	锥	选	词	运	至					

二、读多音节词语

伺候	信任	笔顺	略微	匪首	日常	烟卷儿
内容	能力	无穷	厕所	珍藏	挎包	规律
恶化	增进	高跟儿鞋	喧嚷	而且	过程	八仙桌
恰好	发挥	模仿	血肉	精神	丢人	病菌
触犯	停止	花园	穿梭	开口	脖子	拟稿
娘娘	罪行	今后	照片儿	打扰	宾语	滚热
增加	决心	恩爱	得心应手	春饼	胳膊	软骨
而后	鬼混	贵宾	奶粉	一律	状况	爆炸
存款	盎然	选举	柴火	加入	封锁	放松
热闹	佛像	玩耍	怀念	铺盖	奇怪	钢铁
小偷儿	将来	主人翁	进化	聪明	运行	无穷
偶尔	扇面儿	政治	传播	培育	恰当	牛皮
咖啡	谬论	唱歌儿	轻描淡写	综合	赶紧	领海
窈窕	全部	绘画	挎包	栅栏	传统	作风
压力	丢掉	消费品				

三、朗读短文

作品 27 号

语言，也就是说话，好像是极其稀松平常的事儿。可是仔细想想，实在是一件了不起的大事。正是因为说话跟吃饭、走路一样的平常，人们才不去想它究竟是怎么回事儿。其实这三件事儿都是极不平常的，都是使人类不同于别的动物的特征。

记得在小学里读书的时候，班上有一位"能文"的大师兄，在一篇作文的开头写下这么两句："鹦鹉能言，不离于禽；猩猩能言，不离于兽。"我们看了都非常佩服。后来知道这两句是有来历的，只是字句有些出入。又过了若干年，才知道这两句话都有问题。鹦鹉能学人说话，可只是作为现成的公式来说，不会加以变化。只有人们说话是从具体情况出发，情况一变，话也跟着变。

西方学者拿黑猩猩做实验，它们能学会极其有限的一点儿符号语言，可是学不会把它变成有声语言。人类语言之所以能够"随机应变"，在于一方面能把语音分析成若干音素，又把这些音素组合成音节，再把音节连缀起来。另一方面，又能分析外界事物及其变化，形成无数的"意念"，一一配以语音，然后综合运用，表达各种复杂的意思。一句话，人类语言的特点就在于能用变化无穷的语音，表达变化无穷的//意义。这是任何其他动物办不到的。

节选自吕叔湘《人类的语言》

四、命题说话（二选一）

1. 我喜欢的职业（或专业）

2. 生活中的诚信

样题 3

一、读单音节字词

育　寡　莫　偿　永　鬓　淮　卵　驳　喧　涩　堵　粪　饼　砚
抵　夏　陕　酱　乔　帆　字　斟　阅　挖　怎　帽　取　撰　蹲
锤　万　腮　迟　困　伏　扔　儿　炼　明　烈　烤　偏　甲　凑
轮　扭　荣　掏　昂　拱　察　纺　受　雄　思　嚷　柴　忧　勺
搓　谓　腔　级　鸟　穗　塔　恩　铝　锥　选　齐　熏　至　光
寝　程　踩　电　远　日　韦　仄　尖　黄　眉　艘　临　赚　池
憎　饶　促　国　伞　床　觅　丢　裙　匾

二、读多音节词语

小辫儿	发票	扭转	单价	这会儿	去路	开学
爽直	同情	地下	脸蛋儿	按压	状况	不平
思虑	录用	志气	下课	蠢笨	月球	下午
搅扰	商洽	伺候	诚恳	烟卷儿	从而	接触
拐弯	日晕	心疼	姑娘	记者	干活儿	废品
苍穹	奶水	侵略	分寸	拐弯	暂时	青蛙

总得	外界	凶信	回头	琴键	挖掘	培训
尺寸	挎包	相声	风俗	快乐	求偶	条约
冰棍儿	手工业	鬼混	曾经	枉然	海市蜃楼	绘画
挎包	栅栏	传统	作风	压力	扫帚	丢掉
虐待	火星儿	大娘	温柔	运输	确实	自个儿
钢铁	推测	椅子	男女	外面	佛经	衰变
张罗	象征	亏损	窘迫	群体	沉重	罪恶
主人翁	生存	萌发	而且	消费品	节日	司空见惯

三、朗读短文

作品 41 号

北京的颐和园是个美丽的大公园。

进了颐和园的大门，绕过大殿，就来到有名的长廊。绿漆的柱子，红漆的栏杆，一眼望不到头。这条长廊有七百多米长，分成二百七十三间。每一间的横槛上都有五彩的画，画着人物、花草、风景，几千幅画没有哪两幅是相同的。长廊两旁栽满了花木，这一种花还没谢，那一种花又开了。微风从左边的昆明湖上吹来，使人神清气爽。

走完长廊，就来到了万寿山脚下。抬头一看，一座八角宝塔形的三层建筑耸立在半山腰上，黄色的琉璃瓦闪闪发光。那就是佛香阁。下面的一排排金碧辉煌的宫殿，就是排云殿。

登上万寿山，站在佛香阁的前面向下望，颐和园的景色大半收在眼底。葱郁的树丛，掩映着黄的绿的琉璃瓦屋顶和朱红的宫墙。正前面，昆明湖静得像一面镜子，绿得像一块碧玉。游船、画舫在湖面慢慢地滑过，几乎不留一点儿痕迹。向东远眺，隐隐约约可以望见几座古老的城楼和城里的白塔。

从万寿山下来，就是昆明湖。昆明湖围着长长的堤岸，堤上有好几座式样不同的石桥，两岸栽着数不清的垂柳。湖中心有个小岛，远远望去，岛上一片葱绿，树丛中露出宫殿的一角。//游人走过长长的石桥，就可以去小岛上玩。这座石桥有十七个桥洞，叫十七孔桥。桥栏杆上有上百根石柱，柱子上都雕刻着小狮子。这么多的狮子，姿态不一，没有哪两只是相同的。

颐和园到处有美丽的景色，说也说不尽，希望你有机会去细细游赏。

节选自袁鹰《颐和园》

四、命题说话（二选一）

1. 我欣赏的历史人物
2. 科技发展与社会生活

参考文献

[1] 陈晖. 普通话测试与训练［M］. 长沙：湖南大学出版社，2011.

[2] 国家语委普通话与文字应用培训测试中心组. 普通话水平测试实施纲要［M］. 北京：语文出版社，2022.

[3] 国家语委普通话与文字应用培训测试中心组. 普通话水平测试应试指导［M］. 北京：语文出版社，2023.

[4] 何文. 普通话水平测试指要［M］. 合肥：安徽科学技术出版社，2010.

[5] 胡习之. 普通话学习与水平测试教程［M］. 北京：清华大学出版社，2019.

[6] 贾毅，等. 普通话语音与科学发声训练教程［M］. 北京：中国传媒大学出版社，2015.

[7] 林焘，王理嘉. 语音学教程［M］. 北京：北京大学出版社，1992.

[8] 林焘，沈炯. 北京话儿化韵的语音分歧［J］. 中国语文，1995，246（3）：170－178.

[9] 林鸿. 普通话语音与发声［M］. 杭州：浙江大学出版社，2014.

[10] 李延瑞. 论普通话儿化韵及儿化音位［J］. 语文研究，1996，59（2）：21－26.

[11] 李思敬. 汉语音韵学史文献上的儿化音记录考［J］. 语文研究，1981，2（1）：83－88.

[12] 李秀然. 普通话口语训练教程［M］. 北京：中国传媒大学出版

社，2017.

［13］李莉，徐梅. 普通话口语训练教程［M］. 北京：北京师范大学出版社，2011.

［14］李爱军. 普通话不同信息结构中轻声的语音特性［J］. 当代语言学，2017，19（3）：348－378.

［15］刘照雄. 普通话水平测试大纲［M］. 长春：吉林人民出版社，1994.

［16］刘春勇. 普通话口语交际［M］. 北京：北京理工大学出版社，2009.

［17］刘富华. 轻声的"调位"及相关问题［J］. 汉语学习，2000（5）：26－31.

［18］马显彬. 普通话水平测试手册［M］. 广州：暨南大学出版社，2007.

［19］彭宗平. 北京话儿化词的调节与变异［J］. 语言文字应用，2005，(3)：55－62.

［20］宋欣桥. 普通话语音训练教程［M］. 北京：商务印书馆，2004.

［21］宋欣桥. 普通话水平测试员实用手册（增订本）［M］. 北京：商务印书馆，2012.

［22］邵宜. 普通话双音节词语轻声化的诱发机制［J］. 广东教育学院学报，2004，24（4）：89－95.

［23］吴弘毅. 普通话语音和播音发声［M］. 北京：中国传媒大学出版社，2001.

［24］吴洁敏. 新编普通话教程［M］. 杭州：浙江大学出版社，2013.

［25］王立. 北京话儿化成分的语义特点及语素身份［J］. 语言文字应用，2001（4）：47－53.

［26］王理嘉. 儿化规范综论［J］. 语言文字应用，2005（3）：46－54.

［27］王景华，尹建国. 普通话口语交际［M］. 北京：北京师范大学出版社，2010.

［28］王华杰. 普通话训练教程［M］. 北京：北京理工大学出版社，

2013.

［29］王淑一，周秀英.普通话实用训练教程［M］.北京：北京出版社，2014.

［30］王浩瑜.跟我说普通话［M］.北京：中国国际广播出版社，2016.

［31］王晖.普通话水平测试阐要［M］.北京：商务印书馆，2013.

［32］王俊.普通话水平测试与培训教程［M］.南昌：江西高校出版社，2016.

［33］王炜.普通话语音基础与播音发声实训［M］.北京：科学出版社，2020.

［34］王韫佳.音高和时长在普通话轻声知觉中的作用［J］.声学学报，2004，29（5）：453－461.

［35］魏钢强.北京话的轻声和轻音及普通话汉语拼音的注音［J］.中国语文，2005，309（6）：525－536.

［36］邢福义.普通话培训测试指要［M］.武汉：华中师范大学出版社，2014.

［37］谢旭慧.普通话测试培训教程［M］.广州：暨南大学出版社，2015.

［38］肖涵.普通话语音教程［M］.海口：海南出版公司，1992.

［39］徐行.实用普通话教程［M］.北京：机械工业出版社，2011.

［40］杨丽萍.普通话教程［M］.重庆：重庆大学出版社，2011.

［41］赵俐.普通话教学新路［M］.北京：中国广播电视出版社，2007.

［42］张传曾等.普通话培训测试读本［M］.北京：北京师范大学出版社，2012.

［43］张子泉.普通话教程［M］.北京：清华大学出版社，2014.

［44］张舸，黎意.普通话水平测试教程［M］.北京：北京师范大学出版社，2016.

［45］张剑.普通话训练教程［M］.上海：上海交通大学出版社，2016.

［46］曾志华，等.普通话训练教程［M］.北京：中国传媒大学出版社，2017.

后　记

　　2017年年底，我获得国家级普通话测试员资格认定，旋即承担学校通选课、专业课《普通话培训与测试》《普通话与教师口语》等课程的教学任务和学校普通话测试站的测试工作，同时着手搜集资料，编写教材、教案，积累经验。本书原稿在课堂实践中使用18次以上，至今已完成640学时的工作量，授课人数达457人次，自2020年始，作为测试员完成普通话测试任务3 440人次，合计172小时。

　　本书以《普通话水平测试实施纲要》（2021年版）中的字词、课文材料为主，结合语音理论、学生实际语音面貌、教学实践和普通话测试实践编写。

　　新中国成立以来，特别是近三十年来，在"推普"热潮影响下，国内"普通话"类教材已达数十种。"普通话"类教材众多，为普通话教学提供了大量的理论指导和练习材料，同时也反映了国家推广普通话的积极战略与蓬勃广泛的社会需求，但是在教学过程中，我们发现有些教材存在课时安排不合理，缺少作业环节、没有练习反馈，练习材料难易度缺乏梯度，个别教材朗读短文的汉语拼音错误等问题。

　　"普通话"类课程是语言类实践课程，教材应以实践为中心，以学生练习为中心，以学生就业需求为中心。尤其在当下，不管是应对社会趋势还是提高全民普通话水平，我们认为，在现有教材基础上，编写一部适合大学本科通选课的针对性教材势在必行。与以往的教材相比，本书注重以下几个方面：

　　第一，理论学习与测试材料结合。目前的"普通话"类教材编排基本为两部分，正文"语音理论"加附录"测试材料"，"测试材料"基本照搬《普通话水平测试实施纲要》的50篇朗读短文。学生掌握了发音原理，只能用"语音理论"部分简单的材料来练习，找不到对应《普通话水平测试实施纲要》中的真题材料来检验自己的发音水平。

与大部分教材相比，我们不仅附录了《普通话水平测试实施纲要》中的《朗读作品》《词语表》，还在第二章，将《朗读作品》《词语表》中的易错词语与对应的声韵调教学配合，使学生在声韵调练习中自然而然地掌握这些词语，事半功倍地提高《朗读作品》的学习效果。

第二，重视命题说话训练。大部分教材只给出命题说话的题目，并无准备思路、练习策略。部分教材给出完整的话题例文（书面语色彩浓厚，适合作文，而非"说话"），学生如果背诵则陷入"背稿子"的陷阱。然而命题说话是对学生语言面貌的综合考察，且极易失分。

我们在第四章第二节，单独为考生提供命题说话准备技巧、话题提纲范例与命题说话范文。例如，我们认为，命题说话应该避免选择过于激动的素材。不管是令人兴奋的事件还是悲伤的意外，都尽量不要作为命题说话的素材。在实践练习中，有学生谈及自己的童年，想到童年时和爷爷生活在一起，但是由于自己学业繁忙没能见到爷爷最后一面，甚是遗憾，边说边哽咽，有学生谈理想，提及自己戍守边疆多年没见的哥哥心情激动得说不下去；也有学生讲喜欢的明星，激动得语无伦次。这些都是源于选择了不适合作为命题说话的素材。

第三，强化实践性。"普通话"类课程是实践类课程，同时也是语言类课程。这一类课程的特点是以实践为主。现有的教材大多花费较大篇幅介绍汉语语音系统及其特点、语流音变的各种原理，而在实际教学过程中受限于学时，这一部分内容只能被略过。"普通话"教材与《现代汉语》教材不同，需要的是针对语音现象的理论分析，而非简单的音系理论的介绍；需要的是大量的练习，而非理论学习。我们的教材刻意减少了语音理论部分，有意识地增加声韵调篇章练习的内容，为学习者提供更丰富、高效的实践内容。

第四，针对大学通选课。"普通话"类教材多由播音主持专业教师或各

普通话训练与测试教程

省语委编写，面向播音主持专业学生或社会人士。前一类教材多注重"气息控制""共鸣控制""咬字""声音弹性"等播音练习，朗读各种材料练习方面的内容占了很大篇幅，且播音主持专业就业要求在一级甲等。后一类教材单纯以普通话的各种发音要领为主要内容，针对性不明显。不管是哪类教材，对于大学通选课来说，都并不完全适合。

我们在长期的普通话测试过程中发现，社会人士的等级相对在校大学生更低。一般在校大学生的语音面貌在社会人士和专业主持人之间，语言练习材料难度应与之对应。在校大学生学习普通话一方面是为了提高个人普通话水平，另一方面是为了准备普通话水平测试，为未来从事教师、口语翻译、导游等职业做准备，应该适当增加对应职业的语言练习材料。同时，在每章前增加"本章可以学到的内容"，使学生提前了解每章的大概内容和学习目标。

第五，针对新版"普通话水平"测试。2021年，新版《普通话水平测试实施纲要》推出，2024年1月1日正式实施。"普通话水平测试"再次改革，语言标准及评分标准、"朗读作品"、"测试用话题"均有调整，普通话水平测试题库同步更替。而市面上缺少针对新版纲要的教材和练习资料。

鉴于此，我们根据普通话理论和多年教学实践针对性地编写了这部教材，希冀以此提高大学生和社会人士的普通话水平，做好推广国家通用语言文字的工作。

2023年11月于广州白云山下